Der Weg zum Wesentlichen

Stephen R. Covey ist Gründer des Covey Leadership Center. Nach Abschluß seines MBA-Studiums in Harvard promovierte er an der Brigham Young University, wo er 20 Jahre lang als Professor für Business Management tätig war. Von seinem Buch »Die sieben Wege zur Effektivität« wurden bisher über 4 Millionen Exemplare verkauft. Er ist Autor von »Die effektive Führungspersönlichkeit«.

A. Roger Merrill ist Vice President und Gründungsmitglied des Covey Leadership Center. Er hat sich spezialisiert auf die Bereiche Zeitmanagement und Leadership. Er und seine Frau Rebecca sind die Verfasser von »Connections – Quadrant II Time Management«. Mitarbeit an »Die effektive Führungspersönlichkeit«.

Rebecca R. Merrill ist die Koautorin von »Connections – Quadrant II Time Management«. Sie hat als Assistentin an »Die sieben Wege zur Effektivität« mitgewirkt.

Stephen R. Covey, A. Roger Merrill,
Rebecca R. Merrill

Der Weg zum Wesentlichen

Zeitmanagement der vierten Generation

Aus dem Englischen von Friedrich Mader

Campus Verlag
Frankfurt/New York

Die Originalausgabe erschien unter dem Titel »First Things First« beim Verlag Simon & Schuster, New York.

Der Text wurde für die deutsche Übersetzung in Übereinstimmung mit den Autoren leicht gekürzt.

Die Deutsche Bibliothek – CIP-Einheitsaufnahme

Covey, Stephen R.:
Der Weg zum Wesentlichen: Zeitmanagement der vierten Generation / Stephen R. Covey; A. Roger Merrill; Rebecca R. Merrill. Aus dem Engl. von Friedrich Mader. – 2. Aufl. – Frankfurt/Main; New York: Campus Verlag, 1998
Einheitssacht.: First things first <dt.>
ISBN 3-593-35666-X
NE: Merrill, A. Roger:; Merrill, Rebecca R.:

2. Auflage 1998

Umschlaggestaltung: Atelier Warminski, Büdingen
Satz: Fotosatzstudio »Die Letter«, Hausen/Wied
Druck und Bindung: Friedrich Pustet, Regensburg
Gedruckt auf säurefreiem und chlorfrei gebleichtem Papier.
Printed in Germany

Inhalt

Einleitung

> Wenn härteres, klügeres und schnelleres Arbeiten nicht hilft, was dann?

Wenn Sie einen Moment innehalten und ernsthaft über »das Wesentliche« in Ihrem Leben nachdenken – was würden Sie als die drei oder vier Dinge nennen, die am meisten zählen?

Widmen Sie diesen Dingen soviel Sorgfalt, Nachdruck und Zeit, wie Sie es wirklich wollen?

Durch unsere Arbeit im Covey Leadership Center sind wir mit vielen Menschen aus aller Welt in Berührung gekommen und waren stets beeindruckt von ihrer Einstellung. Sie sind aktiv, kompetent, warmherzig und wollen mit ihrer Arbeit etwas bewirken. Und dennoch erzählen uns diese Menschen immer wieder davon, daß es ihnen ungeheuer schwer fällt, den wichtigsten Dingen in ihrem Leben den höchsten Stellenwert einzuräumen. Wenn Sie nach diesem Buch gegriffen haben, so vielleicht deshalb, weil Sie die Gefühle dieser Menschen sehr gut nachvollziehen können.

Weshalb kommen die wesentlichen Dinge in unserem Leben oft zu kurz? Seit Jahren herrscht kein Mangel an Methoden, Techniken und Informationen über das Management und die Einteilung der Zeit. Wir kaufen den neuen Zeitplaner, besuchen einen neuen Kurs, lesen ein neues Buch. Wir lernen es, wenden es an, bemühen uns, und was kommt dabei heraus? Bei den meisten Menschen, denen wir begegnen, wachsende Frustration und Schuldgefühle.

- Ich brauche mehr Zeit!
- Ich will mein Leben mehr genießen. Ich bin immer gehetzt. Nie habe ich Zeit für mich.

- Meine Freunde und meine Familie wollen mehr von mir haben – aber wie soll ich es anstellen?
- Ich bin immer in der Krise, weil ich zögere, aber ich zögere, weil ich immer in der Krise bin.
- Es herrscht kein Gleichgewicht zwischen meinem Privatleben und meiner Arbeit. Und wenn ich Zeit aus dem einen Bereich in den anderen stecke, dann wird alles nur noch schlimmer.
- Der Streß ist einfach zuviel!
- Es gibt zu viele Dinge, die getan werden müssen – wesentliche Dinge. Wie kann ich da entscheiden?

Das traditionelle Zeitmanagement behauptet, daß man durch effizientere Erledigung der Dinge letztlich Kontrolle über das eigene Leben gewinnt und daß ein höheres Maß an Kontrolle die ersehnte Erfüllung bringen wird.

Wir sind anderer Meinung.

Es ist sinnlos, sein Glück in einer alles umfassenden Kontrolle zu suchen. Wir kontrollieren zwar unsere Handlungsentscheidungen, aber die Folgen unserer Entscheidungen werden von allgemeingültigen Gesetzen bestimmt. Nicht *wir* kontrollieren unser Leben, sondern *Prinzipien*. Diese Einsicht liefert unseres Erachtens eine schlüssige Erklärung dafür, daß viele Menschen vom traditionellen Lebensentwurf des »Time-Management« bitter enttäuscht worden sind.

In diesem Buch stellen wir einen vollkommen anderen Ansatz zum Zeitmanagement vor – einen prinzipienorientierten Ansatz. Er läßt die Rezepte des »Immer-schneller-härter-klüger-mehr« hinter sich. Statt einer weiteren Uhr bietet er Ihnen einen Kompaß – denn wichtiger als Schnelligkeit ist das Ziel.

Lebensqualität erreicht man nicht durch die richtige Abkürzung. Es gibt keine Abkürzung, nur einen Weg. Dieser Weg beruht auf altehrwürdigen Prinzipien der Menschheitsgeschichte, aus denen unmißverständlich hervorgeht, daß ein sinnvolles Leben keine Frage der Schnelligkeit und Effizienz ist. Entscheidend ist nicht, wie schnell man etwas macht, sondern was man macht und warum man es macht.

Was also können Sie von der Lektüre dieses Buches erwarten?

- In Teil 1, »Die Uhr und der Kompaß«, beschäftigen wir uns mit der Kluft, die viele zwischen ihrer Lebensführung und den eigentlich für sie wesentlichen Lebensinhalten spüren. Wir beschreiben die drei »Generationen« des traditionellen Zeitmanagements, die das derzeit vorherrschende Paradigma von Effizienz und Kontrolle umfassen, und untersuchen, weshalb dieser reine »Uhrenansatz« die Kluft immer mehr vergrößert, statt sie zu überbrücken. Daraus ergibt sich die Notwendigkeit einer vierten Generation, die sich grundsätzlich von den anderen unterscheidet und Neuland erschließt. Wir fordern Sie dazu auf, Ihre momentane Zeiteinteilung daraufhin zu überprüfen, ob Sie das für Ihr Leben tatsächlich »Wichtige« tun oder nur das »Dringende«, und gehen auf die Folgen der »Dringlichkeitssucht« ein. Zuletzt werfen wir einen Blick auf »wesentliche« Dinge – das grundlegende Bedürfnis und die Fähigkeit des Menschen, zu leben, zu lieben, zu lernen und ein Vermächtnis zu hinterlassen – und sprechen darüber, wie wir unseren inneren Kompaß nutzen können, um unser Leben am »Nordpol« prinzipieller, die Lebensqualität bestimmender Realitäten auszurichten.

- In Teil 2, »Hauptsache, die Hauptsache bleibt die Hauptsache«, stellen wir die Quadrant-II-Organisation vor, die einmal wöchentlich eine halbe Stunde in Anspruch nimmt. Dieser Prozeß ordnet die Uhr dem Kompaß unter und erlaubt eine Verlagerung des Schwerpunkts von der »Dringlichkeit« auf die »Wichtigkeit«. In einem ersten Durchlauf werden wir die unmittelbaren Vorteile des Prozesses aufzeigen und uns dann vertieft mit seinen Teilen befassen, um den Reichtum an positiven langfristigen Folgen zu belegen.
- In Teil 3, »Die Synergie der Interdependenz«, behandeln wir die Probleme und das Potential der interdependenten Realität, in der wir 80 Prozent unserer Zeit verbringen – ein Bereich, der vom traditionellen Zeitmanagement weitgehend vernachlässigt wird. Wir untersuchen den Unterschied zwischen *transaktionalen* und *transformativen* Begegnungen mit anderen. Statt andere Menschen nur als Ressourcen zu betrachten, durch deren Einbeziehung wir mehr erledigen können, setzen wir auf eine starke Synergie durch eine gemeinsame Vision und Übereinkunft. Wir befassen uns mit der Entstehung von Mündigkeit und erörtern, wie man Mündigkeit des einzelnen und des Unternehmens fördern und zum Katalysator des Wandels in der Familie, am Arbeitsplatz oder innerhalb einer anderen Organisation werden kann.
- In Teil 4, »Die Kraft und der Frieden eines prinzipienorientierten Lebens«, sehen wir uns mehrere authentische Beispiele an und zeigen, daß der Ansatz der vierten Generation die Qualität Ihrer Zeiteinteilung und

das Wesen Ihrer Tätigkeit völlig verändern kann. Wir beschließen das Buch mit einem Ausblick auf die Prinzipien des Friedens und einigen Anregungen zur Überwindung der Haupthindernisse auf dem Weg zu einem erfüllten, sinnvollen und glücklichen Leben.

Um möglichst großen Nutzen aus diesem Buch zu ziehen, müssen Sie sich ohne Wenn und Aber auf seinen Inhalt einlassen. Dies setzt eine echte Introspektion voraus, in deren Rahmen Sie Ihr Leben, Ihre Prägungen, Ihre Motive, Ihre »wesentlichen« Dinge und Ihre Einstellung überprüfen. Wir möchten Sie dazu ermuntern, bei der Auseinandersetzung mit der Materie immer wieder innezuhalten und auf die Stimme Ihres Verstandes und Herzens zu hören. Wenn Sie wirklich tief in diesen Prozeß der Selbsterkenntnis eintauchen, werden Sie unweigerlich verändert daraus hervorgehen. Sie werden Beziehungen mit neuen Augen sehen. Sie werden die Zeit mit neuen Augen sehen. Sie werden sich selbst mit neuen Augen sehen. Wir sind der festen Überzeugung, daß Sie mit Hilfe dieses Buches die Kluft zwischen Ihren wirklich wichtigen Lebensinhalten und Ihrer praktischen Lebensführung schließen können.

Teil 1
Die Uhr und der Kompaß

1. Wer bedauert auf dem Sterbebett, daß er nicht mehr Zeit im Büro verbracht hat?

> Das Gute ist der Feind des Besten.

Wir treffen ständig Entscheidungen über unsere Zeiteinteilung – von den Jahreszeiten bis hin zu einzelnen Momenten in unserem Leben. Mit den Konsequenzen dieser Entscheidungen müssen wir leben. Und viele von uns sind nicht gerade erbaut über diese Konsequenzen, vor allem wenn sich eine tiefe Kluft zwischen der tatsächlichen Lebensführung und den eigentlich wichtigen Lebensinhalten auftut.

Mein Leben ist hektisch! Den ganzen Tag habe ich keine ruhige Minute – Konferenzen, Anrufe, Schreibarbeit, Verabredungen. Ich hänge mich voll rein, falle erschöpft ins Bett, und frühmorgens am nächsten Tag geht das Ganze wieder von vorne los. Ich habe eine enorm hohe Arbeitsleistung und erledige sehr viel. Aber manchmal beschleicht mich der Gedanke: »Wozu das alles? Was von dem, was du machst, zählt wirklich?« Und ich muß zugeben, ich weiß es nicht.

Ich fühle mich hin- und hergerissen. Meine Familie ist mir wichtig, aber meine Arbeit auch. Ich lebe in einem dauernden Konflikt und versuche die Anforderungen von beiden Seiten irgendwie auszugleichen. Erfolg und Glück in der Arbeit und zu Hause – ist das wirklich möglich?

Ich habe das Gefühl, daß ich mein Leben nicht im Griff habe. Ich überlege mir, was wichtig ist, und setze mir entsprechende Ziele, aber andere Leute – mein Chef, meine Kollegen, mein Partner – werfen mir ständig Knüppel zwischen die Beine. Meine eigenen Absichten werden abgeblockt, weil sie etwas anderes von mir wollen. Was mir wichtig ist, geht unter in der Flut von Dingen, die anderen wichtig sind.

Alle erzählen mir, wie erfolgreich ich bin. Ich habe gearbeitet, geschuftet und Opfer gebracht. Jetzt habe ich es geschafft, aber ich bin nicht glücklich. Tief drinnen habe ich ein Gefühl der Leere. Soll das alles gewesen sein?

Die meiste Zeit genieße ich das Leben überhaupt nicht. Bei jeder Sache, die ich mache, fallen mir zehn andere ein, die ich nicht mache, und ich bekomme ein schlechtes Gewissen. Der Zwang, mich bei den vielen Möglichkeiten für etwas zu entscheiden, führt zu einer ständigen Anspannung. Wie erkenne ich, was am wichtigsten ist? Wie kann ich es verwirklichen? Wie kann ich es genießen?

Ich glaube zu wissen, was ich mit meinem Leben anfangen möchte. Ich habe aufgeschrieben, was mir wirklich wesentlich erscheint und welche Ziele ich erreichen will. Aber irgendwo zwischen meiner Vision und meinem Alltag bleiben sie auf der Strecke. Wie kann ich das, was wirklich zählt, in meinem täglichen Leben umsetzen?

Das Wichtigste an die erste Stelle zu rücken ist eine der zentralen Fragen des Lebens. Fast alle Menschen fühlen sich hin- und hergerissen zwischen Dingen, die sie tun möchten, zwischen Forderungen, die an sie gestellt werden, zwischen mannigfaltigen Verantwortungen. Wir alle stehen vor der Herausforderung, Tag für Tag und von Augenblick zu Augenblick Entscheidungen darüber zu treffen, wie wir unsere Zeit am besten nutzen können.

Entscheidungen fallen leichter, wenn es sich um eine Frage von Gut oder Böse handelt. Wir erkennen mühelos, daß manche Tätigkeiten nur ein Zeitvertreib sind, geisttötend und unter Umständen sogar destruktiv. Aber für die meisten geht es nicht um Gut oder Böse, sondern um die Entscheidung zwischen einer guten und der besten Lösung. Denn entgegen dem bekannten Sprichwort ist nicht selten das Gute der Feind des Besten.

Stephen: *Ich kannte einen Mann, der zum neuen Dekan des College of Business einer großen Universität ernannt wurde. Nach seiner Ankunft prüfte er die Situation und kam zu dem Ergebnis, daß das College vor allem Geld benötigte. Er besaß großes Geschick in der Beschaffung von Kapital und erkannte darin seine wichtigste Aufgabe.*

Diese Vision stellte das College vor ein Problem, weil seine Amtsvorgänger ihre Aufmerksamkeit im wesentlichen auf die Alltagsbedürfnisse der Lehrkräfte beschränkt hatten. Aber der neue Dekan war nie da. Er war ständig unterwegs, um Geldgeber für Forschung, Stipendien und andere Stiftungen zu gewinnen. Bei den Alltagsangelegenheiten mußten die Fakultätsmitglieder mit seinem Verwaltungsassistenten vorliebnehmen, was viele von ihnen als herabwürdigend empfanden.

Sie erregten sich so sehr über die Abwesenheit des Dekans, daß sie eine Abordnung zum Präsidenten der Universität schickten, um seine Ablösung oder einen grundlegenden Wandel seines Führungsstils zu fordern. Der Präsident kannte das

Engagement des Dekans und antwortete: »Beruhigen Sie sich. Sein Verwaltungsassistent leistet doch gute Arbeit. Geben Sie ihm etwas Zeit.«

Schon bald flossen die ersten Gelder, und die Lehrkräfte erkannten den Wert der neuen Vision. Jetzt hieß es, wenn sie den Dekan trafen: »Was machen Sie denn hier? Wir wollen Sie gar nicht sehen. Schauen Sie sich lieber nach neuen Geldquellen um. Die Verwaltungsarbeit kann auch Ihr Assistent machen.«

Sicher hätte der Dekan seine Absichten besser erklären können, aber ich habe etwas Wichtiges von ihm gelernt: Wir müssen uns immer fragen, was die Situation erfordert und worin unsere besondere Stärke liegt, um sie zu meistern.

Was ist das »Beste« für Sie? Was hält Sie davon ab, diesen »besten« Dingen soviel Zeit und Energie zu widmen, wie Sie es eigentlich wollen? Stehen zu viele »gute« Dinge im Wege? Nicht wenige Menschen machen diese Erfahrung und fühlen sich verunsichert, weil sie in ihrem Leben den Weg zum Wesentlichen nicht gefunden haben.

Die Uhr und der Kompaß

Das Ringen um ein am Wesenlichen orientiertes Leben läßt sich am Gegensatz zwischen zwei für unsere Realität bedeutsamen Instrumenten veranschaulichen: der Uhr und dem Kompaß. Die Uhr steht für unsere Zusagen, Verabredungen, Zeitpläne, Ziele und Tätigkeiten – also dafür, was wir mit unserer Zeit anfangen und wie wir sie einteilen. Der Kompaß repräsentiert Vision, Werte, Prinzipien, Lebensphilosophie, Gewissen und Orientierung – also das, was wir für wichtig halten und *wie* wir unser Leben führen.

Das Ringen entsteht, wenn wir eine Kluft zwischen der Uhr und dem Kompaß spüren, wenn unser Handeln nichts zu den wichtigen Dingen in unserem Leben beiträgt.

Bei manchen Menschen löst diese Diskrepanz heftige Schmerzen aus. Sie schaffen es einfach nicht, ihren Worten Taten folgen zu lassen. Sie fühlen sich gefangen, beherrscht von anderen oder von Situationen. Sie reagieren immer nur auf Krisen.

Andere spüren nur ein undefinierbares Unbehagen. Irgendwie gelingt es ihnen nicht, was sie sollen und was sie tatsächlich tun, unter einen Hut zu bringen. Sie stolpern von einem Dilemma ins nächste. Wenn sie etwas nicht tun, bekommen sie solche Schuldgefühle, daß sie sich nicht mehr darüber freuen können, was sie tun.

Einige fühlen sich leer. Sie haben Glück ausschließlich im Hinblick auf berufliche und finanzielle Errungenschaften definiert und müssen feststellen, daß ihnen der »Erfolg« nicht die erhoffte Zufriedenheit gebracht hat. Mühsam haben sie die Karriereleiter erklommen und dabei eine Spur zerbrochener Beziehungen und verpaßter Lebenschancen hinterlassen. In ihrem einseitigen Erfolgsstreben hatten sie einfach keine Zeit für die wirklich wichtigen Dinge.

Andere fühlen sich orientierungslos und verwirrt. Sie haben keine klare Vorstellung von den »wesentlichen Dingen«. Wie Automaten gehen sie von einer Aktivität zur nächsten über. Das Leben ist mechanisch, nur manchmal fragen sie sich, ob ihr Handeln einen Sinn hat.

Manche Menschen wissen, daß sie aus dem Gleichgewicht geraten sind, aber sie haben kein Vertrauen in andere Alternativen. Oder der Preis für eine Veränderung erscheint ihnen zu hoch. Oder sie haben einfach Angst vor einem Versuch und leben lieber mit ihrem Ungleichgewicht weiter.

Aufrüttelnde Erfahrungen

Manchmal kommen wir durch ein dramatisches Ereignis zur Besinnung. Ein geliebter Mensch stirbt. Plötzlich ist er verschwunden, und auf schmerzliche Weise wird uns klar, was alles möglich gewesen wäre, wenn wir nicht die Karriereleiter einer tiefen Beziehung vorgezogen hätten.

Es stellt sich heraus, daß unser halbwüchsiger Sohn Drogen nimmt. Bilder treten vor unser inneres Auge – wie wir im Laufe der Jahre Zeit mit ihm verbringen, Erfahrungen teilen und eine Beziehung hätten aufbauen können ... aber es nicht getan haben, weil wir zu sehr damit beschäftigt waren, den Lebensunterhalt zu verdienen, die richtigen Kontakte zu knüpfen oder einfach Zeitung zu lesen.

Unser Arbeitsplatz fällt einer Rationalisierungsmaßnahme zum Opfer. Oder unser Arzt teilt uns mit, daß wir nur noch ein paar Monate zu leben haben. Oder unsere Ehe steht vor der Scheidung. Durch irgendeine Krise gelangen wir zu der Einsicht, daß unsere Lebensführung nicht mit unseren wichtigen Lebensinhalten übereinstimmt.

Rebecca: *Vor Jahren besuchte ich eine junge Frau im Krankenhaus, die erst 23 Jahre alt war und zwei kleine Kinder hatte. Sie hatte gerade erfahren, daß sie unheilbar an Krebs erkrankt war. Als ich ihre Hand hielt und nach tröstenden*

Worten suchte, rief sie: »Ich würde alles dafür geben, wenn ich nur zu Hause wäre und meinen Kindern die Windeln wechseln könnte!«

Ihre Worte erinnerten mich an meine eigenen Erfahrungen mit meinen Kindern, und ich fragte mich, wie oft wir beide die Windeln nur aus Pflichtbewußtsein und in aller Eile gewechselt, es aber vielleicht sogar als lästig und störend empfunden hatten, statt uns über diese kostbaren Augenblicke des Lebens und der Liebe zu freuen, die vielleicht nie wiederkehren würden.

Viele von uns müssen sich jedoch nie den wesentlichen Lebensfragen stellen, weil sie nicht durch solche Erlebnisse aufgerüttelt werden. Statt nach den tiefliegenden chronischen Ursachen zu forschen, behandeln wir die Schmerzen mit Pflästerchen und Aspirin. Gestärkt durch die vorübergehende Linderung, beschäftigen wir uns immer mehr mit »guten« Dingen und denken nicht mehr darüber nach, ob das, was wir tun, wirklich das Wichtigste ist.

Die drei Generationen des Zeitmanagements

In dem Bemühen, die Diskrepanz zwischen Uhr und Kompaß zu überwinden, wenden sich viele Menschen dem Gebiet des Zeitmanagements zu. Im Zuge der Vorbereitungen für dieses Buch haben wir Hunderte von Veröffentlichungen zu diesem Thema ausgewertet und acht grundlegende Ansätze gefunden. Auf der einen Seite finden wir die eher traditionellen Modelle, die uns dazu aufrufen, unser Leben zu organisieren, unser Zeitterrain vor Eindringlingen zu schützen oder unsere Angelegenheiten nach Prioritäten zu ordnen. Auf der anderen Seite stehen Modelle, die gegen traditionelle Paradigmen angehen, wie zum Beispiel ein an fernöstlichen Vorstellungen orientierter Ansatz, der uns auffordert, dem natürlichen Rhythmus des Lebens zu folgen und die »zeitlosen« Augenblicke der Freude wahrzunehmen, in denen es keine Uhr mehr gibt. Hierher gehört auch ein Modell, das zeigt, daß Zeitverschwendung durch Zögern oder ineffektives Delegieren oft auf tiefe psychologische Prägungen zurückzuführen ist und daß Menschen, die es aufgrund ihrer Prägungen allen recht machen wollen, aus Furcht vor Zurückweisung und aus Scham oft zuviel versprechen und arbeiten.

Einen für die meisten Leute besseren Überblick über die Materie bietet nach unserer Erfahrung die Einteilung in drei »Generationen« des Zeitmanagements. Diese Generationen bauen aufeinander auf und streben jeweils nach größerer Effizienz und Kontrolle.

Erste Generation. Die erste Generation beruht auf »Gedächtnishilfen«. Mit Hilfe von Notizen und Checklisten wird man daran erinnert, daß man bestimmte Dinge erledigen muß. Am Ende des Tages hat man dann hoffentlich vieles auf der Liste geschafft und kann es abhaken. Die unerledigten Dinge setzt man auf die Liste für morgen.

Zweite Generation. In der zweiten Generation geht es um »Planung und Vorbereitung«. Sie steht ganz im Zeichen von Terminkalendern. Die Schwerpunkte heißen Effizienz, persönliche Verantwortung sowie kluge Zielsetzung und Terminplanung.

Dritte Generation. In der dritten Generation dreht sich alles um »Planung, Prioritätensetzung und Kontrolle«. Die Vertreter dieser Generation klären zunächst einmal ihre Werte und Prioritäten. Sie setzen sich lang-, mittel- und kurzfristige Ziele zur Verwirklichung dieser Werte und ordnen ihre täglichen Angelegenheiten nach Prioritäten. Diese Generation ist gekennzeichnet durch ein breites Spektrum von Planern und Organisationshilfen mit detaillierten Vordrucken für die Tagesplanung.

Zweifellos haben uns diese drei Generationen des Zeitmanagements große Effektivitätsgewinne für unser Leben gebracht. Dinge wie Effizienz, Planung, Prioritätensetzung, Werteklärung und Zielsetzung haben viele positive Wirkungen erzielt.

Aber trotz des wachsenden Interesses und der Flut von Veröffentlichungen zum Thema hat sich im Grunde für die meisten Menschen nichts geändert an der Kluft zwischen dem, was wirklich für sie zählt, und dem, wie sie ihre Zeit verbringen. In vielen Fällen hat sich die Lage nur noch verschlimmert. »Wir schaffen mehr in weniger Zeit«, heißt es dann, »aber wo bleiben die erfüllten Beziehungen, der innere Frieden, die Ausgeglichenheit, die Gewißheit, daß unser Handeln wesentlich ist?«

Roger: *Diese drei Generationen beschreiben auch meine Erfahrungen mit dem Zeitmanagement. Ich bin in der Gegend von Carmel, Pebble Beach, in Kalifornien aufgewachsen. Das künstlerische, aufgeschlossene Umfeld gehörte in die erste Generation. Ich schrieb mir ab und zu ein paar Dinge auf, die ich nicht vergessen wollte – vor allem Golfturniere, die damals viel Raum in meinem Leben einnahmen.*

Im Lauf der Zeit machten es die vielfältigen Möglichkeiten und Anforderun-

gen meiner Tätigkeiten notwendig, mehr in weniger Zeit zu schaffen, und führten mich so tief in die zweite Generation. Ich las alles im Bereich Zeitmanagement, was mir in die Hände fiel. Eine Zeitlang arbeitete ich sogar als Berater auf diesem Gebiet. Ich half anderen dabei, effizienter zu werden, ihre Angelegenheiten besser zu organisieren, mit dem Telefon umzugehen und so weiter.

Es dauerte jedoch nicht lange, bis ich bestürzt feststellte, daß ich mir meiner Sache gar nicht mehr so sicher war. Ich fragte mich, ob ich den Leuten nur dabei half, schneller zu scheitern. Es ging gar nicht darum, wieviel sie schafften, sondern darum, wonach sie strebten. Sie wollten etwas über die Qualität ihres Handelns erfahren, aber ich konnte ihnen keine Auskunft dazu geben, solange ich nicht wußte, was sie antrieb. Dadurch gelangte ich in die dritte Generation, die Werte mit Zielen verknüpfte, um den Menschen ein stimmiges und prioritätenbezogenes Handeln zu ermöglichen.

Doch nach einiger Zeit zeichnete sich immer deutlicher ein Unterschied ab zwischen dem, was die Leute wollten, und dem, was sie ganz offensichtlich für ihr Leben brauchten. Viele von ihnen erreichten immer mehr selbstgesetzte Ziele ... und fühlten sich dabei immer unglücklicher und unerfüllter.

Allmählich setzte sich bei mir die Erkenntnis fest, daß die Antwort nicht in den drei Generationen des Zeitmanagements lag. Sie lag auf der Ebene der grundlegenden Paradigmen: in den Prämissen, mit denen wir das, was wir tun, festlegen und anpacken.

Stärken und Schwächen der einzelnen Generationen

Wir wollen uns die Stärken und Schwächen der einzelnen Generationen näher ansehen und vor allem darauf achten, wie sie helfen und dennoch den tieferen Bedürfnissen nicht gerecht werden.

Menschen in der *ersten Generation* sind meist flexibel. Sie arbeiten nach ihrem eigenen Zeitplan und tun, was sie zu einem bestimmten Zeitpunkt für notwendig oder vordringlich halten.

Aber häufig werden dabei wichtige Angelegenheiten übersehen. Verabredungen werden vergessen, Zusagen nicht eingehalten. Ohne die Kraft klarer Lebensziele bleiben die Leistungen hinter den Möglichkeiten zurück. Die »wesentlichen Dinge« für Menschen in dieser Generation sind im Grunde nur das, was gerade vor ihnen liegt.

Menschen in der *zweiten Generation* machen Pläne und treffen Vorbereitungen. Sie fühlen sich in der Regel stärker verantwortlich für Ergebnisse und eingegangene Verpflichtungen. Terminkalender dienen nicht nur als Gedächtnishilfen, sondern fördern bessere Vorbereitung auf Treffen und Präsentationen sowohl im beruflichen als auch im privaten Bereich. Vorbereitung erhöht Effizienz und Effektivität. Zielsetzung und Planung steigern Leistung und Ergebnisse.

Aber diese Ausrichtung an Planung und Effizienz stellt den Zeitplan in den Mittelpunkt. Obgleich viele in der zweiten Generation ehrlich an anderen Menschen und Beziehungen interessiert sind, lassen sie sich von dieser Ausrichtung oft dazu verleiten, andere als Feinde zu behandeln. Andere Leute werden zu Störungen und Ablenkungen, die sie von der Einhaltung ihres Zeitplans und der Ausführung ihrer Absichten abhalten. Sie kapseln sich von anderen ab oder delegieren Arbeiten an sie, weil sie sie hauptsächlich als Mittel zur Vergrößerung ihres Einflusses sehen. Darüber hinaus realisieren die Vertreter der zweiten Generation zwar vielleicht mehr von ihren Wünschen, können damit aber nicht unbedingt ihre tiefen Bedürfnisse erfüllen und zum inneren Frieden finden. Die »wichtigen Dinge« für Menschen in der zweiten Generation sind eine Funktion von Terminkalendern und Zielen.

Der entscheidende Beitrag der *dritten Generation* liegt in der Verknüpfung von Zielen und Plänen mit Werten. Menschen in dieser Generation erreichen durch konzentrierte Tagesplanung und Prioritätensetzung einen beträchtlichen Zuwachs an persönlicher Produktivität. Die »wesentlichen Dinge« werden zu einer Funktion von Werten und Zielen.

Aber trotz bester Absichten weist die dritte Generation auch einige ernste Mängel auf, die auf beschränkte Paradigmen und das Fehlen entscheidender Elemente zurückführen sind. Wir wollen uns einige der zugrundeliegenden Haltungen oder *Paradigmen* näher ansehen. Diese Paradigmen sind wie Landkarten. Sie sind nicht das Land, sie beschreiben das Land. Und wenn die Karte die falsche ist – wenn wir eine Adresse in Frankfurt suchen, aber nur eine Karte von Berlin haben –, werden wir unser Ziel wohl kaum erreichen. Wir können an unserem Verhalten arbeiten – wir können rationeller reisen, ein Auto mit niedrigerem Benzinverbrauch benutzen, aufs Tempo drücken –, aber damit werden wir nur schneller am falschen Ort ankommen. Wir können an unserer Einstellung arbeiten – wir können uns so sehr in das Bemühen hineinsteigern, den besagten Ort zu erreichen, daß es uns nicht einmal mehr etwas ausmacht, wenn wir in einer ganz anderen Gegend herumfahren. Doch das eigentliche Problem hat nichts mit Verhalten und Einstellung zu tun. Das Problem ist die verkehrte Landkarte.

Diese Paradigmen liegen dem gesamten traditionellen Zeitmanagement zugrunde, werden aber von der dritten Generation besonders betont.

- *Kontrolle.* Das Hauptparadigma der dritten Generation heißt Kontrolle. Alles wird geplant, kommt in ein Zeitraster, wird verwaltet. Ein Schritt nach dem anderen, nicht die geringste Kleinigkeit darf übersehen werden. Den meisten Menschen erscheint es erstrebenswert, ihr Leben zu »kontrollieren«. Aber Tatsache ist: Nicht *wir* kontrollieren unser Leben, sondern *Prinzipien.* Wir können unsere Entscheidungen kontrollieren, aber nicht die Konsequenzen dieser Entscheidungen. Wenn wir glauben, alles zu kontrollieren, wiegen wir uns in einer Illusion und sehen uns zu dem Versuch gezwungen, die Konsequenzen zu steuern. Außerdem können wir auch andere Menschen nicht kontrollieren. Das Zeitmanagement ignoriert im Grunde den Umstand, daß wir die meiste Zeit mit anderen Menschen zusammenleben und -arbeiten, die wir nicht kontrollieren können.
- *Effizienz.* Effizienz heißt »mehr in kürzerer Zeit«. Das klingt vernünftig. Wir schaffen mehr. Wir verringern oder vermeiden Verschwendung. Wir arbeiten rationeller und schneller. Wir funktionieren. Der Produktivitätsgewinn ist unglaublich. Aber dabei wird als Grundannahme unterstellt, daß »mehr« und »schneller« auch besser ist. Es fragt sich nur, ob das unbedingt so stimmen muß. Es gibt einen entscheidenden Unterschied zwischen Effizienz und Effektivität. Man kann bei strahlend blauem Himmel auf der Autobahn unterwegs sein und eine gewaltige Strecke zurücklegen – die Effizienz könnte nicht höher sein. Aber wenn man Richtung Rom fährt, obwohl man eigentlich nach Oslo will, dann ist das nicht besonders effektiv.
  Und außerdem: Haben Sie schon einmal versucht, effizient gegenüber Menschen zu sein? Wie ist es gegangen?
  »Entschuldigung, aber Sie können jetzt nicht Ihre tiefsten Gefühle zum Ausdruck bringen. Mein Terminkalender sieht für dieses Gespräch nur zehn Minuten vor.«
  »Bitte stör mich jetzt nicht, Junge. Geh mit deinen Kränkungen und deinem Schmerz ein paar Minuten woandershin, bis ich diese Sache hier im Terminplan erledigt habe.«
  Effizienz mag bei Dingen angebracht sein. Bei Menschen jedoch darf man sich von ihr keine Effektivität erwarten.

- *Werte.* Werte sind von höchster Bedeutung. Werte bestimmen unsere Entscheidungen und Handlungen. Aber wir können viele verschiedene Dinge wertschätzen – Liebe, Sicherheit, ein großes Haus, Geld auf der Bank, Status, Anerkennung, Ruhm. Die Wertschätzung einer Sache allein garantiert noch nicht, daß sie zu mehr Lebensqualität führt. Wenn unsere Werte im Widerspruch stehen zu den Naturgesetzen, die über inneren Frieden und Lebensqualität entscheiden, bauen wir auf Sand und laufen Gefahr, darin zu versinken.
- *Unabhängige Leistung.* Das traditionelle Zeitmanagement bewegt sich im Rahmen des Leistungsgedankens und legt uns nahe, angestrebte Ziele ohne Rücksicht auf Verluste zu erreichen. Andere Menschen werden im Grunde als Mittel betrachtet, durch die man mehr Dinge schneller erledigen kann – oder als Hindernisse und Störfaktoren. Die Beziehungen sind im wesentlichen transaktional. Doch die größten Leistungen und Freuden im Leben kommen durch Beziehungen zustande, die *transformativ* sind. Die Menschen werden durch die Interaktion verändert, transformiert. Es entsteht etwas Neues, das von keinem der Beteiligten kontrolliert wird. Keiner hätte es vorhersehen können. Es handelt sich nicht um eine Folge von Effizienz, sondern um eine Folge von Verstehen, Lernprozessen und Begeisterung über diese Lernprozesse. Die transformative Kraft dieser interdependenten Synergie bildet den Schlüssel zu einer sinnvollen Lebens- und Zeitgestaltung.
- *Chronos.* Zeitmanagement setzt auf *Chronos*, den griechischen Begriff für chronologische Zeit. Chronoszeit beschreibt eine lineare Abfolge von Momenten. Keine Sekunde ist wertvoller als eine andere. Die Uhr diktiert den Rhythmus des Lebens. Aber verschiedene Kulturen gehen von einem anderen Paradigma aus: *Kairos*, die »günstige« Zeit. Diese Zeit wird *erlebt*; sie ist subjektiv und existentiell. In der Kairoszeit kommt es darauf an, wieviel Qualität man aus ihr bezieht, und nicht darauf wieviel Chronoszeit verstreicht.
- *Kompetenz.* Das Zeitmanagement umfaßt eine Reihe von Kompetenzen. Wer diese Kompetenzen ausbilden kann, verbessert damit seine Lebensqualität. Aber persönliche Effektivität ist eine Folge von Kompetenz *und* Charakter. Fast die gesamte einschlägige Literatur setzt Zeit mit Leben gleich, spaltet jedoch dabei unser *Tun* von unserem *Sein* ab. Demgegenüber bestätigt die Weisheitsliteratur aus Jahrhunderten die alles überragende Bedeutung der Charakterbildung für ein erfülltes Leben.

- *Management.* Zeitmanagement geht von einer *Managementperspektive* aus, nicht von einer *Führungsperspektive.* Management agiert innerhalb eines Paradigmas. Führung schafft neue Paradigmen. Dinge werden »gemanagt«, Menschen geführt. Höchste Priorität erhalten die wichtigen Dinge im Leben eines Menschen nur dann, wenn er Führung *vor* Management setzt: »Mache ich das Richtige?« *vor* »Mache ich es richtig?«

Die Stärken und Schwächen der drei Generationen im Zeitmanagement werden in der untenstehenden Tabelle zusammengefaßt.

	Stärken	**Schwächen**
Erste Generation	• Flexibilität, wenn sich etwas Wichtigeres ergibt; Anpassung an »Fluß der Dinge« • Stärkeres Eingehen auf Menschen • Nicht völlig durchgeplant und überstrukturiert • Weniger Streß • Zu Erledigendes wird aufgezeichnet • Keine echte Struktur	• Manches wird übersehen • Verpflichtungen werden ignoriert oder vergessen; Beziehungen leiden • Relativ wenig wird erledigt • Bewegung von Krise zu Krise, da Zeitpläne und Strukturen ignoriert werden • »Wesentliche Dinge« sind das, was gerade vor einem liegt
Zweite Generation	• Zeichnet Verpflichtungen und Verabredungen auf • Durch Ziele und Planung wird viel mehr erledigt • Effektivere Besprechungen und Präsentationen durch Vorbereitung	• Terminkalender wird wichtiger als Menschen • Mehr Erfüllung von Wünschen als von echten Bedürfnissen • Unabhängiges Denken und Handeln – Menschen werden als Mittel oder Hindernisse betrachtet • »Wesentliche Dinge« sind das, was im Terminkalender steht

Dritte Generation	• Übernimmt Verantwortung für Ergebnisse • Stellt Verbindung zu Werten her • Erschließt die Kraft lang-, mittel- und kurzfristiger Ziele • Setzt Werte in Ziele und Handlungen um • Erhöht persönliche Produktivität durch Tagesplanung und Prioritätensetzung • Steigert Effizienz • Gibt dem Leben Struktur/Ordnung • Stärkt die Fähigkeit zum Management der Zeit und der eigenen Person	• Verführt zu dem Glauben, daß man nicht von Prinzipien kontrolliert wird, sondern von sich selbst • Werteklärung steht nicht unbedingt in Einklang mit herrschenden Prinzipien • Kraft der Vision bleibt unerschlossen • Tagesplanung geht nur selten über eine Prioritätenfindung für dringende Angelegenheiten und Krisenmanagement hinaus • Kann zu Schuldgefühlen, Überprogrammierung und Ungleichgewicht zwischen Rollen führen • Kann Terminkalender für wichtiger halten als Menschen und diese als Dinge betrachten • Geringere Flexibilität/Spontaneität • Fertigkeiten allein ergeben keine Effektivität und Führungsstärke – Vernachlässigung des Charakters • »Wesentliche Dinge« werden von Dringlichkeit und Werten bestimmt

What You See Is What You Get

An diesem Punkt stellt sich die Frage nach den Paradigmen, die zu Effizienz, Kontrolle, Management, Kompetenz und Chronos führen. Sind sie eine genaue kartographische Abbildung des Landes? Erfüllen sie die Erwartungen, die sie im Hinblick auf die Lebensqualität wecken? Die bloße Tatsache, daß wir immer mehr Anstrengungen in Methoden und Instrumente investieren, die auf diesen Paradigmen beruhen – und daß das grundlegende Problem geblieben ist (und sich in vielen Fällen noch verschlimmert hat) –, deutet darauf hin, daß der Fehler in den grundlegenden Paradigmen liegt.

»Das Innen wird unaufhörlich zum Außen«, schreibt James Allen in seinem Buch *As a Man Thinketh.* »Aus der Herzensverfassung eines Menschen entspringen die Umstände seines Lebens; seine Gedanken erblühen zu Taten, und seine Taten tragen Früchte, die Charakter und Schicksal heißen.«

Dem Verständnis der grundlegenden Paradigmen im Zeitmanagement kommt höchste Bedeutung zu, weil Paradigmen Landkarten des Verstandes und Herzens sind, aus denen Einstellungen und Verhaltensweisen und letzlich auch Lebensbedingungen hervorgehen. Daraus entsteht ein Kreislauf aus »Sehen – Tun – Bekommen«, fast wie beim Computer: Man bekommt, was man sieht.

Die Art, zu sehen, (unser Paradigma) führt zu dem, was wir tun (unsere Einstellungen und Verhaltensweisen), und was wir tun wiederum, führt zu dem, was wir in unserem Leben bekommen. Wenn wir also eine echte Veränderung unserer Lebensergebnisse wollen, reicht eine Veränderung der Einstellungen und Verhaltensweisen, der Methoden und Techniken nicht aus; wir müssen die grundlegenden Paradigmen verändern, aus denen sie hervorgehen. Wenn wir es mit einer Veränderung des Verhaltens oder der Methode versuchen und das Paradigma unberücksichtigt lassen, wird sich dieses über kurz oder lang gegen den vollzogenen Wandel durchsetzen. Aus diesem Grund erweisen sich Anstrengungen zur Einführung

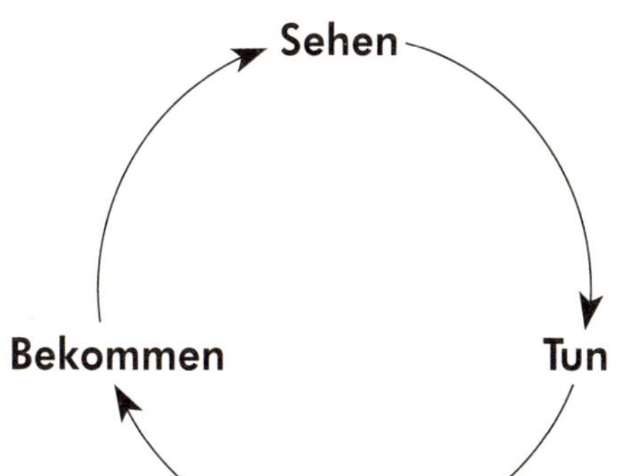

eines Total Quality Management oder der Selbstverantwortung in Unternehmen mit schöner Regelmäßigkeit als Schlag ins Wasser. Sie lassen sich nicht einfach einführen; sie müssen organisch wachsen.

Entscheidender als die Beschäftigung mit Einstellung und Verhalten ist die Untersuchung der Paradigmen, aus denen diese Einstellungen und Verhaltensweisen entstehen. Als Menschen versuchen wir – manchmal mit verheerenden Folgen –, Unternehmen zu leiten, Kinder großzuziehen, Schüler zu unterrichten und Beziehungen zu pflegen, aber den Wurzeln, aus denen die Früchte unseres Lebens entspringen, schenken wir keine ernsthafte Beachtung. Und auch das Zeitmanagement erweist sich als eine eher mechanische Fertigkeit, die von den wesentlichen Dingen im Leben abgeschnitten ist.

Eine vierte Generation

Eines steht fest: Wenn wir weiterhin tun, was wir tun, bekommen wir auch in Zukunft, was wir jetzt bekommen. Eine Definition von Geisteskrankheit lautet: »Immer wieder das gleiche tun und andere Ergebnisse erwarten.« Wenn Zeitmanagement die Antwort wäre, dann hätte der ungeheure Reichtum an guten Ideen bis heute schon sehr viel bewirken müssen. Aber Sorgen über die Lebensqualiät machen sich Menschen mit einem hohen Schulungsgrad im Zeitmanagement *genauso häufig* wie Menschen, die davon keine Ahnung haben.

Alles deutet darauf hin, daß eine vierte Generation vonnöten ist, die alle Stärken der ersten drei umfaßt, aber die Schwächen ausmerzt ... und Neuland betritt. Dies erfordert ein nicht nur graduell verschiedenes, sondern ein völlig neuartiges Paradigma und einen radikalen Bruch mit weniger effektiven Denk- und Handlungsmodellen.

Wir brauchen keine weitere Evolution, sondern eine Revolution. Wir müssen über das Zeitmanagement hinausgehen und zu einer vierten Generation gelangen, deren grundlegende Paradigmen zu einer höheren Lebensqualität führen.

2. Die Dringlichkeitssucht

> Nur eine bewußte Entscheidung für das Wichtige verhindert eine unbewußte Entscheidung für das Unwichtige.

Nehmen Sie sich zu Beginn dieses Kapitels einen Augenblick Zeit, um über folgende Fragen nachzudenken:

Welche Tätigkeit vor allen anderen hätte Ihres Wissens, wenn Sie sie hervorragend und konsequent ausüben würden, bedeutende positive Folgen für Ihr Privatleben?

Welche Tätigkeit vor allen anderen hätte Ihres Wissens, wenn Sie sie hervorragend und konsequent ausüben würden, bedeutende positive Folgen für Ihr Berufsleben?

Wenn Sie wissen, daß diese Dinge so viel bewirken würden, weshalb tun Sie sie dann nicht schon jetzt?

Solange Sie sich Ihre Antwort überlegen, wollen wir einen Blick auf die zwei für den Gebrauch unserer Zeit entscheidenden Faktoren werfen: *Dringlichkeit* und *Wichtigkeit*. Beide Faktoren werden hier vorgestellt, aber nur einer von ihnen macht das grundlegende Paradigma aus, durch das wir unsere Zeit und unser Leben betrachten sollten.

Die vierte Generation beruht auf dem Paradigma der Wichtigkeit. Nur wer das Wichtige kennt und auch tut, statt bloß auf Dringendes zu reagieren, kann den Weg zum Wesentlichen finden.

Dringlichkeit

Wie stark wird Ihr Leben von Dringlichkeit beherrscht? Einen Anhaltspunkt dafür bietet Ihnen der Dringlichkeitsindex auf der Seite 29, der zeigt, welche Einstellungen und Verhaltensweisen aus der Dringlichkeit entstehen. Je nachdem, als wie zutreffend Sie die Aussagen des Index für sich empfinden, können Sie erschließen, inwiefern Ihr Leben von einem Dringlichkeitsparadigma bestimmt wird. Markieren Sie neben jeder Aussage die Zahl, die Ihrer Antwort am nächsten kommt.

Wenn Sie zum Ende des Index gelangt sind, zählen Sie Ihr Gesamtergebnis zusammen. Ihr Abschneiden ersehen Sie aus folgendem Schlüssel:

0-25	Geringe Dringlichkeitsorientierung
26-45	Starke Dringlichkeitsorientierung
46+	Dringlichkeitssucht

Wenn die meisten Ihrer Antworten im niedrigen Zahlenbereich liegen, spielt das Dringlichkeitsparadigma wohl keine bedeutende Rolle in Ihrem Leben. Wenn Sie im mittleren oder höheren Bereich liegen, besteht durchaus die Möglichkeit, daß Dringlichkeit Ihr grundlegendes Handlungsparadigma ist. Wenn die Antworten allesamt in den hohen Bereich fallen, ist Dringlichkeit für Sie vielleicht sogar mehr als eine Sichtweise: eine Sucht.

Die Dringlichkeitssucht

Manche Menschen gewöhnen sich so sehr an den hohen Adrenalinpegel bei der Bewältigung von Krisen, daß sie nur noch daraus ein Gefühl von Begeisterung und Stärke beziehen können. Wie empfindet man Dringlichkeit? Als anstrengend? Belastend? Aufreibend? Sicher. Aber machen wir uns nichts vor. Manchmal ist es auch aufregend. Wir fühlen uns nützlich. Wir fühlen uns erfolgreich. Wir fühlen uns anerkannt.

Die Lösung dringender und wichtiger Krisen verschafft uns ein vorübergehendes Hochgefühl. Man erwartet von uns, daß wir beschäftigt, ja sogar überarbeitet sind. Es ist zu einem Statussymbol in unserer Gesellschaft geworden: Wenn wir beschäftigt sind, sind wir wichtig. Es ist geradezu peinlich für uns, zuzugeben, daß wir nicht beschäftigt sind. Aus der Geschäftigkeit beziehen wir unsere Sicherheit, und sie dient uns als Vorwand dafür, uns nicht mit den wichtigen Dingen in unserem Leben auseinanderzusetzen.

Dringlichkeitssucht ist ein selbstzerstörerisches Verhalten, das vorübergehend eine durch unerfüllte Bedürfnisse entstehende Leere ausfüllt. Die

Der Dringlichkeitsindex

Markieren Sie die Zahl auf der Matrix, die Ihren normalen Verhaltensweisen oder Einstellungen zu den Aussagen auf der linken Seite am nächsten kommt (0 = Nie, 2 = Manchmal, 4 = Immer).

		N		M		I
1.	Am besten arbeite ich anscheinend, wenn ich unter Druck stehe.	0	1	2	3	4
2.	Ich mache die Hektik der von außen auf mich einstürmenden Ereignisse dafür verantwortlich, daß ich keine Zeit für eine tiefe Auseinandersetzung mit mir selbst finde.	0	1	2	3	4
3.	Die Langsamkeit der Menschen und Dinge um mich herum frustriert mich. Ich hasse es, warten oder in der Schlange stehen zu müssen.	0	1	2	3	4
4.	Ich habe Schuldgefühle, wenn ich mir von der Arbeit freinehme.	0	1	2	3	4
5.	Ich renne von einem Ort und von einem Ereignis zum nächsten.	0	1	2	3	4
6.	Ich wehre andere Leute ab, um ein Projekt abschließen zu können.	0	1	2	3	4
7.	Ich fühle mich unruhig, wenn ich mehr als ein paar Minuten keinen Kontakt zum Büro habe.	0	1	2	3	4
8.	Wenn ich etwas mache, bin ich innerlich mit einer anderen Sache beschäftigt.	0	1	2	3	4
9.	Wenn ich eine Krisensituation meistern muß, bin ich obenauf.	0	1	2	3	4
10.	Der Adrenalinstoß durche ein neue Krise erscheint mir befriedigender als die kontinuierliche Arbeit an langfristigen Ergebnissen.	0	1	2	3	4
11.	Ich opfere die Zeit, die für wichtige Menschen in meinem Leben vorgesehen ist, um eine Krise zu bewältigen.	0	1	2	3	4
12.	Ich setze das Verständnis der Menschen voraus, wenn ich sie wegen einer anstehenden Krise enttäuschen oder im Stich lassen muß.	0	1	2	3	4
13.	Mit der Bewältigung einer Krise kann ich meinem Tag Sinn und Orientierung geben.	0	1	2	3	4
14.	Ich nehme mein Mittagessen und andere Mahlzeiten oft während der Arbeit ein.	0	1	2	3	4
15.	Ich stelle mir ständig vor, daß ich eines Tages tun kann, was ich wirklich tun möchte.	0	1	2	3	4
16.	Ein großer Stapel erledigter Sachen am Ende des Arbeitstages gibt mir ein Gefühl großer Produktivität.	0	1	2	3	4

Instrumente und Ansätze des Zeitmanagements fördern diese Abhängigkeit oft noch zusätzlich, weil sie uns darauf festlegen, Tag für Tag die dringenden Angelegenheiten nach Prioritäten zu ordnen, statt die wirklichen Bedürfnisse zu erfüllen.

Die Sucht nach Dringlichkeit ist nicht weniger gefährlich als andere allgemein bekannte Abhängigkeiten. Die folgende Liste beschreibt Phänomene wie Drogenabhängigkeit, Spielsucht und Eßsucht und hat eigentlich nichts mit Zeitmanagement zu tun. Aber die Ähnlichkeiten sind verblüffend:

Die Suchterfahrung

1. schafft berechenbare, zuverlässige Empfindungen;
2. wird zum Mittelpunkt und zieht alle Aufmerksamkeit auf sich;
3. verdrängt vorübergehend Schmerzen und andere unangenehme Empfindungen;
4. schafft ein künstliches Gefühl von Selbstwert, Macht, Kontrolle, Sicherheit, Intimität, Leistung;
5. verschlimmert die Probleme und Gefühle, die sie beheben sollte;
6. verschlechtert die Lebenstüchtigkeit, führt zu Beziehungsverlusten.

Wie treffend diese Sätze die Dringlichkeitssucht beschreiben! Und unsere Gesellschaft ertrinkt förmlich darin. Wo man auch hinblickt, überall in unserem Leben und unserer Kultur wird die Dringlichkeitssucht bestärkt.

Roger: *Bei einem unserer Seminare hatte ich gerade mit einer Gruppe von leitenden Angestellten eines multinationalen Unternehmens den Dringlichkeitsindex durchgearbeitet. In der Pause kam der Gebietsleiter von Australien mit einem selbstironischen Lächeln auf mich zu. »Nicht zu fassen!« rief er. »Ich bin absolut süchtig. Die ganze Kultur unseres Unternehmens funktioniert so. Wir leben von Krise zu Krise. Nichts wird gemacht, solange es nicht von jemandem als dringend bezeichnet wird.«*

Während er das sagte, trat sein Stellvertreter hinzu und bestätigte nickend seine Worte. Sie machten Witze über ihre Situation, aber die Witze hatten einen ernsten Unterton. Dann wandte sich der Gebietsleiter wieder an mich. »Als dieser Mann zu unserem Unternehmen kam, war er noch nicht so. Aber jetzt ist er genauso wie wir.«

Plötzlich riß er erstaunt die Augen auf. »Wissen Sie was? Ich bin nicht nur ein Süchtiger, ich bin ein Dealer!«

Wir müssen uns allerdings darüber im klaren sein, daß das Problem nicht in der Dringlichkeit selbst liegt. Probleme entstehen, wenn Dringlichkeit zum *beherrschenden Faktor* in unserem Leben wird. Dann nämlich erkennen wir »wichtige Dinge« nur noch in dringenden Dingen. Wir sind so sehr in unsere Tätigkeiten verstrickt, daß wir gar nicht mehr darüber nachdenken, ob sie wirklich nötig sind. Dadurch verschlimmern wir die Diskrepanz zwischen Kompaß und Uhr. Charles Hummel bemerkt dazu in seinem Buch *Tyranny of the Urgent*:

> Eine wichtige Aufgabe muß nur selten heute oder in dieser Woche erledigt werden ... Aber die dringende Aufgabe erfordert unverzügliches Handeln ... Im jeweiligen Moment üben diese Aufgaben einen unwiderstehlichen Reiz aus und verbrauchen so unsere Kraft. Aber aus größerem zeitlichem Abstand schwindet ihre trügerische Wichtigkeit, und mit Bedauern erinnern wir uns an die wesentliche Aufgabe, die wir verschoben haben. Wir erkennen, daß wir uns der Tyrannei des Dringenden unterworfen haben.

Wichtigkeit

Viele wichtige Dinge, die zu unseren Gesamtzielen beitragen und unserem Leben Reichtum und Sinn verleihen, wirken nicht auf uns ein und bedrängen uns nicht. Da sie nicht »dringend« sind, müssen *wir* auf sie einwirken.

Der Unterschied zwischen Dringlichkeit und Wichtigkeit läßt sich auf übersichtliche Weise in einer Zeitmanagement-Matrix darstellen, die unsere Tätigkeiten in vier Quadranten unterteilt.

Quadrant I zeigt Dinge, die sowohl dringend als auch wichtig sind. Hier sprechen wir mit einem erzürnten Kunden, halten einen Termin ein, reparieren eine defekte Maschine, werden am Herzen operiert oder helfen einem weinenden Kind, das verletzt worden ist. In Quadrant I müssen wir uns aufhalten; es ist der Quadrant der Notwendigkeit. Dort steuern wir, produzieren und wenden unsere Erfahrung und unser Urteil auf viele Bedürfnisse und Herausforderungen an. Wenn wir ihn ignorieren, werden wir unter einem Berg von Pflichten begraben. Aber wir müssen auch erkennen, daß viele wichtige Angelegenheiten erst durch Zaudern oder durch mangelnde Planung und Vorbeugung dringend werden.

Quadrant II enthält Tätigkeiten, die wichtig, aber nicht dringend sind.

	Dringend	Nicht dringend
Wichtig	**I** • Krisen • Drängende Probleme • Projekte, Besprechungen, Vorbereitungen mit Zeitlimit	**II** • Vorbereitung • Vorbeugung • Werteklärung • Planung • Beziehungsarbeit • Echte Erholung • Förderung der Selbstverantwortung
Nicht wichtig	**III** • Unterbrechungen, einige Anrufe • Manche Post, einige Berichte • Einige Konferenzen • Viele anstehende, drängende Angelegenheiten • Viele beliebte Tätigkeiten	**IV** • Triviales, Geschäftigkeit • Wurfsendungen • Manche Anrufe • Zeitverschwendende Beschäftigungen • Fluchtaktivitäten

Dies ist der Quadrant der Qualität. Hier machen wir unsere langfristigen Planungen, beugen abzusehenden Problemen vor, fördern die Selbstverantwortung anderer, erweitern unseren Horizont und steigern unsere Fähigkeiten durch Lesen und kontinuierliche berufliche Entwicklung, bereiten uns auf wichtige Treffen und Präsentationen vor und engagieren uns durch aufrichtiges Zuhören für tiefe Beziehungen. Je mehr Zeit wir in diesem Quadranten verbringen, desto größer wird unsere *Handlungsfähigkeit.* Ein Ignorieren dieses Quadranten läßt den Quadranten I anschwellen und führt zu Streß, Erschöpfung und tiefen Lebenskrisen. Umgekehrt läßt großes Engagement in Quadrant II den Quadranten I schrumpfen. Planung, Vorbereitung und Vorbeugung sorgen dafür, daß viele Dinge erst gar nicht zu dringenden Angelegenheiten werden. Quadrant II wirkt nicht auf uns ein; wir müssen auf ihn einwirken.

Quadrant III ist fast eine Attrappe von Quadrant I und enthält Dinge, die dringend, aber nicht wichtig sind. Dies ist der Quadrant der Täuschung. Der Trubel des Dringlichen erzeugt eine Illusion von Wichtigkeit. Aber die entsprechenden Tätigkeiten sind höchstens für jemand anderen wichtig. Viele Anrufe, Besprechungen und Zufallsbesucher fallen in diese Kategorie. Wir verbringen viel Zeit in Quadrant III und werden dabei – im Glauben, uns in Quadrant I zu befinden – den Prioritäten und Erwartungen anderer gerecht.

Quadrant IV ist jenen Tätigkeiten vorbehalten, die weder dringend noch wichtig sind. Dies ist der Quadrant der Verschwendung. Natürlich haben wir dort eigentlich nichts verloren. Aber oft sind wir von unseren Kämpfen in Quadrant I und III so mitgenommen, daß wir uns in Quadrant IV flüchten, um wieder Luft zu bekommmen. Und was finden wir dort? Nicht unbedingt erholsame Dinge, denn echte Erholung ist eine wertvolle Quadrant-II-Tätigkeit. Das Lesen von leichten Romanen, das Konsumieren geistloser Fernsehsendungen oder der Kaffeeklatsch im Büro lassen sich der Zeitverschwendung in Quadrant IV zuordnen. Aber der Quadrant IV dient nicht dem Überleben, er wirkt zersetzend. Wenn die Anfangsfreude über das süße Nichtstun verflogen ist, stellt man fest, daß man in diesem Quadranten nicht nur seine Zeit, sondern auch sich selbst verliert.

Wir möchten Sie jetzt dazu einladen, einen Blick auf die Zeitmanagement-Matrix zu werfen und die letzte Woche Ihres Lebens vor Ihrem Geist Revue passieren zu lassen. Wenn Sie jede Tätigkeit der letzten Woche in einen der vier Quadranten einordnen würden, wo haben Sie dann das Gros Ihrer Zeit verbracht?

Denken Sie genau über Quadrant I und III nach. Nur allzu leicht hält man etwas für wichtig, weil es dringend ist. Eine rasche Abgrenzung zwischen den beiden Quadranten erreicht man, wenn man sich fragt, ob die dringende Tätigkeit etwas zu einem wichtigen Ziel beigetragen hat. Wenn nicht, gehört sie wahrscheinlich in Quadrant III.

Wenn Sie so sind wie die meisten Menschen, mit denen wir zusammenarbeiten, dann haben Sie sich die meiste Zeit in Quadrant I und III aufgehalten. Aber um welchen Preis? Wenn Dringlichkeit die Triebfeder Ihres Handelns ist, welche wichtigen und wichtigsten Dinge in Ihrem Leben bleiben dann unberücksichtigt?

Denken Sie noch einmal über die Fragen nach, die Sie zu Beginn dieses Kapitels beantwortet haben:

Welche Tätigkeit vor allen anderen hätte Ihres Wissens, wenn Sie sie hervorragend und konsequent ausüben würden, bedeutende positive Folgen für Ihr Privatleben?

Welche Tätigkeit vor allen anderen hätte Ihres Wissens, wenn Sie sie hervorragend und konsequent ausüben würden, bedeutende positive Folgen für Ihr Berufsleben?

Analysieren Sie, in welchem Quadranten Ihre Antworten liegen. Wenn wir uns nicht sehr täuschen, liegen sie vermutlich in Quadrant II. Wir haben diese Fragen bereits Tausenden von Menschen gestellt, und die überwiegende Mehrheit der Antworten fällt in sieben Schlüsselbereiche:

1. Verbesserung der Kommunikation mit Menschen
2. Bessere Vorbereitung
3. Bessere Planung und Organisation
4. Mehr Fürsorglichkeit für sich selbst
5. Ergreifen neuer Chancen
6. Persönliche Entwicklung
7. Förderung der Selbstverantwortung

All diese Bereiche liegen in Quadrant II. Sie sind wichtig.

Aber warum kümmern sich die Menschen dann nicht darum? Wahrscheinlich, weil sie nicht dringend sind. Sie wirken nicht auf uns ein. Wir müssen auf sie einwirken.

Das Wichtigkeitsparadigma

Natürlich haben wir es in unserem Leben sowohl mit Dringlichkeit als auch mit Wichtigkeit zu tun. Aber in unseren täglichen Entscheidungen dominiert meist einer dieser beiden Faktoren. Und Probleme entstehen, wenn wir überwiegend von einem Paradigma der Dringlichkeit ausgehen und das Paradigma der Wichtigkeit vernachlässigen.

Wenn wir auf dem Wichtigkeitsparadigma aufbauen, leben wir in Quadrant I und II. Die Quadranten III und IV liegen hinter uns, und je mehr Zeit wir auf Vorbereitung, Vorbeugung, Planung und Selbstverantwortung verwenden, desto weniger müssen wir in Quadrant I Feuerwehr spielen. Dadurch verändert sich letztlich sogar das Wesen von Quadrant I, denn die meiste Zeit sind wir nicht mehr gezwungenermaßen dort, sondern aus freien Stücken.

In unseren Seminaren bitten wir die Teilnehmer oft darum, die Gefühle zu benennen, die sie mit verschiedenen Paradigmen verbinden. Wenn sie über Dringlichkeit sprechen, verwenden sie meist Wörter wie »gestreßt«, »verbraucht«, »unerfüllt« und »ausgebrannt«. Wenn jedoch von Wichtigkeit die Rede ist, benutzen sie Begriffe wie »zuversichtlich«, »erfüllt«, »richtiger Weg«, »sinnvoll« und »friedlich«. Sie können diese Übung selbst probieren. Wie fühlen Sie sich, wenn Sie von dem einen oder dem anderen Paradigma ausgehen? Diese Gefühle sagen sehr viel über die Herkunft der Ergebnisse in unserem Leben aus.

Fragen zur Matrix

Allerdings ist das Leben nicht so säuberlich und logisch geordnet, wie es uns die vier Quadranten nahelegen. Es existiert ein Kontinuum innerhalb und zwischen den einzelnen Quadranten. Es gibt Überschneidungen und graduelle wie wesentliche Unterschiede zwischen den Kategorien.

Manche Fragen zur Matrix werden immer wieder gestellt:

- *Wie erkennen wir bei all den dringenden und wichtigen Dingen, die uns begegnen, was zu tun ist?* Dieses Dilemma erfüllt unser Leben. Es vermittelt uns das Gefühl, wir müßten uns ins Zeug legen und immer mehr und schneller arbeiten. Aber fast immer gibt es tatsächlich eine Sache unter all den anderen, die zuerst erledigt werden sollte. Wie wir entscheiden, was zu einem bestimmten Zeitpunkt am wichtigsten ist, bildet eines der zentralen Themen im weiteren Fortgang des Buches.
- *Ist es schlecht, in Quadrant I zu sein?* Nein, es ist nicht schlecht. Viele Menschen verbringen einen großen Teil ihrer Zeit in Quadrant I. Es kommt hauptsächlich darauf an, weshalb man sich dort befindet: weil es dringend ist oder weil es wichtig ist? Wenn die Dringlichkeit vorherrscht und die Wichtigkeit verdrängt, gleitet man in Quadrant III ab und leidet an der Dringlichkeitssucht. Ist man jedoch aus wichtigen Gründen in Quadrant I und die Dringlichkeit tritt in den Hintergrund, bewegt man sich auf Quadrant II zu. Sowohl Quadrant I als auch Quadrant II beschreiben, was wichtig ist. Nur der Zeitfaktor ändert sich.
- *Wie finde ich die Zeit für Quadrant II?* Wer nach Zeit für Quadrant II sucht, sollte sich in erster Linie in Quadrant III danach umsehen. Die Tätigkeiten in Quadrant I sind sowohl dringend als auch wichtig – auf sie können wir nicht verzichten. Und in Quadrant IV haben wir eigentlich nichts verloren. Aber Quadrant III kann uns hinters Licht führen.

Es kommt darauf an, alle unsere Tätigkeiten im Hinblick auf ihre Wichtigkeit wahrzunehmen. Dann können wir die an die Illusion der Dringlichkeit verlorene Zeit zurückgewinnen und sie in Quadrant II verbringen.

- *Was tun, wenn ich in einem Quadrant-I-Umfeld bin?* Manche Berufe bewegen sich ihrem Wesen nach fast ausschließlich in Quadrant I. Zum Beispiel müssen Feuerwehrleute, Ärzte und Krankenschwestern, Polizeibeamte und Reporter auf dringende und wichtige Ereignisse reagieren. Doch für diese Menschen ist die Zeit in Quadrant II noch entscheidender, weil sie dadurch ihre Fähigkeiten im Umgang mit Quadrant I stärken. Die Zeit in Quadrant II steigert unsere Handlungsfähigkeit.
- *Gibt es etwas in Quadrant I, was nicht unsere sofortige Aufmerksamkeit erfordert?* Manche Dinge wachsen sich zu Problemen oder Krisen aus, wenn wir uns nicht darum kümmern. Wir können *entscheiden*, ob diese Dinge dringend werden. Außerdem können bestimmte Bereiche, wie langfristige Visionen, Planungen oder der Aufbau von Beziehungen, für ein Unternehmen in Quadrant II, für dessen Leiter jedoch in Quadrant I liegen. Diese Dinge machen seine besondere Aufgabe aus, und ob sie erledigt werden oder nicht, hat weitreichende Konsequenzen. Für diesen Topmanager besteht *jetzt* ein dringender Handlungsbedarf.

Jenseits der Komplexität

Die Dringlichkeitssucht bringt wie der Mißbrauch von Drogen vorübergehend Linderung. Der aus der Diskrepanz zwischen Kompaß und Uhr resultierende akute Schmerz wird gedämpft, aber es ist eine Befriedigung, die schnell verfliegt. Und der Schmerz bleibt. Wer einfach nur mehr und schneller arbeitet, dringt nicht zu den wahren Ursachen des Schmerzgefühls vor.

Um zu den chronischen Ursachen vorzudringen, ist eine andere Art des Denkens erforderlich. Es ist wie der Unterschied zwischen Vorbeugung und Behandlung in der Medizin. Behandlung befaßt sich mit der akuten und schmerzhaften Ebene der Krankheit; Vorbeugung beschäftigt sich mit Fragen des Lebensstils und der Gesundheitsfürsorge. Es handelt sich hier um zwei verschiedene Paradigmen, und auch wenn ein Arzt von beiden ausgeht, nimmt doch meistens eines von ihnen eine beherrschende Stellung ein.

Stephen: *Ich habe Untersuchungen von Ärzten erlebt, die von einem der beiden Paradigmen ausgehen, und sie waren völlig verschieden. Sie suchen nach unterschiedlichen Dingen. Zum Beispiel haben sich Ärzte, die in erster Linie vom Behandlungsparadigma ausgehen, mein Blutbild angesehen und mir einen guten Gesundheitszustand bescheinigt, weil mein Gesamtcholesterinspiegel unter 200 lag. Dann haben sich Ärzte mit einem Vorbeugungsparadigma das Blutbild angesehen. Sie haben mir gesagt, mein Gesundheitszustand sei nicht in Ordnung, sondern im gemäßigten Risikobereich, und mir körperliche Übungen, eine Diät und Medikamente verordnet.*

Entsprechendes gilt in allen Lebensbereichen. Oliver Wendell Holmes hat einmal gesagt: »Ich gebe nichts auf die Einfachheit diesseits der Komplexität, aber ich würde meinen rechten Arm für die Einfachheit jenseits der Komplexität geben.« Die einfachen Antworten diesseits der Komplexität können unsere Realität nicht voll erfassen. Sie vermitteln vielleicht das Gefühl einer schnellen und leichten Lösung, aber ihr Versprechen ist hohl. Und die meisten Menschen wissen das auch. Nach unseren Erfahrungen haben die Menschen oberflächliche Schnellschußlösungen und Methoden der Imageethik satt. Sie wollen die chronischen Probleme anpacken, die verhindern, daß das Wesentliche in ihrem Leben zuerst kommt.

3. Leben, lieben, lernen und ein Vermächtnis hinterlassen

> Mehr Dinge schneller zu tun ist kein Ersatz dafür, das Richtige zu tun.

Der Schritt von der Dringlichkeit zur Wichtigkeit führt uns zu einer fundamentalen Frage: Was sind die »wesentlichen Dinge« in unserem Leben, und wie finden wir den Weg zu ihnen?

1. Die Erfüllung der vier menschlichen Bedürfnisse und Fähigkeiten

Es gibt bestimmte Voraussetzungen, die eine grundlegende Bedeutung für die Erfüllung des Menschen besitzen. Wenn diese Grundbedürfnisse nicht zufriedengestellt werden, fühlen wir uns leer und unvollkommen. Wir können versuchen, die Leere durch Dringlichkeitssucht zu überbrücken. Oder wir werden selbstgefällig und geben uns mit einer teilweisen Erfüllung zufrieden.

Aber ob wir nun diese Bedürfnisse auf bewußter Ebene voll anerkennen oder nicht, tief in unserem Inneren wissen wir um ihre Existenz. Wir können sie aus eigener Erfahrung bestätigen. Wir können sie aus der Erfahrung anderer bestätigen. Wir können sie aus unserer gemeinsamen Erfahrung bestätigen, die sich über den ganzen Globus erstreckt und sich durch die gesamte Menschheitsgeschichte zieht. Diese Bedürfnisse haben in der Weisheitsliteratur* aller Zeiten als zentrale Bereiche menschlicher Erfüllung Anerkennung gefunden.

---

* »Weisheitsliteratur« ist der Teil der klassischen, philosophischen und religiösen Literatur einer Gesellschaft, der sich ausdrücklich mit der Kunst des Lebens befaßt.

Das Wesen dieser Bedürfnisse erfassen wir in der Wendung »Leben, lieben, lernen und ein Vermächtnis hinterlassen«. Das Bedürfnis, zu leben, ist unser *physisches* Bedürfnis nach Essen, Kleidung, einem Dach über dem Kopf, wirtschaftlichem Wohlergehen, Gesundheit. Das Bedürfnis, zu lieben, ist unser soziales Bedürfnis nach Beziehungen zu anderen Menschen, nach Liebe und Geborgenheit.

Das Bedürfnis, zu lernen, ist unser mentales Bedürfnis nach Entwicklung und Wachstum. Und das Bedürfnis, ein Vermächtnis zu hinterlassen, ist unser spirituelles Bedürfnis nach Sinn, Orientierung, persönlichem Einklang und einem Beitrag zum Allgemeinwohl.

Wie stark beeinflussen diese Bedürfnisse unsere Lebensqualität? Denken Sie über folgende Fragen nach:

- Verfügen Sie den gesamten Tag über anhaltende Energie und physische Fähigkeiten – oder schaffen Sie bestimmte Dinge nicht, weil Sie sich müde, krank oder außer Form fühlen?
- Sind Sie in einer Position finanzieller Sicherheit? Können Sie Ihre eigenen Bedürfnisse erfüllen und Mittel für die Zukunft beiseite legen – oder haben Sie Schulden, machen Überstunden und kommen gerade so über die Runden?
- Haben Sie reiche, befriedigende Beziehungen zu anderen? Können Sie effektiv mit anderen zusammenarbeiten, um gemeinsame Zwecke zu verfolgen – oder fühlen Sie sich entfremdet und allein, außerstande, wertvolle Zeit mit geliebten Menschen zu verbringen, oder bei der Zusammenarbeit mit anderen wegen Mißverständnissen, schlechter Kommunikation, Intrigen, Diffamierung oder gegenseitiger Schuldzuweisungen überfordert?
- Sind Sie ständig dabei, zu lernen, sich zu entwickeln, sich neue Perspektiven anzueignen, neue Fertigkeiten zu erwerben – oder fühlen Sie Stagnation? Wird Ihnen ein Karrierefortschritt oder anderes verwehrt, weil Sie nicht über die nötige Ausbildung oder die entsprechenden Fertigkeiten verfügen?
- Spüren Sie Orientierung und klare Lebensziele, die Ihnen Inspiration und Kraft verleihen – oder haben Sie nur eine vage Vorstellung von dem, was für Sie wichtig ist und was Sie mit Ihrem Leben anfangen wollen?

Jedes dieser Bedürfnisse ist von wesentlicher Bedeutung. *Wenn eines dieser Bedürfnisse unerfüllt bleibt, mindert dies die Lebensqualität.* Wer

Schulden hat und krank ist, wer nicht richtig essen, sich anziehen und wohnen kann, wer sich fremd und allein fühlt, wer geistig stagniert, wer keine Lebensziele und Integrität hat, dessen Lebensqualität leidet.

Jedes dieser Bedürfnisse kann, wenn es unerfüllt bleibt, zu einem schwarzen Loch werden, das Kraft und Konzentration verschlingt. Wenn man finanzielle Probleme hat, ein soziales Trauma wie etwa eine Scheidung durchmacht oder seine Gesundheit verliert, kann dieses unerfüllte Bedürfnis zu einem dringenden Lebensfaktor werden, der alle Kräfte aufzehrt. Die anderen Bedürfnisse werden vernachlässigt, und die Lebensqualität schwindet in allen Bereichen.

Jedes dieser Bedürfnisse kann uns, wenn es unerfüllt bleibt, in die Dringlichkeitssucht treiben. Wer immer wieder auf dringende, unerfüllte Bedürfnisse eingehen muß, der wird zu einem exzellenten Krisenmanager. Vielleicht ordnet er die Krisen sogar nach Prioritäten und bewältigt die dringenden Dinge mit größerer Effizienz, nach dem Motto: »Wenn ich beschäftigt bin, bin ich auch effektiv.« Aber diese Tätigkeiten führen nicht zu Lebensqualität. Sie erfüllen nicht die grundlegenden Bedürfnisse. Je mehr Dringendes wir erledigen wollen, desto mehr nähren wir unsere Sucht. An die Stelle tiefer Zufriedenheit durch die Erfüllung der vier grundlegenden Bedürfnisse tritt das künstliche Hochgefühl der Suchtbefriedigung.

Gleichgewicht und Synergie zwischen den vier Bedürfnissen

Diese Bedürfnisse sind sehr real und tiefgreifend und eng miteinander verflochten. Manche Menschen erkennen die Existenz dieser Bedürfnisse, sehen sie aber als verschiedene »Abteilungen« des Lebens an. Gleichgewicht heißt für sie, so schnell von einer Abteilung zur anderen zu rennen, daß sie sich regelmäßig in allen aufhalten können.

Doch dieses Paradigma übersieht die starke Synergie zwischen den vier Bereichen. Erst dort, wo sich die vier Bedürfnisse überschneiden, finden wir echtes inneres Gleichgewicht, tiefe Erfüllung und Freude.

Der Unterschied liegt auf der Hand. Wenn wir unser physisches Bedürfnis nach einem Lebensunterhalt als von unserem spirituellen Bedürfnis nach einem Beitrag zur Gesellschaft getrennt sehen, entscheiden wir

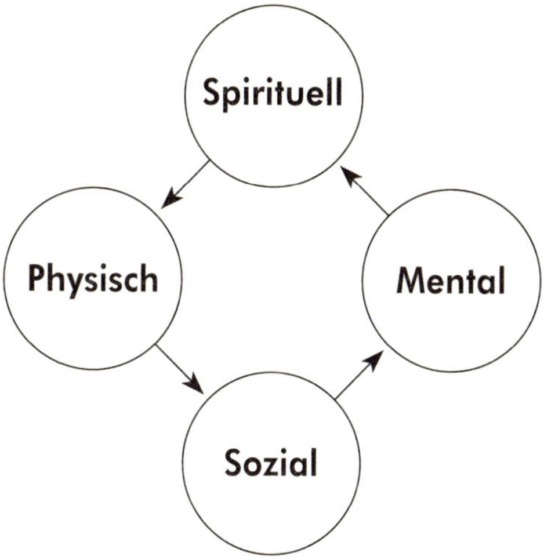

uns vielleicht für eine eintönige Arbeit, die uns nicht erfüllt und dem Wohl der Allgemeinheit entgegensteht.

Wenn wir unser mentales oder psychologisches Lernbedürfnis abgrenzen von unserem sozialen Bedürfnis nach Liebe, streben wir vielleicht nicht danach zu lernen, wie wir andere Menschen wirklich lieben können. Während wir unser akademisches Wissen vermehren, schrumpfen wir in unserer Fähigkeit, uns sinnvoll auf andere zu beziehen.

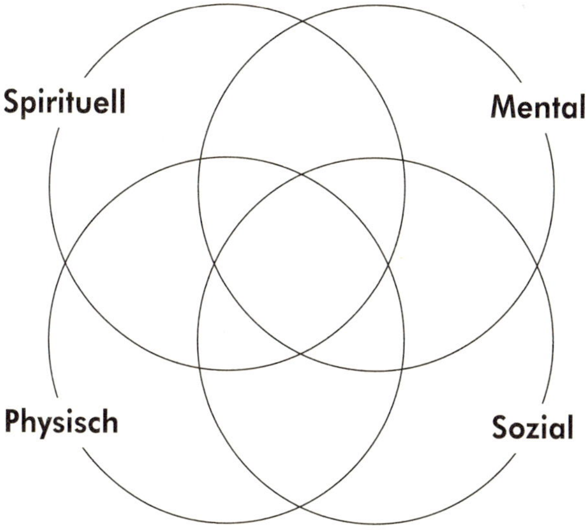

Wenn wir unser physisches Bedürfnis von den anderen trennen, erkennen wir vielleicht nicht, wie sich unsere Gesundheit auf alle anderen Bereiche auswirkt. Wenn wir uns nicht wohl fühlen, fällt es uns viel schwerer, klar zu denken, uns positiv auf andere zu beziehen und uns statt aufs bloße Überleben auf einen sinnvollen Beitrag zu konzentrieren.

Wenn wir unser spirituelles Bedürfnis von allen anderen abgrenzen oder es völlig ignorieren, erkennen wir vielleicht nicht, daß unsere Sinnorientierung einen nachhaltigen Einfluß auf unser Leben, Lieben und Lernen ausübt. Erfüllung findet man in diesen Dimensionen erst durch die Einbettung in einen spirituellen Sinnzusammenhang.

Mit der Einsicht in die Verwobenheit dieser Bedürfnisse erkennen wir, daß der Schlüssel zur Erfüllung eines unerfüllten Bedürfnisses in der Berücksichtigung aller Bedürfnisse liegt.

Dies ist eines der Merkmale persönlicher Führungsstärke. Management orientiert sich an Problemen, Führung orientiert sich an Chancen. Sie betrachtet Probleme nicht als abgetrennte und mechanische Einzelteile, die repariert werden müssen wie ein Teil einer Maschine, sondern als Teil eines lebenden, synergetischen Ganzen.

Wenn man zum Beispiel im physischen Bereich vor einem Problem steht – man hat Schulden oder erlebt eine finanzielle Krise –, kann man, statt die sozialen, mentalen und spirituellen Bedürfnisse zu ignorieren, andere Menschen um Rat und Hilfe bitten, das eigene Wissen über finanzielles Haushalten und mögliche Lösungswege erweitern und einen Grund für den Wunsch nach Schuldenfreiheit definieren, der den einzuschlagenden Weg in einen sinnvollen Gesamtzusammenhang integriert. Wenn man auf diese Bereiche in ihrer Beziehung zum physischen Bedürfnis eingeht, gewinnt man die Verantwortungskraft, diesem Bedürfnis auf die effektivste Weise gerecht zu werden.

Auch bei einem Problem im sozialen Bereich – man macht eine Scheidung durch – erhöht die Aufmerksamkeit für physische, mentale und spirituelle Bedürfnisse die Fähigkeit, die Sache durchzustehen. Durch körperliche Betätigung und gesundheitsbewußtes Verhalten, durch das Bemühen um neue Erkenntnisse über das Wesen von Beziehungen und durch eine Stärkung der eigenen Sinnorientierung erlangt man die Mündigkeit, das soziale Problem auf bestmögliche Weise zu bewältigen.

Das innere Feuer

Die Erfüllung der vier Bedürfnisse auf in sich zusammenhängende Weise gleicht einer Verbindung chemischer Elemente. Wenn wir eine »kritische Masse« von Integration erreichen, erleben wir eine Explosion innerer Synergie, die das innere Feuer entfacht und dem Leben Vision, Leidenschaftlichkeit und Abenteuergeist verleiht.

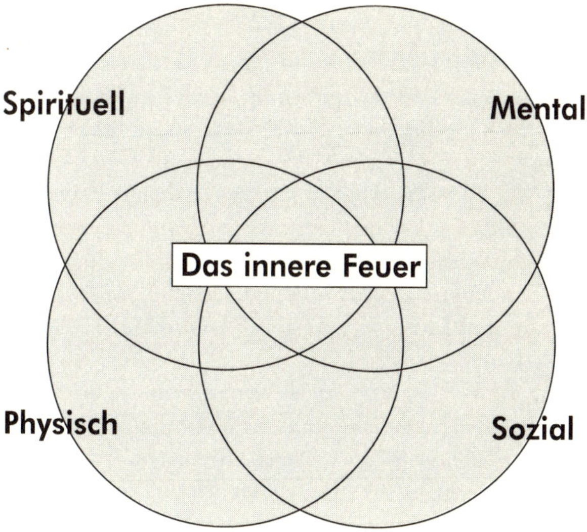

Den Schlüssel zum inneren Feuer bildet unser spirituelles Bedürfnis, ein Vermächtnis zu hinterlassen. *Es verwandelt andere Bedürfnisse in Fähigkeiten, einen Beitrag zum Allgemeinwohl zu leisten.* Essen, Geld, Gesundheit, Bildung und Liebe werden so zu Ressourcen, die der Erfüllung von Bedürfnissen anderer dienen.

Mit den Worten von George Bernard Shaw:

> Dies ist die wahre Freude im Leben ... einem Zweck zu dienen, den man selbst als höheren erkannt hat ... eine Kraft der Natur zu sein statt eines zappelnden kleinen Klumpens voller Gebrechen und Beschwerden über eine Welt, die sich nicht dazu herabläßt, ihn glücklich zu machen ... Ich bin der Meinung, daß mein Leben der Allgemeinheit gehört, und solange ich lebe, ist es mein Privileg, alles für sie zu tun, was in meinen Kräften steht. Ich möchte vollkommen verbraucht sein, wenn ich sterbe. Denn je härter ich arbeite, desto mehr lebe ich. Ich freue mich über das Leben um seiner selbst willen. Das Leben ist für mich kein kleines Licht.

Es ist eine strahlende Fackel, deren Träger ich im Augenblick bin, und ich will, daß sie so hell wie nur möglich leuchtet, bevor ich sie an zukünftige Generationen weitergebe.

Roger: *Bei einem unserer letzten Wochenseminare über prinzipienorientierte Führung kam ein Teilnehmer auf mich zu, um mir etwas mitzuteilen. Wir suchten uns einen Platz auf der Veranda und setzten uns.*

Er begann mir etwas von seiner Geschichte zu erzählen. Er war in einer Kleinstadt im mittleren Westen der USA aufgewachsen, hatte Sport getrieben, war ein guter Schüler und sang im Chor. Er ging aufs College, wo er ebenfalls in Clubs und Programmen aktiv war. Dann folgten sein erster großer Job, Heirat, ein Kind, Auslandsreisen, Beförderungen, ein neues Haus, ein zweites Kind, die Beförderung zum Abteilungsleiter. Ich hörte zu und wartete auf das Problem – irgendeine Katastrophe, die diese Bilderbuchwelt zum Einsturz gebracht hatte.

»Mein Problem ist«, sagte er schließlich, »daß mein Leben voller guter Dinge ist – ein schönes Haus, ein tolles Auto, eine gute Arbeit, ein bewegtes Leben. Aber als Sie uns gebeten haben, über die wesentlichen Dinge in unserem Leben nachzudenken, bin ich ins Stutzen gekommen.

Die meiste Zeit meines Lebens – als Teenager, als Student, als junger Mann – habe ich mich für eine Sache engagiert. Ich wollte etwas bewirken und einen sinnvollen Beitrag leisten.

Aber jetzt habe ich auf einmal gemerkt, daß mir dieses Gefühl, diese Ziele im Lauf der Jahre abhanden gekommen sind. Ich habe mich durch materielle Sicherheit einlullen lassen. Ich habe nichts bewirkt. Ich habe meinen Kindern nicht beigebracht, etwas zu bewirken. Im Grunde habe ich nur zugesehen, wie das Leben an den Hecken meines Country-Clubs vorbeizieht.«

Sein gesamtes Verhalten hatte sich verändert. »Aber ich habe eine Entscheidung getroffen«, erklärte er. »Ich werde die Verbindung zu einer wohltätigen Organisation, für die ich früher gearbeitet habe, wiederherstellen. Sie tun sehr viel zur Unterstützung der Menschen in der dritten Welt. Da möchte ich meinen Teil beitragen.«

Ein Leuchten war in seine Augen getreten, seine Worte klangen zielstrebig und entschlossen. Keine Frage, die Qualität seiner letzten Jahre vor dem Ruhestand und des Lebens danach – aber auch die Lebensqualität vieler Menschen auf der Welt – würde von seinem Vermächtnis nachhaltig beeinflußt werden.

2. Die »Nordpol-Prinzipien«

Aber nicht nur *daß* wir die Bedürfnisse erfüllen, ist von höchster Wichtigkeit, sondern auch *wie* wir nach ihrer Erfüllung streben. Unsere Fähigkeit zur Herstellung von Lebensqualität hängt davon ab, wie sehr unser Leben in dem Streben nach der Erfüllung menschlicher Grundbedürfnisse mit äußeren Realitäten in Einklang steht.

Könnten Sie mit geschlossen Augen nach Norden zeigen? Wenn wir unsere Seminarteilnehmer dazu auffordern, sind sie nach dem Öffnen der Augen erstaunt darüber, daß die Leute in alle möglichen Richtungen deuten.

Wo liegt Norden? Eine Frage der persönlichen Meinung? Können wir, sozusagen im Zuge des demokratischen Zusammenlebens, darüber abstimmen? Nein, der Norden ist eine von uns unabhängige Realität.

Die Realität des Nordpols gibt unserem Standort einen Sinn, der uns in die Lage versetzt zu entscheiden, welche Richtung wir einschlagen und wie wir einen Zielpunkt erreichen wollen. Ohne Kompaß, Sterne und genaue Ortskenntnis haben wir unter Umständen Schwierigkeiten, ihn zu lokalisieren, aber er existiert dennoch.

Genauso real wie der Nordpol in der materiellen Welt sind die zeitlosen Gesetze von Ursache und Wirkung, die die Sphäre persönlicher Effektivität und menschlicher Interaktion bestimmen. Die gesammelte Weisheit vergangener Zeitalter offenbart die Wahrheit dieser Prinzipien als Fundament aller großen Gestalten und Gesellschaften der Geschichte.

Was die Prinzipien nicht sind

Wenn von Prinzipien die Rede ist, müssen wir natürlich auch wissen, wovon nicht die Rede ist.

Die Rede ist nicht von Werten. Viele Menschen glauben, daß sie die Qualität ihres Lebens verbessern können, wenn sie etwas erreichen, was einen hohen Wert für sie darstellt. Sie denken vielleicht: »Ich werde glücklich und erfüllt sein, wenn ich mehr Geld verdiene ... wenn meine Begabung Anerkennung findet ... wenn ich ein teures Haus oder Auto kaufe ... wenn ich mein Studium mit einem Doktorgrad abschließe.«

Aber die Ausrichtung an Werten ist eine der größten Illusionen des traditionellen Zeitmanagements. Im Grunde verbirgt sich dahinter nämlich die Vorstellung, daß »das Wesentliche« unsere Prioritäten sind. Wir entscheiden, was wir wertschätzen, und versuchen es auf effiziente Art zu verwirklichen. Dieser Ansatz kann zu Arroganz führen. Er kann dazu führen, daß wir uns ausschließlich nach unserem eigenen Gesetz richten und andere Leute nur noch als Mittel für unsere Zwecke betrachten.

Es gibt »wesentliche Dinge«, die von unseren Werten unabhängig sind. Und unsere Lebensqualität hängt davon ab, wie sehr wir diese »wesentlichen Dinge« zu *unseren* »wesentlichen Dingen« machen und die Kraft finden, ihnen in unserem Leben tatsächlich Vorrang einzuräumen. Darin steckt auch die Erkenntnis, daß Lebensqualität nicht »ich« heißt, sondern »wir«: daß wir in einer interdependenten Realität der Fülle leben, deren Potential sich nur dann verwirklichen läßt, wenn wir auf authentische und synergetische Weise mit anderen zusammenwirken.

Die Rede ist nicht von praktischen Methoden. Die Komplexität unserer Umwelt verleitet uns oft dazu, Zuflucht in praktischen Methoden zu nehmen – in genau vorgeschriebenen Handlungsanweisungen. Statt auf Ergebnisse konzentrieren wir uns auf Verfahren. »Sagen Sie mir nur, was ich tun soll. Die einzelnen Schritte.« Vielleicht lassen sich mit einer bestimmten Methode in einer Situation gute Ergebnisse erzielen, aber wenn wir dieses Verfahren in anderen Situationen verwenden, funktioniert es oft nicht. Angesichts neuer Herausforderungen versagen die alten Methoden. Sie sind überholt. Und wir müssen uns inmitten einer unerforschten Wildnis mit einer Straßenkarte zurechtfinden.

Unsere segmentierte, mechanistische Gesellschaft ist wie ein in ständigem Wandel begriffenes Kaleidoskop, und wir klammern uns an Methoden, Strukturen und Systeme, um unser Leben auf etwas Berechenbares zu stützen. Aber Stück für Stück werden sie von neuen Herausforderungen hinweggefegt. Menschen und Institutionen haben ausgedient. Ganze Familien brechen auseinander, weil sich die Eltern nicht damit abfinden können, daß ihre Kinder vor anderen Herausforderungen stehen als sie in ihrer Jugend.

Die Kraft der Prinzipien liegt in ihrer allgemeingültigen, zeitlosen Wahrheit. Wenn wir die Prinzipien verstehen und unser Leben an ihnen ausrichten, können wir uns schnell an neue Gegebenheiten anpassen, weil die Prinzipien überall anwendbar sind. Wenn wir unseren Kindern statt Methoden die Prinzipien hinter den Methoden beibringen, bereiten wir sie besser auf die unbekannten Herausforderungen der Zukunft vor.

Die Rede ist nicht von Religion. Prinzipien drehen sich um Sinn und Wahrheit, und deshalb lösen unsere Erklärungen bei manchen Leuten Assoziationen zu ihren positiven oder negativen Erfahrungen mit religiösen Organisationen oder der Theologie aus. Bei unseren Veranstaltungen in verschiedenen Erdteilen haben wir von Teilnehmern Anerkennung geerntet für unsere »Erneuerung der christlichen Ethik«, für »die Berührung mit den Lehren Buddhas« oder für »die große Nähe zur indischen Philosophie«. Auf der anderen Seite erschrecken manche Leute über den ihrer Meinung nach »religiösen Unterton« unserer Anschauungen, den sie mit bestimmten Institutionen in Zusammenhang bringen. Wieder andere fürchten, der Gedanke der Prinzipienorientierung sei rein humanistisch und schließe Gott aus.

Aber wir sprechen nicht von Religion. Wir befassen uns nicht mit Erlösung, dem Leben nach dem Tod oder dem Ursprung dieser Prinzipien. *Wir halten diese Themen für Fragen, die jeder einzelne für sich selbst klären muß.* Wir beschäftigen uns nicht damit, weshalb der Nordpol existiert, woher er kommt oder wie er entstanden ist. Wir beschäftigen uns nur mit der Tatsache, daß er existiert und die Qualität unseres Lebens bestimmt. Hinweise auf diese Prinzipien tauchen in den heiligen Schriften aller größeren Religionen auf, aber einige Facetten finden wir auch im gesprochenen und geschriebenen Wort von Philosophen, Wissenschaftlern, Königen, Bauern und Heiligen aus allen Weltgegenden und Zeitaltern. Die fundamentalen Prinzipien sind von allen großen Zivilisationen der Geschichte erkannt und anerkannt worden.

In den folgenden Kapiteln werden wir viele für die Entfaltung von Lebensqualität wesentliche Prinzipien präsentieren. Aber wir beabsichtigen keineswegs eine erschöpfende Darstellung. Wir wollen hier nur die Effektivität eines Lebensentwurfs betonen, der darauf beruht, unermüdlich nach diesen zeitlosen, stärkenden Wahrheiten und nach dem Einklang mit ihnen zu streben.

Was die Prinzipien sind: Das Gesetz der Ernte

Um eine bessere Vorstellung von der Wirkungsweise dieser äußeren Realitäten zu vermitteln, möchten wir hier das Gesetz der Ernte erklären. In der Landwirtschaft läßt sich ohne weiteres einsehen, daß Arbeit und Ernte von Naturgesetzen und Prinzipien bestimmt werden. Aber in der Kultur einer Gesellschaft oder eines Unternehmens glauben wir, auch dann unsere Ziele erreichen zu können, wenn wir uns über natürliche Prozesse hinwegsetzen und das System überlisten. Und so manches deutet auf die Richtigkeit dieser Anschauung.

Haben Sie zum Beispiel nicht auch einmal beim Studium ein Semester vertrödelt und dann die ganze Nacht vor der Prüfung versucht, sich den Stoff des gesamten Semesters einzupauken?

Stephen: *Ich schäme mich, es zuzugeben, aber ich habe mich in den ersten Jahren meines Studiums durchgemogelt und mich dabei für ziemlich schlau gehalten. Ich habe herausgefunden, was die Lehrer wollen, und damit das System ausgetrickst. »Was prüfen sie? Den Stoff aus den Vorlesungen? Super! Dann brauche ich das Lehrbuch nicht lesen. Und wie steht es in dem anderen Kurs? Wir müssen das Buch lesen? Dann muß ich mir eben eine Zusammenfassung beschaffen.« Ich wollte die Prüfung bestehen, aber meinen Lebensstil wollte ich dafür nicht ändern.*

Dann kamen die Abschlußprüfungen, und die waren ein ganz anderes Kaliber. Die ersten drei Monate versuchte ich mir einzupauken, was ich in den vier Jahren davor versäumt hatte, bis ich schließlich mit einem Darmgeschwür im Krankenhaus landete. Ich wollte mich über die natürlichen Prozesse hinwegsetzen und mußte lernen, daß das langfristig einfach nicht möglich ist. Ich habe Jahre gebraucht, um aufzuholen, was ich in meinem törichten Glauben an ein prinzipienloses Wertsystem verpaßt hatte.

Können Sie sich vorstellen, daß sich ein Bauer durchmogelt? Daß er im Frühjahr die Aussaat vergißt, den Sommer verstreichen läßt und sich dafür im Herbst um so mehr ins Zeug legt – den Acker pflügt, das Saatgut ausstreut, den Boden bewässert –, damit er über Nacht seine Ernte einfahren kann?

In einem natürlichen Zusammenhang wie der Landwirtschaft hilft kein Mogeln. Das ist der fundamentale Unterschied zwischen einem sozialen und einem natürlichen System. Ein soziales System beruht auf Werten; ein natürliches System beruht auf Prinzipien. Kurzfristig kann man sich in einem sozialen System durchmogeln und Scheinerfolge erzielen.

Aber langfristig herrscht das Gesetz der Ernte in allen Lebensbereichen. Wie viele von uns wünschen, sie hätten sich in der Schule nicht durchgemogelt? Wir haben den Abschluß, aber nicht die Bildung. Letztlich stellen wir fest, daß ein Unterschied besteht zwischen dem Erfolg im sozialen System und dem Erfolg in der Schulung des Geistes – der Fähigkeit, analytisch, kreativ und auf hohen Abstraktionsebenen zu denken, der Fähigkeit, sich mündlich und schriftlich auszudrücken, Grenzen zu überschreiten, über veraltete Methoden hinauszugehen und Probleme auf neue Weise zu lösen.

Und wie steht es mit dem Charakter? Kann man durch »Mogeln« plötzlich zu einem aufrichtigen, mutigen und mitfühlenden Menschen werden? Und körperliche Gesundheit? Kann man den jahrelangen Konsum von Kartoffelchips und Schokokeksen ohne Training von heute auf morgen ausgleichen, wenn man am Abend vor dem Marathon in den Kraftraum geht?

Wie sieht es in der Ehe aus? Wie lange sie dauern kann, hängt davon ab, ob sie vom »Gesetz der Schule« oder vom Gesetz der Ernte geprägt ist. Viele Menschen heiraten, wollen aber ihren Lebensstil nicht im geringsten verändern. Sie sind verheiratete Singles. Sie nehmen sich nicht die Zeit, die Saat der gemeinsamen Vision, Selbstlosigkeit, Fürsorge, Zärtlichkeit und Rücksicht zu kultivieren, und wundern sich dann darüber, wenn sie Unkraut ernten.

Wie sieht es bei Beziehungen zu Kindern aus? Wir können Abkürzungen nehmen – wir sind größer, klüger, wir haben die Macht. Wir können von oben herab argumentieren, drohen, unseren Willen durchsetzen. Wir können die Verantwortung für ihre Erziehung auf Schulen, Kirchen oder Tagesstätten abwälzen. Aber werden diese Abkürzungen auf lange Sicht zu verantwortungsbewußten, liebevollen und klugen Erwachsenen führen, die effektive Entscheidungen treffen und ein glückliches Leben führen können?

Kurzfristig mögen wir mit Schnellösungen Scheinerfolge erzielen. Wir lassen unseren Charme spielen, wir machen Eindruck. Wir können uns manipulative Techniken zurechtlegen. Wir können lernen, an welchem Hebel wir ziehen, welchen Knopf wir drücken müssen, um eine bestimmte Reaktion auszulösen. Aber auf lange Sicht behält das Gesetz der Ernte in allen Lebensbereichen die Oberhand.

Illusion und Realität

Die Probleme im Leben entstehen daraus, daß man etwas sät und etwas ganz anderes ernten möchte.

Viele unser grundlegenden Paradigmen und die daraus hervorgehenden Vorgänge und Gewohnheiten werden nie zu den Resultaten führen, die wir uns davon erwarten. Diese Paradigmen bauen im Grunde allesamt auf die Illusion der schnellen Lösung. Und das beeinflußt nicht nur unsere Auffassung über unsere Grundbedürfnisse, sondern auch die Art und Weise, wie wir sie zu erfüllen trachten.

Physische Bedürfnisse

Blühende Gesundheit beruht auf natürlichen Prinzipien. Sie entsteht aus regelmäßiger körperlicher Betätigung, richtiger Ernährung, ausreichender Erholung, einer positiven Lebenseinstellung und der Vermeidung schädlicher Stoffe. Doch anstatt uns an diesen Gegebenheiten zu orientieren, sind wir Gefangene des schönen Scheins – der Illusion, daß die richtigen Kleider, das richtige Make-up und Schlankheitsdiäten unserem physischen Bedürfnis gerecht werden. Aber das sind leere Versprechungen, die sich auf lange Sicht in Luft auflösen.

Wirtschaftliches Wohlergehen beruht auf Fleiß, auf Haushalten, auf Sparen für zukünftige Bedürfnisse. Aber wir leben mit der Illusion, daß das Bedürfnis erfüllt ist, wenn wir »Dinge« haben – auch wenn sie auf Kredit gekauft werden und wir durch monate- oder sogar jahrelange Ratenzahlungen letztlich doppelt soviel ausgeben, nur um sofort in den Genuß einer Sache zu kommen.

Soziale Bedürfnisse

Wertvolle Beziehungen bauen auf Prinzipien, vor allem auf das Prinzip des Vertrauens. Und Vertrauen entsteht aus Vertrauenswürdigkeit, aus einem Charakter, der Verpflichtungen eingehen und halten, der teilen, der fürsorglich und verantwortungsvoll sein und der bedingungslos lieben kann.

Aber wenn wir einsam und unerfüllt sind, wollen wir nichts davon hören, daß wir uns das Vertrauen und die Liebe anderer verdienen, daß wir uns ihrer würdig erweisen müssen. Viel leichter fällt uns da der Glaube an die seichte Illusion sexueller Befriedigung oder die Idee, daß man durch Aussehen und Image die Zuneigung anderer gewinnen kann. Es ist viel einfacher, diesen oberflächlichen Liebesersatz zu bekommen, als an der eigenen Entwicklung zu einem liebevollen Menschen zu arbeiten. Und unsere Kultur – Musik, Bücher, Werbung, Filme, Fernsehen – unterstützt diese Illusion.

Mentale Bedürfnisse

Häufig probieren wir es lieber mit der Illusion des »Mogelns« als mit der Realität langfristiger persönlicher Entwicklung. Wir stellen uns das ungefähr so vor: »Den Abschluß machen ... damit ich den Job kriege ... damit ich Geld verdiene ... damit ich mir Dinge kaufen kann ... damit ich erfolgreich bin.« Aber was bringt uns dieser Erfolg? Die gleiche Art von Charakter und Kompetenz, wie sie aus einem echten Engagement für kontinuierliches Lernen und Wachstum entsteht?

Spirituelle Bedürfnisse

Wir glauben der in unserer Gesellschaft weit verbreiteten Illusion, daß der Sinn in der Selbstorientierung liegt – Selbstachtung, Selbstentfaltung, Selbstverbesserung. Dafür stehen gängige Floskeln wie »Was *ich* will, zählt«, »Ich will es auf meine Weise machen« oder »Ich habe es aus eigener Kraft geschafft«. Aber die Weisheitsliteratur aus Jahrtausenden hat immer aufgezeigt, daß die größte Erfüllung der Selbstverbesserung darin besteht, anderen effektiver helfen zu können. Lebensqualität wächst von innen nach außen. Sinn liegt im Beitrag zum Allgemeinwohl, im Leben für eine höhere Sache. Und die Ergebnisse der Illusion und der Realität sind so verschieden wie das Tote Meer, ein stehendes Gewässer ohne Abfluß und Leben, und das Rote Meer, dessen Wasser weiterfließt und auf seinem Weg reiches Leben nährt.

Aus einer Illusion kann keine Lebensqualität hervorgehen. Schnellösungen, Platitüden und Techniken der Imageethik, die gegen die Grundprinzipien verstoßen, können nie zu einem wirklich erfüllten Leben führen.

Aber wie können wir die Nordpol-Realitäten, die über die Qualität unseres Lebens entscheiden, erkennen und uns an ihnen orientieren?

3. Das Potential der vier menschlichen Gaben

Als Menschen verfügen wir über einzigartige Gaben, die uns von der Tierwelt unterscheiden. Diese Gaben wirken in dem Raum zwischen dem, was uns geschieht, und dem, wie wir darauf eingehen: zwischen Reiz und Reaktion.

Stephen: *Vor vielen Jahren wanderte ich durch die Bücherreihen einer Universitätsbibliothek und schlug zufällig ein Buch auf, in dem ich einen der bedeutendsten und stärksten Gedanken fand, die mir je begegnet sind:*

»Zwischen Reiz und Reaktion liegt ein Raum.
In diesem Raum liegt unsere Macht zur Wahl unserer Reaktion.
In unserer Reaktion liegen unsere Entwicklung und unsere Freiheit.«

Dieser Gedanke traf mich mit unglaublicher Kraft. In den folgenden Tagen beschäftigte ich mich immer wieder damit. Er übte eine große Wirkung auf mein Lebensparadigma aus. Allmählich entdeckte ich in diesem Raum meine eigene Fähigkeit zu einer bewußt gewählten Reaktion.

Die in diesem Raum wirkenden Gaben – Selbst-Bewußtsein, Gewissen, Vorstellungskraft und freier Wille – schaffen die höchste menschliche Freiheit: die Freiheit, zu wählen, zu reagieren, zu verändern. Sie bilden den Kompaß, der uns befähigt, unser Leben an wahren Prinzipien auszurichten.

- Das *Selbst-Bewußtsein* ist unsere Fähigkeit, aus uns herauszutreten und unser Denken, unsere Motive, unsere Geschichte, unsere Prägungen, unsere Handlungen und unsere Gewohnheiten und Neigungen zu überprüfen. Dank dieser Fähigkeit können wir uns Rechenschaft ablegen über die soziale und psychische Geschichte der in uns ablaufenden Programme und den Abstand zwischen Reiz und Reaktion vergrößern.
- Das *Gewissen* verbindet uns mit der Weisheit der Menschheitsgeschichte und der Weisheit des Herzens. Es ist unser inneres Orientierungssystem, das uns zeigt, wann wir in unserem Handeln gegen Prinzipien verstoßen oder ein solches Handeln in Erwägung ziehen. Außerdem spüren wir durch das Gewissen auch unsere besonderen Talente und unsere Lebensphilosophie.
- Der *freie Wille* ist unsere Fähigkeit zum Handeln. Er gibt uns die Macht, unsere Paradigmen zu überwinden, gegen den Strom zu schwimmen, unsere Prägungen zu verändern und prinzipiengetreu zu handeln, statt je nach Lust und Lage zu reagieren. Umwelt und Vererbung sind starke Einflußfaktoren, aber sie beherrschen uns nicht. Wir sind keine Opfer. Wir können uns willentlich für Selbst-Bewußtsein, Gewissen und Vision entscheiden.
- Die *Vorstellungskraft* ermöglicht uns, etwas im Geiste zu erschaffen, uns eine zukünftige Situation auszumalen und Probleme synergetisch zu lösen. Dank dieser Gabe können wir uns und andere in einem anderen und günstigeren Licht sehen. Wir können unsere persönliche Lebensphilosophie formulieren, ein Ziel festlegen oder eine Besprechung planen. Und schließlich können wir uns durch diese Gabe vergegenwärtigen, auch unter schwierigsten Bedingungen an unserer Lebensphilosophie festzuhalten und die Prinzipien auf neue Situationen zu übertragen.

Diese Gaben werden von verschiedenen »Bewegungen« der Selbstverbesserung erkannt und angesprochen, aber meist voneinander getrennt.

- *Selbst-Bewußtsein* steht im Blickpunkt der Psychoanalyse und der meisten Formen von Psychotherapie.
- Das *Gewissen* ist der Schwerpunkt der Religion – Moral, ethisches Denken, Fragen nach Gut und Böse und dem Sinn des Lebens.
- Der *freie Wille* ist der Hebel des Machtansatzes – man muß sich seinen Weg durchs Leben bahnen, um zu bekommen, was man will.
- Die *Vorstellungskraft* steht im Zentrum von Bewegungen der Visuali-

sierung und der Kraft des Geistes wie Positives Denken, Psychokybernetik und Neurolinguistische Programmierung.

All diese Ansätze entwickeln einzelne der menschlichen Gaben weiter, aber sie erkennen in ihnen kein miteinander verbundenes, synergetisches Ganzes, das die Voraussetzung für Lebensqualität bildet. Selbst-Bewußtsein allein – die Erkenntnis, daß unsere Prägungen nicht in Einklang stehen mit der Stimme unseres Gewissens – reicht nicht, wenn wir uns nicht etwas Besseres vorstellen können und nicht die Willenskraft besitzen, um eine Veränderung herbeizuführen. Und auch der Wille, sich seinen Weg durchs Leben zu bahnen, reicht nicht aus, wenn wir nicht das Gewissen entwickeln, um die wahren Prinzipien zu entdecken und die Rechtfertigungsstrategien zu durchkreuzen, die uns immer wieder in Sackgassen führen. Aus Vorstellungskraft ohne Willen kann ein idealistischer Träumer hervorgehen; aus Vorstellungskraft ohne Gewissen kann ein Hitler entstehen.

Die Entwicklung jeder der vier Gaben und der Synergie zwischen ihnen ist der Kern persönlicher Führungsstärke. Nur durch sie können wir sagen: »Ich kann meine Paradigmen überprüfen. Ich kann nachsehen, zu welchen Ergebnissen sie führen. Mit meinem Gewissen kann ich neue Wege erkennen, die im Einklang mit den Prinzipien und mit meiner Aufgabe im Leben stehen. Mit meinem freien Willen kann ich Entscheidungen treffen, um Veränderungen herbeizuführen. Mit meiner Vorstellungskraft kann ich neue Alternativen finden, die über meine augenblickliche Realität hinausgehen.«

Die Ausbildung der Gaben

Wir alle verfügen über jede dieser Gaben. Wir alle kennen Momente der Selbsterkenntnis. Wir haben auf unsere innere Stimme gehört und nach ihr gehandelt. Wir haben nach den für uns wichtigen Grundsätzen gehandelt, statt einfach auf Gefühle und Umstände zu reagieren. Und wir haben visionäre Augenblicke inspirierter Kreativität erlebt.

Aber ob wir es nun wahrhaben wollen oder nicht, wir waren zweifellos auch schon mit unglaublicher Blindheit geschlagen, haben das Drängen des inneren Orientierungssystems ignoriert oder abgeblockt, haben reagiert statt agiert, haben Zeiten ohne Vision und Vorstellungskraft erlebt.

Die Frage heißt: Wie weit ist die Ausbildung unserer einzigartigen Gaben fortgeschritten, und wie stark wirkt ihre Synergie in unserem Leben?

Vielleicht nehmen Sie sich einen Augenblick Zeit und schenken den folgenden Fragen Ihre Aufmerksamkeit. Ihre Antworten geben Ihnen Rückschlüsse darüber, wie es um die Ausbildung Ihrer Gaben steht und welche Rolle sie zur Zeit in Ihrem Leben spielen.

Wenn Sie die Fragen beantwortet haben, zählen Sie die Ergebnisse in den vier Kategorien getrennt zusammen. Ihr Abschneiden in den einzelnen Bereichen ermitteln Sie nach folgendem Schlüssel:

0-7 Inaktive Gabe
8-12 Aktive Gabe
13-16 Hochentwickelte Gabe

Markieren Sie die Zahl auf der Matrix, die Ihren normalen Verhaltensweisen oder Einstellungen zu den Aussagen auf der linken Seite am nächsten kommt (0 = Nie, 2 = Manchmal, 4 = Immer).

Selbst-Bewußtsein

N M I

1. Kann ich zu meinen Gedanken und Gefühlen Abstand gewinnen und sie überprüfen und verändern?
   0 1 2 3 4
2. Bin ich mir meiner grundlegenden Paradigmen, ihres Einflusses auf meine Einstellungen und Verhaltensweisen und der Auswirkungen auf mein Leben bewußt?
   0 1 2 3 4
3. Bin ich mir des Unterschiedes zwischen meinen biologischen, erblichen, psychologischen und soziologischen Prägungen und meinen innersten Gedanken bewußt?
   0 1 2 3 4
4. Wenn die Reaktion anderer auf mich oder eine meiner Handlungen mein Selbstbild in Frage stellt, kann ich diese Reaktion an einer tiefreichenden Selbstwahrnehmung messen und daraus lernen?
   0 1 2 3 4

Gewissen

1. Fühle ich ein inneres Drängen, daß ich etwas, was ich gerade tun will, tun oder nicht tun sollte?
   0 1 2 3 4
2. Spüre ich den Unterschied zwischen »sozialem Gewissen« – den Werten, auf die mich die Gesellschaft konditioniert hat – und meiner eigenen inneren Stimme?
   0 1 2 3 4

	N		M		I
3. Fühle ich in meinem Inneren die Wahrheit allgemeingültiger Prinzipien wie Aufrichtigkeit und Vertrauenswürdigkeit?	0	1	2	3	4
4. Erkenne ich in der menschlichen Erfahrung ein Grundmuster – jenseits der Gesellschaft, in der ich lebe –, das die Realität der Prinzipien bestätigt?	0	1	2	3	4

Freier Wille

1. Kann ich mir und anderen Versprechen geben und sie auch halten?	0	1	2	3	4
2. Habe ich die Fähigkeit, meiner inneren Stimme zu folgen, auch wenn ich dabei gegen den Strom schwimmen muß?	0	1	2	3	4
3. Habe ich das Vermögen entwickelt, mir sinnvolle Ziele zu setzen und sie zu erreichen?	0	1	2	3	4
4. Kann ich meine Launen meinen Verpflichtungen unterordnen?	0	1	2	3	4

Vorstellungskraft

1. Denke ich voraus?	0	1	2	3	4
2. Visualisiere ich mein Leben über die Gegenwart hinaus?	0	1	2	3	4
3. Bestätige und verwirkliche ich meine Ziele durch Visualisierung?	0	1	2	3	4
4. Suche ich in den verschiedensten Situationen nach neuen, kreativen Formen der Problemlösung, und schätze ich die Ansichten anderer?	0	1	2	3	4

Die Ausbildung dieser Gaben kann sich nur in einem Prozeß kontinuierlicher Einübung und Förderung vollziehen. Es gibt viele Möglichkeiten zur Förderung dieser Gaben, aber wir möchten in diesem Kapitel für jede von ihnen auf einen besonders wirkungsvollen Entwicklungsansatz hinweisen, der auch ihre synergetischen Möglichkeiten berücksichtigt.

Das Selbst-Bewußtsein durch ein persönliches Tagebuch fördern

Das Führen eines persönlichen Tagebuches stellt eine äußerst wirksame Quadrant-II-Tätigkeit dar, die das Selbst-Bewußtsein und auch die anderen Gaben unterstützt.

Worüber würden Sie in Ihrem Tagebuch schreiben? Wenn Ihnen ein Ergebnis in Ihrem Leben mißfällt, schreiben Sie darüber. Bringen Sie es zu Papier und stellen Sie fest, wie das Gesetz der Ernte in Ihrem Leben regiert. Erkennen Sie, wie Wirkungen aus Ursachen hervorgehen und wie sich Ergebnisse auf Paradigmen, Prozesse und Gewohnheiten zurückführen lassen.

Wenn Sie sich nicht sicher sind, weshalb Sie immer noch Dinge tun, die Sie längst als schädlich und unsinnig erkannt haben, können Sie sie im Tagebuch analysieren und verarbeiten. Wenn Ihre Eltern etwas mit Ihnen angestellt haben, was Sie in den Wahnsinn getrieben hat, und Sie sich geschworen haben, daß Sie so etwas nie mit Ihren Kindern machen werden – und Sie stellen fest, daß Sie es trotzdem machen –, schreiben Sie es nieder. So fördern Sie das Bewußtsein Ihrer Prägungen und können weise Entscheidungen treffen.

Wenn Sie zu einer Einsicht gelangen, ein Prinzip begreifen oder eine Situation beobachten, in der ein Prinzip zu bestimmten Ergebnissen geführt hat, schreiben Sie es auf. Wenn Sie ein inneres Drängen fühlen und es befolgen oder ignorieren, notieren Sie, was sich daraus ergibt. So lernen Sie, Ihrem inneren Orientierungssystem mehr Beachtung zu schenken. Sie stärken und erziehen Ihr Gewissen.

Wenn Sie sich oder jemand anderem ein Versprechen geben, schreiben Sie darüber, wie Sie es dank Ihres freien Willens einhalten. Wenn Sie sich vornehmen, viermal pro Woche Gymnastik zu machen, erforschen Sie die Faktoren, die Sie dazu in die Lage versetzen – oder die Gründe dafür, daß Sie es nicht schaffen. Eine geschärfte Wahrnehmung Ihres freien Willens trägt zu dessen Entwicklung bei.

Wenn Sie Ihre Vorstellungskraft ausbilden, können Sie im Geiste Dinge schaffen, die Sie in Ihrem Leben erreichen wollen. Die Imagination ist der Plan vor der Fertigstellung des Hauses, die Vision des Regisseurs vor der Aufführung. Mit ihr können wir kurz-, mittel- und langfristige Ziele finden, die die Vision in die Realität umsetzen.

Treten Sie aus Ihren Träumen heraus und sehen Sie sie an. Schreiben Sie darüber. Ringen Sie mit ihnen, bis Sie davon überzeugt sind, daß sie auf Prinzipien beruhen, die zu positiven Ergebnissen führen. Nutzen Sie dann Ihre Vorstellungskraft zur Erforschung neuer Anwendungsmöglichkeiten und neuer Handlungsweisen, die durch ihre Prinzipienkraft Träume verwirklichen können.

Durch ein persönliches Tagebuch können Sie beobachten, wie Sie sich von Tag zu Tag entwickeln und Ihre Gaben nutzen. Schreiben prägt sich dem Gedächtnis ein und hilft Ihnen damit, sich an Ihre Vorsätze zu erinnern und sie zu befolgen. Darüber hinaus vermittelt Ihnen die Lektüre Ihrer Erfahrungen vergangener Wochen, Monate und Jahre unschätzbare Einsichten in Abläufe und Muster, die sich in Ihrem Leben wiederholen.

Durch Lernen, Zuhören und Reagieren das Gewissen erziehen

Zur Existenz des Gewissens herrscht ein breiter Konsens in der psychologischen, soziologischen, religiösen und philosophischen Literatur aller Zeiten. Von der »inneren Stimme« der Weisheitsliteratur bis zum »kollektiven Unbewußten« der Psychologie wird diese Gabe als zentraler Bestandteil des menschlichen Seins anerkannt. Unabhängig von ihrer Kultur, Erziehung, Religion oder Rasse scheinen die meisten Menschen durch die Verbindung zu ihrem inneren Leben ein Gespür für die grundlegenden Gesetze des Lebens entwickeln zu können.

Die meisten Menschen arbeiten und leben allerdings in einem Umfeld, das die Entwicklung des Gewissens nicht fördert. Um die Stimme unseres Gewissens zu hören, brauchen wir oft »Ruhe«, »Besinnung« oder »Meditation« – ein Zustand, nach dem wir nur selten bewußt suchen. Wir werden überflutet von Aktivität, Lärm, sozialer und kultureller Konditionierung, Medienbotschaften und beschränkten Paradigmen. So wird unsere Sensibilität für diese leise innere Stimme abgestumpft, die uns etwas über unumstößliche Nordpol-Prinzipien und das Ausmaß unseres Einklangs mit ihnen erzählen möchte.

Aber wenn wir innehalten und mit ehrlichem Herzen suchen, können wir zu dieser inneren Quelle der Weisheit vordringen.

Stephen: *Vor einigen Jahren wurde ich im Rahmen einer College-Veranstaltung zum Thema »Neue Moral« zu einem Vortrag eingeladen. Hundertfünfzig junge Menschen füllten den Saal bis auf den letzten Platz. Ich hatte das deutliche Gefühl, von Gegnern umringt und ganz allein zu sein. Ich legte meine Anschauun-*

gen über die universellen Prinzipien dar, die unabhängig vom einzelnen wirken. Während meiner Ausführungen spürte ich großen Widerstand und Skepsis.

Bei der anschließenden Diskussion traten zwei wortgewandte Studenten für die situationsabhängige Ethik der »neuen Moral« ein. Diese beruht auf der Vorstellung, daß es keine absoluten Wahrheiten und Maßstäbe gibt und daß jede Situation im Hinblick auf die beteiligten Personen und andere wirksame Faktoren bewertet werden muß. Einer der beiden Studenten führte ein besonders einleuchtendes Beispiel an, das sich seiner Meinung nach nicht mit absoluten Maßstäben von Richtig oder Falsch erklären ließ, sondern nur aus der Situation heraus.

Obwohl ich im Saal starke Zustimmung für seinen Standpunkt fühlte, bekräftigte ich weiterhin die Bedeutung allgemeingültiger Prinzipien wie der Integrität, Mäßigung, Selbstdisziplin, Treue und Verantwortung. Ich erkannte, daß ich mit meinen Worten nicht durchdrang, und wies auf die schwerwiegenden Konsequenzen eines Verstoßes gegen die Prinzipien hin. Der wortgewandte Student in der ersten Reihe glaubte mir nicht. Ich fragte ihn persönlich, was passieren würde, wenn ein Mensch ohne sein Wissen Gift nähme. Würde das nicht zu schwerwiegenden Konsequenzen führen? Er erwiderte, daß der Vergleich unpassend sei und daß ich der Freiheit des einzelnen zu wenig Raum gäbe.

Ich erkannte, daß wir in einer Pattsituation waren. Also blickte ich ins Publikum und sagte: »Wir alle kennen im Grunde unseres Herzens die Wahrheit in dieser Frage. Wir haben alle ein Gewissen. Wir wissen es alle. Und wenn Sie sich einen Augenblick Zeit nehmen und nachdenken und nur darauf hören, was Ihnen Ihr Herz sagt, werden Sie die Antwort kennen.« Viele buhten und lachten über meine Bemerkung.

Ich wiederholte meine Aufforderung: Jeder einzelne möge mit sich zu Rate gehen, und wenn sich nicht binnen einer Minute bei allen Anwesenden ihr Gewissen melde, würde ich sofort vom Pult treten und ihre Zeit nicht länger in Anspruch nehmen. Es kehrte Ruhe ein, und die meisten zeigten sich bereit zu einem Versuch. Ich bat sie zu schweigen, auf ihr Inneres zu hören und sich zu fragen: »Ist das Thema, wie es heute abend vorgestellt wurde, ein wahres Prinzip oder nicht?«

Zunächst sahen sich einige um, ob die anderen die Sache ernst nahmen, aber nach zwanzig Sekunden saßen fast alle Anwesenden ruhig da und schienen tief in sich versunken. Nach einer Minute allgemeinen Schweigens, die manchen wohl wie eine Ewigkeit vorkam, sprach ich direkt den wortgewandten Studenten in der ersten Reihe an: »Ganz ehrlich, mein Freund, was haben Sie gehört?«

Er antwortete leise und ohne Zögern: »Etwas anderes, als was ich gesagt habe.«

Darauf wandte ich mich an einen anderen, der mir widersprochen hatte, und fragte ihn, was er gehört hatte.

»Ich weiß nicht«, antwortete er. »Ich weiß es einfach nicht. Ich bin mir nicht mehr sicher.«

Die Stimmung im Saal hatte sich verändert. Die Anwesenden waren stiller geworden, offener, aufnahmebereiter.

Diese Zugänglichkeit stellt sich ein, wenn wir die Erfahrung einer von uns unabhängigen Realität machen, die vom Gewissen bestätigt wird.

Wie können wir nun die Gabe des Gewissens entwickeln?

- Durch Lesen und Nachdenken über die Weisheitsliteratur der Menschheit, um unser Bewußtsein der zu allen Zeiten gültigen Prinzipien zu erweitern;
- durch Heraustreten und Lernen aus unserer Erfahrung;
- durch genaues Beobachten der Erfahrungen anderer;
- durch Innehalten und das Horchen auf die innere Stimme;
- durch Eingehen auf diese Stimme.

Es reicht nicht, der Stimme des Gewissens zuzuhören, wir müssen auch darauf reagieren. Wenn wir nicht im Einklang mit der inneren Stimme handeln, bauen wir eine Mauer um unser Gewissen, die seine Sensibilität und Empfänglichkeit blockiert. C.S. Lewis hat einmal bemerkt, daß Ungehorsam dem Gewissen gegenüber das Gewissen blind macht.

Wenn wir die Verbindung zur Weisheit der Menschheitsgeschichte und des Herzens herstellen, machen wir uns frei vom sozialen Spiegel und entfalten Charakter und Gewissen. Unsere Sicherheit ergibt sich nicht aus dem, wie wir von anderen behandelt werden oder wie wir im Vergleich zu ihnen abschneiden. Sie entspringt unserer grundlegenden Integrität.

Durch Versprechen den freien Willen fördern

Einer der besten Ansätze zur Stärkung des freien Willens liegt darin, Versprechen zu geben und zu halten. Jedesmal wenn uns das gelingt, machen wir eine Einzahlung auf unser persönliches Integritätskonto. Anders gesagt, wir steigern das Vertrauen in uns selbst und in die Fähigkeit, unseren Worten Taten folgen zu lassen.

Wichtig ist, daß man bescheiden anfängt. Geben und halten Sie ein Versprechen – auch wenn es bedeutet, daß Sie am Morgen etwas früher aufstehen und Gymnastik machen. Auch wenn es bedeutet, daß Sie heute abend nicht fernsehen. Auch wenn es bedeutet, daß Sie den Geschmack eine Woche lang dem Nährwert unterordnen.

Versprechen Sie nicht zuviel, damit Sie nicht aufgeben müssen. Riskieren Sie keine Abhebung von Ihrem persönlichen Integritätskonto. Lassen

Sie es langsam anwachsen, bis Ihr Ehrgefühl Ihre Stimmungen überwiegt. Machen Sie sich ein umfassendes Bild von Ihrer Realität, und sagen Sie ausgehend von diesem Bild: »Das werde ich tun.« Und dann tun Sie es, komme, was wolle.

Stück für Stück wird Ihr Glaube an sich selbst wachsen. Und wenn sich Ihr Versprechen auf eine prinzipienorientierte Angelegenheit bezieht, finden auch Sie allmählich zu einer stärkeren Prinzipienorientierung. Sie halten sich an Ihren Vorsatz, und Ihr Integritätskonto wächst.

Stephen: *Ich kannte einen Mann, dessen Leben völlig zerbrochen war. Es war voller Zaudern und Selbstsucht. Ich ermutigte ihn, in kleinen, vorsichtigen Schritten seine menschlichen Gaben zu entfalten. Ich fragte ihn: »Wollen Sie am Morgen aufstehen, wenn Sie es sich vorgenommen haben?«*

Darauf fragte er zurück: »Wie soll sich das auf alles andere auswirken?«

Ich erwiderte: »Ihr Körper ist das einzige Werkzeug, mit dem Sie ins Leben eingreifen. Wenn Sie Ihren Körper nicht unter Kontrolle bringen, wie wollen Sie dann die Äußerungen kontrollieren, die durch Ihren Körper und Ihren Geist fließen?«

Also nahm er sich jeden Abend vor aufzustehen, aber am Morgen erfaßte ihn eine völlig andere Stimmung. Er war ein absoluter Sklave – er konnte sich nicht von der Matratze losreißen.

Ich versuchte es erneut. »Wollen Sie nur einen Monat lang zu einer bestimmten Zeit aufstehen?«

»Ich weiß nicht, ob ich es kann.«

»Dann dürfen Sie es sich auch nicht vornehmen. Ihre Integrität steht auf dem Spiel. Sie haben ja selbst gesagt, daß Ihr Leben völlig zerrissen ist. Sie haben keinen inneren Frieden. Da dürfen Sie auf keinen Fall ein Versprechen geben und es dann brechen. Fangen Sie klein an. Meinen Sie, Sie schaffen es eine Woche lang?«

»Ja, ich glaube, das schaffe ich.«

*»**Wollen** Sie eine Woche lang so früh aufstehen, wie Sie es sich vorgenommen haben?«*

»Ja, ich will.«

Ich sah ihn eine Woche später wieder. »Haben Sie es geschafft?«

»Ja, ich habe es geschafft.«

»Gratuliere! Das ist ein kleiner Anfang, um die Integrität in Ihrem Leben wiederherzustellen. Was wollen Sie sich als nächstes vornehmen?«

Schritt für Schritt ging dieser Mann Verpflichtungen ein und hielt sich daran. Früher gab er ein Versprechen und fühlte sich großartig, aber wenn ihn Stimmung und Umstände entmutigten, verlor er die Lust und brach das Versprechen. Und auch in ihm zerbrach etwas: seine Integrität.

Doch als er mit kleinen Vorsätzen anfing und sie einhielt, pendelte sich sein

Gefühlsleben wieder ein. Er stellte fest, daß die Versprechen, die er sich selbst gab und einhielt, seine Fähigkeit erhöhten, auch anderen Versprechen zu geben und sie einzuhalten. Aus seinen privaten Siegen entwickelten sich allmählich öffentliche Siege.

Wir müssen uns die Frage stellen: »Will ich ein vollkommen aufrichtiger Mensch sein? Will ich mich nach Fehlern entschuldigen, will ich bedingungslos lieben, will ich das Glück eines anderen genauso wertschätzen wie mein eigenes?«

Wer uns entgegenhält: »Wißt ihr eigentlich, wie es draußen im Leben zugeht?«, dem rufen wir zu: »Weißt du eigentlich, was für eine Kraft in dir schlummert?« Wir wollen niemanden beleidigen, aber unser Leben ist das Resultat unserer Entscheidungen. Wer anderen Menschen, der Umwelt oder anderen äußeren Faktoren die Schuld gibt, der gibt diesen Dingen Macht über sich. Auch damit trifft man eine Entscheidung.

Wir entscheiden – entweder wir führen unser Leben selbst, oder wir überlassen es anderen. Wenn wir uns selbst und anderen Versprechen geben und sie einhalten, steigern wir allmählich unser Vermögen, bis unsere Handlungsfähigkeit stärker ist als alle auf uns einwirkenden Kräfte.

Durch Visualisierung die Vorstellungskraft entwickeln

Stellen Sie sich folgende Szene vor:

Schweißperlen laufen Ihnen über das Gesicht. Die sengende Hitze des feindlichen, vom Krieg zerrissenen lateinamerikanischen Landes nimmt Ihnen den Atem. In panischer Angst klammert sich die Frau an Ihren Arm, die Sie gerade aus einem von Kakerlaken wimmelnden Guerillagefängnis befreit haben. Sie müssen sie wohlbehalten zu ihrem Vater, dem Botschafter, zurückbringen. Sie haben keine Waffen, kein Essen, kein Fahrzeug und keinen Kontakt zur Außenwelt. Sie sind umgeben von feindlichen Truppen und wissen, daß Ihr Versteck bald entdeckt sein wird.

Was tun Sie?

Ehrlich gesagt wissen wir nicht, was wir tun würden. Wir wissen auch nicht, was Sie tun würden. Aber wir wissen, was MacGyver tun würde.

MacGyver, der Star der gleichnamigen Fernsehserie, ist ein Meister des Einfallsreichtums. Keine noch so schwierige Situation, die dieser

Wundermensch nicht bewältigen könnte. Er ist die Rätselfigur des modernen Kriminalfilms, der Mann ohne Waffen, der Mann des *Geistes*. Dank seines großen Wissens und seiner Kreativität bastelt er aus den Überresten eines explodierten Jeeps einen Parabolspiegel, mit dem er die Sonnenstrahlen auf ein Munitionslager des Feindes richtet. Die dadurch ausgelöste Explosion lenkt die Soldaten ab, und er kann zusammen mit der Frau zu einem verlassenen Farmschuppen entkommen. Mit Teilen alter Werkzeuge und gebräuchlichen Haushaltschemikalien aus dem Schuppen baut er Sprengkörper, um sich und seinen Schützling zu verteidigen. Aus einem kaputten Radio bastelt er ein Gerät, mit dem er den Rettungshubschrauber verständigen kann.

Eine Geschichte aus dem Reich der Phantasie? Sicherlich. Aber was würden Sie von einem Marketingmanager wie MacGyver halten?

Der »MacGyver-Faktor«, wie wir ihn nennen, ist die Verkörperung der Vorstellungskraft. Er beinhaltet die Kenntnis der Prinzipien und die Fähigkeit, sie in den verschiedensten Situationen anzuwenden. Das Verständnis des MacGyver-Faktors stellt einen der besonders bewegenden und stärkenden Aspekte des prinzipienorientierten Lebens dar. Prinzipien sind die Einfachheit jenseits der Komplexität. Der Philosoph Alfred North Whitehead bemerkt dazu in dem Buch *The Aims of Education*:

> Das Wissen schrumpft, wenn die Weisheit wächst: Die Details gehen in den Prinzipien auf. Die wichtigen Wissensdetails werden in jeder Lebensbeschäftigung ad hoc aufgegriffen, aber nur wer sich den aktiven Gebrauch wohlverstandener Prinzipien zur Gewohnheit macht, kommt in den Besitz letzter Weisheit.

Das Gesetz der Ernte gilt für die persönliche Entwicklung genauso wie für das Züchten von Tomaten. Und wenn zwei Bretter zusammen ein größeres Gewicht tragen können als die Summe der von beiden Brettern einzeln getragenen Gewichte, so geht dies auf das gleiche Prinzip der Synergie zurück, das zwei Menschen in die Lage versetzt, zusammen eine bessere Lösung zu finden als einzeln.

Als Prozeß zur Entwicklung der Vorstellungskraft schlagen wir die Visualisierung vor – eine äußerst wirksame geistige Übung, die von Athleten und Künstlern benutzt wird. Statt zur Verbesserung Ihres Tennisspiels oder Ihrer Konzertdarbietung sollen Sie sie jedoch zur Verbesserung Ihrer Lebensqualität nutzen.

Nehmen Sie sich ein wenig Zeit für sich, abseits von Störungen. Schließen Sie die Augen und visualisieren Sie sich in einer Situation, die Ihnen normalerweise Unbehagen oder Schmerzen bereitet. Ihr Chef schreit Sie an. Ihre halbwüchsige Tochter beschwert sich, daß Sie ihr nie Kleider kaufen.

Benutzen Sie Ihr Selbst-Bewußtsein, um sich von Ihren normalen Gedanken und Gefühlen in einer solchen Situation zu trennen. Malen Sie sich vor Ihrem geistigen Auge aus, daß Sie nach den Prinzipien handeln, die Ihrer festen Überzeugung nach Ihre Lebensqualität positiv beeinflussen werden. Visualisieren Sie Ihre Interaktion mit anderen als mutig und rücksichtsvoll.

Am besten können Sie Ihre Zukunft vorhersehen, wenn Sie sie schaffen. Mit der Kraft der Vorstellung, durch die Sie ein Ziel anvisieren oder eine Besprechung planen, können Sie auch einen großen Teil der Qualität Ihrer Realität gestalten, noch ehe Sie sie erleben.

Von den Prinzipien zur Bescheidenheit

Aus der Erkenntnis der Prinzipien – und der Tatsache, daß unsere Effektivität vom Grad unseres Einklangs mit ihnen abhängt – ergibt sich ein Gefühl der Bescheidenheit. Nicht wir kontrollieren unser Leben, sondern die Prinzipien. Wir verabschieden uns von der Vorstellung, uns selbst zum Gesetz erheben zu können. Wir pflegen Einstellungen wie Lernbereitschaft und Gewohnheiten wie ständiges Lernen. Wir streben beharrlich danach, die Gesetze des Lebens zu verstehen und nach ihnen zu leben. Wir lassen uns nicht einnehmen von der Arroganz der Werte, die uns blind machen für Selbst-Bewußtsein und Gewissen. Unsere Sicherheit beruht nicht auf der Illusion des Vergleichsdenkens – ich sehe besser aus, ich habe mehr Geld, ich habe einen besseren Job, oder ich arbeite härter. Und wir fühlen uns auch nicht unsicherer, wenn wir weniger gut aussehen oder weniger Geld und Prestige haben als jemand anders. Unsere Sicherheit rührt von unserer Integrität gegenüber den Nordpol-Prinzipien her.

Wenn wir scheitern oder einen Fehler machen oder gegen ein Prinzip verstoßen, fragen wir: »Was kann ich daraus lernen?« Wir nähern uns dem Prinzip, um von ihm belehrt zu werden. Und wenn wir verstanden haben, wo uns der Fehler unterlaufen ist, können wir Schwächen in Stärken verwandeln. Wir konfrontieren Verhalten und Wahrheit auf eine Weise, die unser Vertrauen in die Wahrheit und in unsere Fähigkeit, zu lernen und uns zu verändern, ausdrückt.

Bescheidenheit ist die Mutter aller Tugenden. Durch sie sind wir nicht mehr Ursprung, sondern Medium. Sie setzt alle anderen Prozesse des Lernens und des Wachstums in Gang. Dank der Bescheidenheit der Prinzipienorientierung finden wir die Kraft, um aus der Vergangenheit zu lernen, um hoffnungsvoll in die Zukunft zu blicken und um in der Gegenwart zuversichtlich zu handeln.

An der Schwelle zur vierten Generation

Nach unserer Erfahrung wissen die meisten Menschen, die eingehend über ihre Erfahrungen und die anderer nachdenken, daß wir Bedürfnisse und Fähigkeiten besitzen, die grundlegend für die Erfüllung des Menschen sind. In mancher Hinsicht stellt dieses Kapitel eine Mahnung an Dinge dar, von denen die meisten in ihrem Innersten bereits wissen. *Die Tatsache, daß wir es wissen und daß wir es nicht auf unser tägliches Leben übertragen können, ist die Frustration über die Diskrepanz zwischen Kompaß und Uhr.* Wir stehen vor der Schwierigkeit, wie es jemand sehr treffend ausgedrückt hat, die Weisheit zu erreichen, die wir bereits haben.

Die meisten Menschen wollen in die vierte Generation vordringen. Sie wollen Freude und Gleichgewicht darin finden, zu leben, zu lieben, zu lernen und ein Vermächtnis zu hinterlassen.

Aber nicht selten kommt uns das traditionelle Zeitmanagement dazwischen. Terminkalender und Zeitpläne nageln uns auf das Dringende fest, statt uns auf das Wichtige hinzulenken. Sie lösen Schuldgefühle aus, wenn wir uns nicht an den Plan halten. Sie ersticken Flexibilität und Spontaneität.

Natürlich wollen wir die großen Vorzüge der ersten drei Generationen nicht missen: Effizienz, Ordnung nach Prioritäten, Produktivität, Umsetzung von Zielen. Aber wir brauchen mehr.

Mehr Dinge schneller zu tun ist kein Ersatz dafür, das Richtige zu tun. Wir benötigen eine Theorie und Instrumente, mit deren Hilfe wir unsere Gaben dazu nutzen können, auf ausgeglichene und prinzipienorientierte Weise unsere grundlegenden Bedürfnisse und Fähigkeiten zu erfüllen.

Die Kraft zur Erzeugung von Lebensqualität liegt in uns – in der Fähigkeit, unseren inneren Kompaß zu entwickeln und zu gebrauchen, damit wir im Augenblick der Wahl mit Integrität handeln können, gleichgültig, ob es in diesem Augenblick um die Wochenplanung geht, um die Bewältigung einer Krise, um die Reaktion auf unser Gewissen, um den Aufbau einer Beziehung, um die Besänftigung eines erzürnten Kunden oder um einen Spaziergang. Ein Instrument kann nur dann effektiv sein, wenn es mit dieser Realität übereinstimmt und die Entwicklung des inneren Kompasses fördert.

Teil 2

Hauptsache, die Hauptsache bleibt die Hauptsache

4. Quadrant-II-Organisation: der Weg zum Wesentlichen

Kein Garten ohne Gärtner.

Roger: *Vor einiger Zeit zog ein Freund von mir – er ist Unternehmensberater – in sein neues Haus. Er beschloß, eine Bekannte mit der Gartengestaltung zu beauftragen. Sie hatte einen Doktorgrad in Gartenbau und wußte sehr viel über dieses Gebiet.*

Er hatte eine grandiose Vorstellung von seinem Grundstück, schärfte ihr aber immer wieder ein, daß er eine Gartengestaltung wolle, die von seiner Seite wenig oder gar keine Pflege brauchte, weil er sehr viel auf Reisen sei. Er betonte die absolute Notwendigkeit von Sprinkleranlagen und anderen arbeitssparenden Einrichtungen. Vor allem schien ihm daran gelegen, seinen Zeitaufwand für die Gartenpflege in Grenzen zu halten.

Schließlich hatte sie genug. »Fred, ich verstehe, worauf du hinauswillst. Aber über eine Sache mußt du dir klarwerden, bevor wir anfangen können: Ohne Gärtner gibt es keinen Garten!«

Die meisten Menschen fänden es großartig, wenn wir unseren Garten – oder unser Leben – einfach auf Automatik stellen und damit die Lebensqualität erreichen könnten, die aus sorgfältiger und kontinuierlicher Pflege entsteht.

Aber so läuft es nicht im Leben. Wir können nicht einfach ein paar Samen ausstreuen und dann tun, was uns gerade einfällt. Wenn wir so handeln, dürfen wir nicht erwarten, bei unserer Wiederkehr einen blühenden Garten vorzufinden.

Im Leben bleiben die Resultate nicht aus. Die Dinge wachsen. Aber der Unterschied zwischen aktiver Teilnahme als Gärtner und Nachlässigkeit führt zu dem Unterschied zwischen einem schönen Garten und einer Ansammlung von Unkraut.

Dieses Kapitel beschreibt den Prozeß der Gartenpflege, zu dem Anbau, Bestellen, Bewässern und Jäten gehören. Es beschreibt die Ergründung des Wichtigen sowie das Bemühen um seine Entwicklung und zeigt, wie sich das Wichtigkeitsparadigma auf die Erzeugung von Lebensqualität anwenden läßt. Konkret handelt es sich dabei um eine hochwirksame Tätigkeit, die pro Woche vielleicht eine halbe Stunde in Anspruch nimmt. Dieser Prozeß wird unabhängig von Ihrer derzeitigen Lebensqualität zu bedeutenden Ergebnissen führen.

Auf einer Ebene läßt er sich als Erste-Hilfe-Maßnahme gegen die Dringlichkeitssucht begreifen. Wenn Sie noch nie Gelegenheit hatten, tiefgehend über die Rolle von Bedürfnissen und Prinzipien in Ihrem Leben nachzudenken, und Sie im Grunde von einem Dringlichkeitsparadigma ausgehen, werden Sie durch diesen Prozeß praktisch sofort einen Qualitätssprung erleben.

Auf einer weiteren Ebene schafft der Prozeß den Bezugsrahmen für eine an Bedürfnissen und Prinzipien ausgerichtete Zeitorganisation und Lebensführung. Durch diesen Organisationsansatz finden Sie Quadrant-II-Zeit, um den Kontakt zu Ihrem tiefsten Inneren herzustellen.

Auf einer dritten Ebene befähigt Sie dieser Prozeß, Ihre persönliche Lebensphilosophie in Ihrem Alltagsleben umzusetzen. Ausgehend von der allgemeinen Philosophie bis hin zum konkreten Moment, versetzt er Sie in die Lage, Ihre Integrität zu wahren und ein an Prinzipien orientiertes Gleichgewicht der wichtigsten Dinge in Ihrem Leben zu finden.

Im folgenden werden wir die einzelnen Schritte des Prozesses vorstellen. Wir empfehlen Ihnen, sich eingehend mit ihnen auseinanderzusetzen. Machen Sie sich Notizen. Je mehr Sie persönlich Anteil nehmen, desto mehr werden Sie auch lernen. Sehen Sie sich das Arbeitsblatt auf den Seiten 72 und 73 genau an und organisieren Sie damit nach dem folgenden Sechsstufenprozeß die nächste Woche Ihres Lebens.

Die Formblätter in diesem Kapitel sind Teil eines von uns entwickelten Organisationssystems, das auf Quadrant II beruht. Wir weisen jedoch ausdrücklich darauf hin, daß dieses System keine »Wunderwaffe« ist. Der Planungsprozeß kann auf einem modifizierten Tagesplaner, auf einem Computer, in einem Ringbuch oder sogar auf einer Papierserviette durchgeführt werden. Entscheidend ist nur, daß das verwendete System mit den angestrebten Zielen übereinstimmt. Ein System, das seinen Schwerpunkt auf die Einteilung dringender Quadrant-I/III-Aktivitäten nach Prioritäten legt, wird dem Bemühen um Zugang zu Quadrant II im Wege stehen.

Das Wochen-Arbeitsblatt

Das Arbeitsblatt auf der folgenden Seite unterscheidet sich bereits auf den ersten Blick von den meisten Zeitplanern, weil es sich nicht nur auf einen Tag, sondern auf die gesamte Woche bezieht.

Vielleicht kennen Sie das wunderbare Video, in dem die Kamera über hohe Berge und tiefe Täler fährt und dabei verschiedene Aussichten auf eine scheinbar endlose Landschaft eröffnet. Bei jedem Kameraschwenk fragen wir uns, was wir da eigentlich vor Augen haben. Nach einigen Augenblicken fährt die Kamera langsam zurück, und der Gegenstand wird als Ganzes sichtbar. Die »Berge« und »Täler« sind die Struktur einer Orange!

Die Tagesplanung schränkt unseren Ausblick ein. Die Wochenplanung dagegen bietet einen breiteren Kontext für unsere Tätigkeiten. Sie gibt uns ein umfassendes Bild und läßt uns die »Berge« als das erkennen, was sie in Wirklichkeit sind. Im Wochenkontext nehmen die Tagesaktivitäten überschaubarere Dimensionen an.

Schritt 1: Die Verbindung zur eigenen Lebensphilosophie herstellen

Der erste Schritt für die Organisation der kommenden Woche besteht darin, die Verbindung zu dem herzustellen, was in Ihrem Leben an erster Stelle steht. Kontext schafft Sinn. Entscheidend für diese Verbindung ist, daß Sie sich Rechenschaft ablegen über Fragen wie die folgenden:

- *Was ist am wichtigsten?*
- *Was gibt meinem Leben Sinn?*
- *Was will ich in meinem Leben sein und tun?*

Viele Menschen fassen die Antworten auf solche Fragen in einem schriftlichen persönlichen Credo oder einer Aussage über ihre Lebensphilosophie zusammen. Solche Aussagen beschreiben, was man mit seinem Leben anfangen will und auf welchen Prinzipien Tun und Sein beruhen. Die Klarheit in diesen Fragen ist von entscheidender Bedeutung, weil sich die Antworten auf alles andere auswirken – auf die Ziele, die Entscheidungen, die Paradigmen, die Lebensführung.

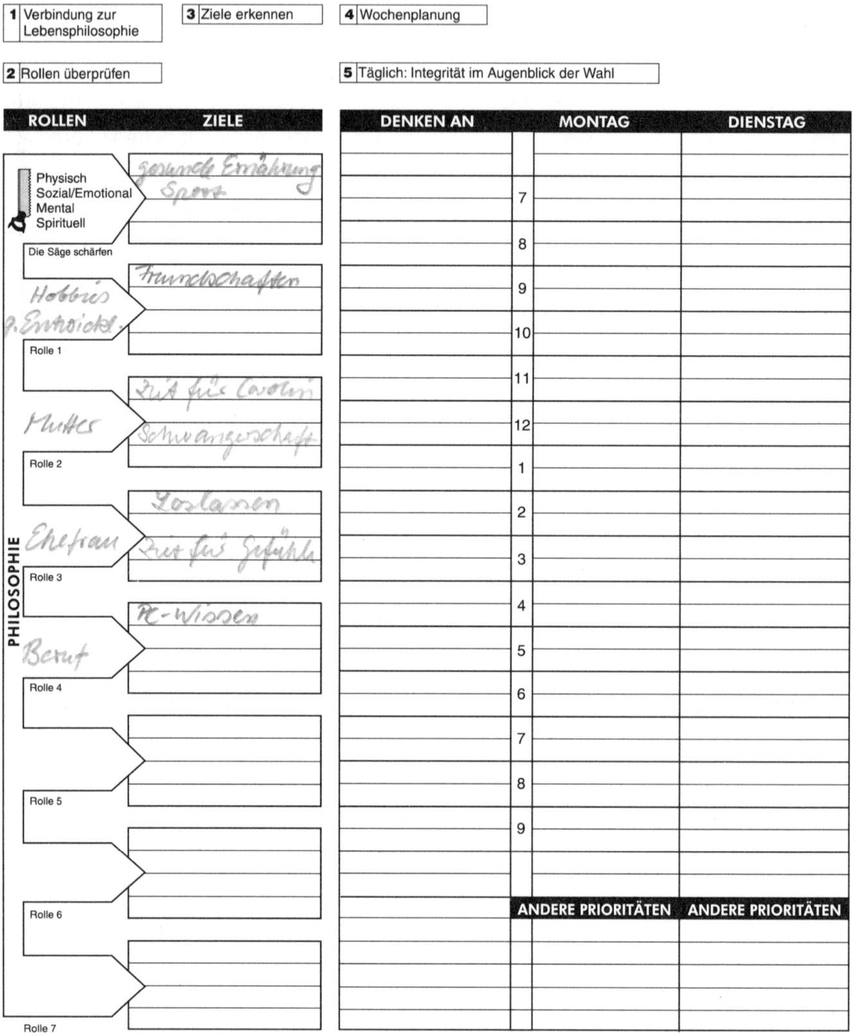

Wegen seiner grundlegenden Bedeutung ist dies der natürliche erste Schritt im Quadrant-II-Prozeß. Weshalb auch sollte man Tätigkeiten und Verabredungen in den Terminkalender aufnehmen, die nicht mit der eigenen Vision übereinstimmen? Die Verbindung zur eigenen Lebensphilosophie ist die Voraussetzung für jedes Handeln nach dem Wichtigkeitsparadigma. Sie wirkt sich nachhaltig auf alle anderen Faktoren im Quadrant-II-Prozeß aus. Wenn Ihre Lebensphilosophie Dinge enthält wie persönliche Entwicklung, Engagement für die Familie, Qualitäten des

10.-16. März	März
11. Woche	

FEBRUAR

Mo	Di	Mi	Do	Fr	Sa	So
					1	2
3	4	5	6	7	8	9
10	11	12	13	14	15	16
17	18	19	20	21	22	23
24	25	26	27	28		

MÄRZ

Mo	Di	Mi	Do	Fr	Sa	So
					1	2
3	4	5	6	7	8	9
10	11	12	13	14	15	16
17	18	19	20	21	22	23
24	25	26	27	28	29	30
31						

APRIL

Mo	Di	Mi	Do	Fr	Sa	So
	1	2	3	4	5	6
7	8	9	10	11	12	13
14	15	16	17	18	19	20
21	22	23	24	25	26	27
28	29	30	31			

6 Bewertung

MITTWOCH	DONNERSTAG	FREITAG	SAMSTAG	SONNTAG
ANDERE PRIORITÄTEN	**ANDERE PRIORITÄTEN**	**ANDERE PRIORITÄTEN**	**ANDERE PRIORITÄTEN**	**ANDERE PRIORITÄTEN**

Seins oder einen Beitrag zum Allgemeinwohl, wird ihre Überprüfung diese »wichtigsten Dinge« in Ihrem Geiste bestärken und bei den folgenden Schritten einen wirksamen Bezugsrahmen für Entscheidungen liefern.

Wenn Sie keine schriftliche Lebensphilosophie haben, können Sie durch folgende Anweisungen Klarheit über die für Sie wesentlichen Bereiche gewinnen:

- *Listen Sie die drei oder vier Dinge auf, die für Sie an erster Stelle stehen.*
- *Erinnern Sie sich an langfristige Ziele, die Sie sich vielleicht gesetzt haben.*
- *Denken Sie an die wichtigsten Beziehungen in Ihrem Leben.*
- *Denken Sie an Beiträge zum Allgemeinwohl, die Sie leisten wollen.*
- *Bekräftigen Sie die Gefühle, die Sie in Ihrem Leben haben wollen – Frieden, Zuversicht, Glück, Zugehörigkeit, Sinn.*
- *Denken Sie darüber nach, wie Sie diese Woche verbringen würden, wenn Sie nur noch ein halbes Jahr zu leben hätten.*

Vergegenwärtigen Sie sich die Wirkung Ihrer persönlichen Lebensphilosophie durch die Beantwortung folgender Fragen:

- *Welcher Unterschied in meiner Lebensführung würde sich aus einer klaren Vision meiner Prinzipien, Werte und höchsten Ziele ergeben?*
- *Welches Lebensgefühl hätte ich, wenn ich wüßte, was für mich das Wichtigste ist?*
- *Wäre eine schriftliche Aussage über meine Lebensziele von Wert für mich? Würde sie sich darauf auswirken, wie ich meine Zeit und Energie verbrauche?*
- *Wie würde eine wöchentliche Rückbesinnung auf solch eine Aussage meine Handlungsentscheidungen während der Woche beeinflussen?*

> Wenn Sie Ihre Lebensphilosophie schriftlich niedergelegt haben, überprüfen Sie sie jetzt, ehe Sie entscheiden, wie Sie die nächsten sieben Tage Ihres Lebens verbringen. Besinnen Sie sich auf die wesentlichen Dinge, die für Sie an erster Stelle stehen. Wenn Sie keine klare Lebensphilosophie haben, nehmen Sie sich einige Augenblicke Zeit, um die Verbindung zu Ihrem inneren Kompaß herzustellen und über die wirklich wichtigen Dinge in Ihrem Leben nachzudenken.

Schritt 2: Die eigenen Ziele identifizieren

Wir alle haben uns in unserem Leben für Rollen entschieden, die wir ausfüllen. Wir können wichtige Rollen in der Arbeit, in der Familie, in der Gemeinschaft oder in anderen Lebensbereichen einnehmen. Rollen stehen für Verpflichtungen, Beziehungen und Beiträge zum Allgemeinwohl.

Die Schmerzen in unserem Leben rühren meist von dem Gefühl her, daß der Erfolg in einer Rolle zu Lasten anderer geht, die womöglich noch wichtiger sind. Als stellvertretender Leiter eines Unternehmens sind wir vielleicht ein As, aber in der Ehe und gegenüber unseren Kindern versagen wir.

Eine überschaubare Gruppe von Rollen bietet einen natürlichen Rahmen für Ordnung und Gleichgewicht. Wenn Sie eine Lebensphilosophie haben, werden sich daraus auch Ihre Rollen entwickeln. Gleichgewicht zwischen den Rollen heißt nicht nur, daß man sich mit jeder von ihnen befaßt, sondern daß sich aus dem Zusammenwirken dieser Rollen die Erfüllung der Lebensziele ergibt.

Wir werden in Kapitel 6 näher auf die Rollen und das Gleichgewicht zwischen ihnen eingehen. Listen Sie jetzt nur die Rollen auf, die Ihnen einfallen. Machen Sie sich keine großen Gedanken darüber, ob Sie auch alle Rollen schon beim ersten Mal »richtig« und vollständig beschrieben haben. Es kann mehrere Wochen dauern, bis Sie das Gefühl haben, die verschiedenen Facetten Ihres Lebens in einer passenden Anordnung erfaßt zu haben. Es gibt kein Patentrezept dafür – jemand, der fast das gleiche macht wie Sie, könnte seine Rollen ganz anders definieren. Darüber hinaus werden sich Ihre Rollen wahrscheinlich im Lauf der Jahre verändern. Vielleicht wechseln Sie die Arbeit, treten einem Verein bei, heiraten oder werden Mutter.

Sie können Ihre Familienrolle einfach als »Familienmitglied« festlegen. Oder Sie unterteilen sie in zwei Rollen als »Ehemann« und »Vater«, als »Ehefrau« und »Mutter«, als »Tochter« und »Schwester«. Einige Lebensbereiche, etwa in der Arbeit, erfordern vielleicht mehrere Rollen: eine in der Verwaltung, eine im Marketing, eine im Personalwesen und eine in der langfristigen Planung. Eine Rolle könnte auch der persönlichen Entwicklung vorbehalten sein. (Zwei Beispiele für Rollenbeschreibungen finden Sie auf Seite 76 und 77).

Untersuchungen haben nachgewiesen, daß sich mehr als sieben Kategorien mental schlecht beherrschen lassen. Daher empfehlen wir, Funktionen wie Verwaltung/Finanzen oder Personal/Teamaufbau miteinander zu kombinieren, um die Zahl von sieben Rollen nicht zu überschreiten. Dies unterstützt die geistige Organisation der Rollenbereiche. Andererseits müssen Sie nicht unbedingt sieben Rollen finden. Wenn Sie nur fünf oder sechs identifizieren, ist das völlig in Ordnung.

Zu den Rollen, die Sie jetzt festgelegt haben, schlagen wir eine weitere Rolle von grundlegender Bedeutung vor: das »Schärfen der Säge«. Diese

Ein Manager in der Produktentwicklung könnte seine Rollen so beschreiben:

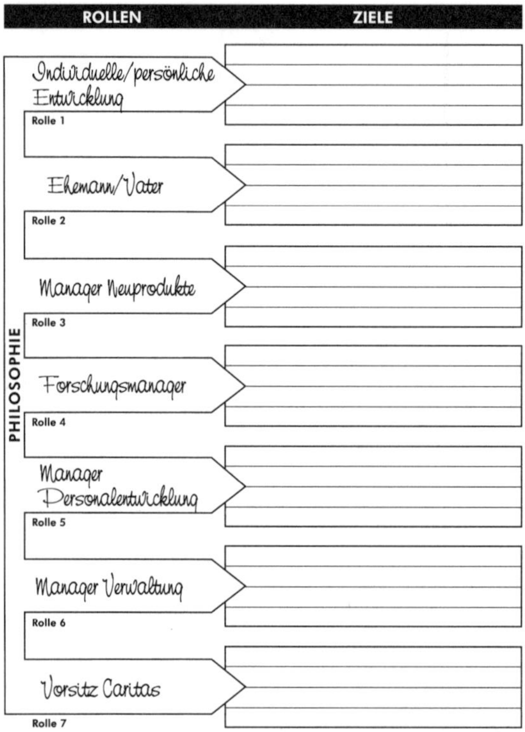

Rolle nimmt aus zwei Gründen eine Sonderstellung ein. Erstens ist es eine Rolle, die jeder hat, und zweitens ist sie eine Grundbedingung für denErfolg in allen anderen Rollen. Im Arbeitsblatt ist diese Rolle in der Ecke links oben dargestellt.

Der Ausdruck »Die Säge schärfen« steht als Metapher für die Energie, die wir in die Weiterentwicklung unserer Fähigkeiten in den vier fundamentalen Bereichen physischer, sozialer, mentaler und spiritueller Bedürfnisse investieren. Oft vertiefen wir uns so sehr ins »Sägen« (Ergebnisse erzielen), daß wir vergessen, »unsere Säge zu schärfen« (unsere Fähigkeit, auch in Zukunft Ergebnisse zu erzielen, pflegen und ausbauen). Vielleicht vernachlässigen wir die körperliche Betätigung (physischer Bereich), oder wir versäumen es, wichtige Beziehungen zu entwickeln (sozialer/emotionaler Bereich). Vielleicht halten wir uns auf unserem Gebiet nicht auf dem laufenden (mentaler Bereich), oder wir verlieren den Überblick über das,

Eine Teilzeit-Immobilienmaklerin könnte vielleicht folgende Rollen anführen:

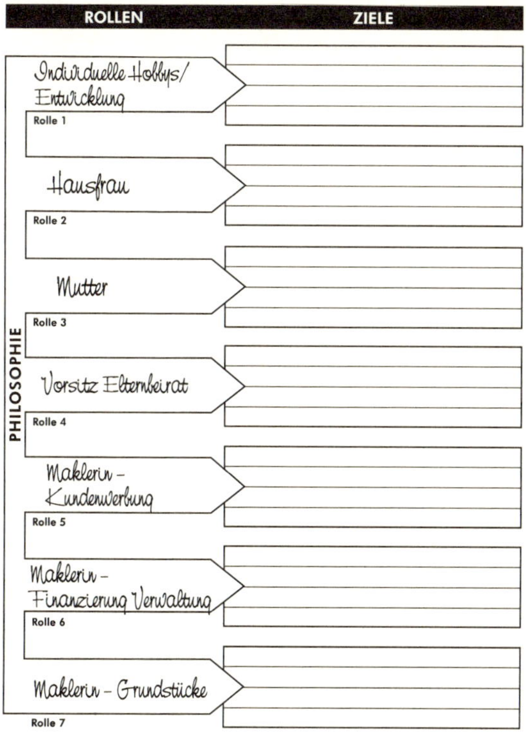

was für uns wichtig und sinnvoll ist (spiritueller Bereich). Wenn wir unsere Fähigkeiten in diesen Bereichen nicht weiterentwickeln, stumpfen wir ab und reiben uns an dem Ungleichgewicht auf. Letztlich beeinträchtigt das auch die Effektivität in unseren anderen Rollen.

Durch das Identifizieren von Rollen unterteilt man sein Leben nicht in voneinander getrennte Abteilungen oder Kästen wie in einem Organigramm. Man schafft dadurch eine Vielfalt von Perspektiven, aus denen man sein Leben betrachten kann, um Gleichgewicht und Harmonie zu erreichen. Das Paradigma der Wichtigkeit, Interdependenz und Aufeinanderbezogenheit bleibt immer erhalten.

Falls noch nicht geschehen, schreiben Sie jetzt Ihre Rollen auf das Arbeitsblatt.

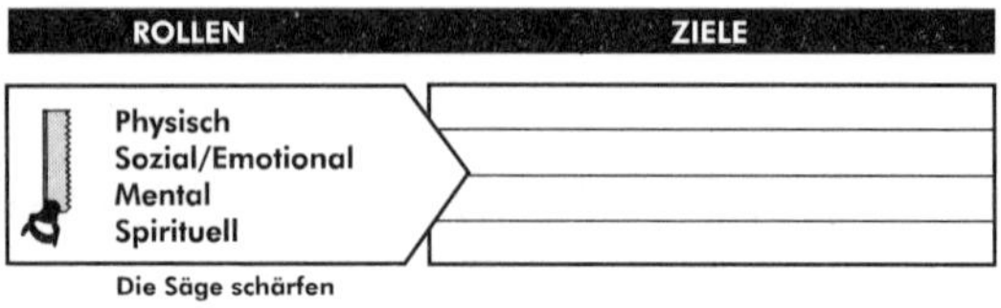

Denken Sie nun über folgende Fragen nach:

- *Werde ich in meinem Leben oft von ein oder zwei Rollen vollkommen in Anspruch genommen, so daß die anderen nicht die ihnen gebührende Aufmerksamkeit erhalten?*
- *Wie viele meiner »wesentlichen Dinge« liegen in Rollen, die nicht den Großteil meiner Energie und Aufmerksamkeit auf sich ziehen?*
- *Tragen die Rollen in ihrer Gesamtheit zur Erfüllung meiner Lebensziele bei?*
- *Wie würde es sich auf meine Lebensqualität auswirken, wenn ich diese Rollen einmal wöchentlich überdenken und so für ein angemessenes Gleichgewicht meiner Handlungen sorgen würde?*

Schritt 3: Quadrant-II-Ziele für alle Rollen auswählen

Legen Sie sich nun, da der Bezugsrahmen Ihrer Rollen feststeht, folgende Frage vor:

Was ist das Wichtigste, was ich diese Woche in jeder Rolle tun könnte, um die größte positive Wirkung zu erzielen?

Ziehen Sie zur Beantwortung dieser Frage nicht nur Ihren Verstand zu Rate, sondern auch die Weisheit Ihres Herzens. Was würde in den einzelnen Rollen sehr viel bewirken? Wie steht es mit Ihrer Rolle als Ehepartner? Als Freund? Als Mutter oder Vater? Als Mitarbeiter? Setzen Sie bei den Überlegungen zu den jeweils wichtigsten Tätigkeiten auf Ihren inneren Kompaß statt auf die Uhr. Hören Sie auf Ihr Gewissen. Konzentrieren Sie sich auf das Wichtige statt auf das Dringende.

Wenn sich eine der Rollen auf Ihre Entwicklung bezieht, könnten zu Ihren Zielen Dinge gehören wie das Planen eines persönlichen Rückzugsbereichs oder die Arbeit an einer Aussage zur Lebensphilosophie. Wenn

Sie Mutter oder Vater sind, könnten Sie sich das Ziel setzen, Zeit mit Ihrem Kind zu verbringen. Wenn Sie verheiratet sind, könnten Sie mit Ihrem Mann oder Ihrer Frau ausgehen. Im Bereich Arbeit könnten Sie Zeit für langfristige Planungen, für die Betreuung eines Mitarbeiters, für Kundenbesuche oder für das Ausarbeiten von gemeinsamen Strategien mit Ihrem Chef vorsehen.

Im Bereich »Die Säge schärfen« gehören zu den physischen Zielen vielleicht regelmäßige Gymnastik oder gesunde Ernährung. Im spirituellen Bereich gibt es Möglichkeiten wie Meditation, Gebet oder das Studium inspirierender Literatur. Im mentalen Bereich setzen Sie sich vielleicht das Ziel, einen Kurs zu besuchen oder Ihr eigenes Leseprogramm zu verfolgen. Im Hinblick auf die soziale Entwicklung könnten Sie an Prinzipien effektiver Interdependenz arbeiten wie einfühlsames Zuhören, Ehrlichkeit oder bedingungungslose Liebe. Entscheidend ist, daß Sie konsequent das tun, was Ihre Fähigkeiten in den einzelnen Bereichen stärkt.

Vielleicht fallen Ihnen für die einzelnen Rollen gleich mehrere Ziele ein. Beschränken Sie sich aber fürs erste auf die ein oder zwei *wichtigsten* Ziele. Vielleicht sagt Ihnen Ihr innerer Kompaß auch, daß Sie sich in dieser Woche nicht für jede Rolle ein Ziel vornehmen sollten. Der Quadrant-II-Prozeß ermöglicht diese Flexibilität und ermutigt Sie dazu, sich bei der Ergründung der für Sie wichtigsten Dinge ganz auf Ihre innere Stimme zu verlassen.

Schreiben Sie Ihre Ziele unter die Rubrik »Ziele« auf dem Arbeitsblatt.

Wenn Sie sorgfältig nachgedacht haben, werden Ihre Ziele Tätigkeiten repräsentieren, die Ihnen für die Erfüllung Ihrer Rollen wirklich wichtig erscheinen.

Legen Sie sich jetzt folgende Fragen vor:

- *Was würde geschehen, wenn ich diese Dinge nächste Woche tun würde?*
- *Wie würde ich mich im Hinblick auf meine Lebensqualität fühlen?*
- *Was, wenn ich nur einiges davon verwirklichen würde?*
- *Würde es sich positiv auf mein Leben auswirken?*
- *Was, wenn ich diese Dinge jede Woche tun würde?*
- *Wäre ich effektiver als jetzt?*

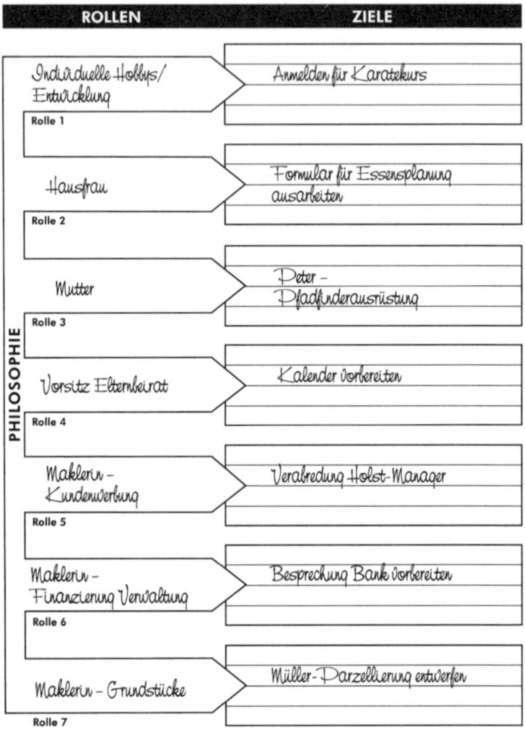

Schritt 4: Einen Entscheidungsrahmen für die Woche schaffen

Die Umsetzung hochwirksamer Quadrant-II-Ziele in einen Aktionsplan erfordert die Schaffung eines Rahmens für eine effektive Entscheidungsfindung während der gesamten Woche. Die meisten Menschen versuchen, Zeit für ihre wichtigen Tätigkeiten in ihren bereits überquellenden Quadrant-I/III-Terminplänen zu finden. Sie schieben die Dinge hin und her und auf die lange Bank, delegieren sie, sagen sie ab – alles in der Hoffnung, die nötige Zeit für die wichtigsten Dinge zu finden. Es kommt jedoch nicht darauf an, den Zeitplan nach Prioritäten zu ordnen, sondern die Prioritäten zeitlich zu planen.

Einer unserer Partner erzählt folgende Begebenheit:

Vor einiger Zeit nahm ich an einem Seminar über Zeitmanagement teil. Nach einiger Zeit fragte uns der Leiter: »Okay, wie wär's mit einem kleinen Ratespiel?« Er holte ein Fünfliterglas mit weitem Hals hervor und stellte es auf den Tisch neben ein Tablett mit mehreren faustgroßen Steinen. »Wie viele von diesen Steinen gehen Ihrer Ansicht nach in das Glas?« fragte er.

Nachdem wir geraten hatten, sagte er: »Schön. Wir wollen sehen.« Er setzte einen Stein in das Glas ... dann einen weiteren ... dann noch einen, bis das Glas schließlich voll war. Dann fragte er: »Ist das Glas jetzt voll?«

Wir blickten auf die Steine und riefen: »Ja.«

»Aha!« erwiderte er und holte unter dem Tisch einen Eimer voll Kies hervor. Er schüttete etwas davon in das Glas und bewegte es, bis sich der Kies überall in den Ritzen zwischen den Steinen verteilt hatte. Er grinste und fragte noch einmal: »Ist das Glas jetzt voll?«

Inzwischen hatten wir begriffen. »Wahrscheinlich nicht.«

»Gut!« antwortete er und griff nach einem Eimer voll Sand unter dem Tisch. Dann schüttete er Sand in das Glas, der sich in den Ritzen zwischen den Steinen und dem Kies verteilte. Wieder sah er uns an und fragte: »Ist das Glas jetzt voll?«

»Nein!« johlten wir.

»Sehr gut!« Er griff nach einem Krug Wasser und goß es hinein. Fast ein Liter Wasser fand noch Platz in dem Glas. Dann fragte er: »Ja, und was lernen wir daraus?«

Jemand antwortete: »Es gibt immer Lücken, und wenn man sich wirklich bemüht, hat man doch mehr Platz im Leben.«

»Nein«, sagte er, »entscheidend ist etwas anderes: Wenn wir nicht die großen Steine zuerst hineingelegt hätten, hätten wir sie dann überhaupt hineinbekommen?«

Unsere Quadrant-II-Ziele sind wie die großen Steine. Wenn andere Tätigkeiten – das Wasser, der Sand, der Kies – zuerst Platz finden, dann passen die großen Steine nicht mehr hinein, und all unsere Anstrengungen führen höchstens zu einem Riesendurcheinander.

Aber wenn wir die großen Steine kennen und ihnen Vorrang einräumen, stellen wir mit Erstaunen fest, wie viele von ihnen wir unterbringen – und wieviel Kies, Sand und Wasser darüber hinaus noch Platz haben. Gleichgültig wieviel tatsächlich hineinpaßt, die großen Steine – unsere Quadrandt-II-Ziele – müssen zuerst hineinkommen. (Siehe Abbildung auf S. 82.)

Notieren Sie also Ihre Quadrant-II-Ziele in Ihr Wochen-Arbeitsblatt. Dort werden Sie zwei Spalten für jeden Tag erkennen. Eine davon ist in Stunden unterteilt und dient für Verabredungen. Die andere bietet Raum für die Auflistung von Prioritäten des Tages. Für die Einplanung von

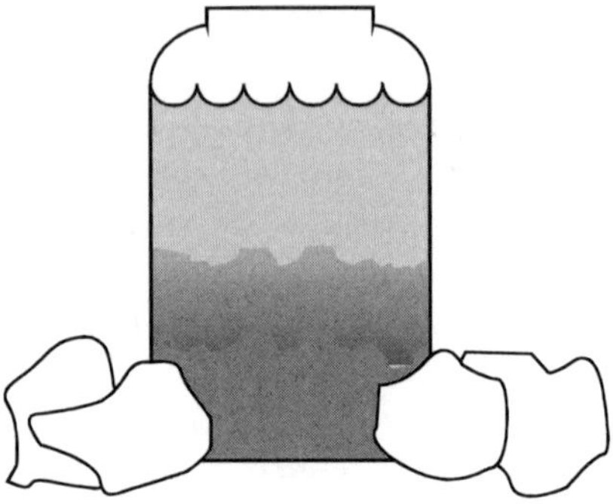

Quadrant-II-Zielen tragen Sie diese entweder zu einer bestimmten Zeit oder als Tagespriorität ein. (Siehe Abbildung auf S. 84.)

In der Regel ist die genaue zeitliche Festlegung effektiver. Ihre wichtigsten Ziele für die Woche sind vielleicht langfristige Planung, körperliche Betätigung und die Vorbereitung eines Vorschlags für ein Großprojekt. Legen Sie für die Arbeit an diesen Zielen genaue Termine fest, und behandeln Sie diese Verabredungen mit sich selbst wie Verabredungen mit anderen. Stellen Sie Ihre Planungen darauf ab. Verlegen Sie andere Tätigkeiten und Anforderungen auf andere Termine. Wenn Sie eine Verabredung mit sich absagen müssen, geben Sie sich sofort einen anderen Termin. Nehmen Sie auf sich selbst genau soviel Rücksicht wie auf andere.

In manchen Fällen ist es vielleicht günstiger, die Beschäftigung mit einem Ziel *nicht* zu einer bestimmten Tageszeit anzusetzen, sondern als Priorität. Wenn Sie sich zum Beispiel vorgenommen haben, die Beziehung zu Ihrer halbwüchsigen Tochter zu verbessern, dürfen Sie natürlich nicht davon ausgehen, daß sich die Gelegenheit dazu zu einem vorhersehbaren Zeitpunkt ergibt. Hier können Sie also ausweichen und den Namen Ihrer

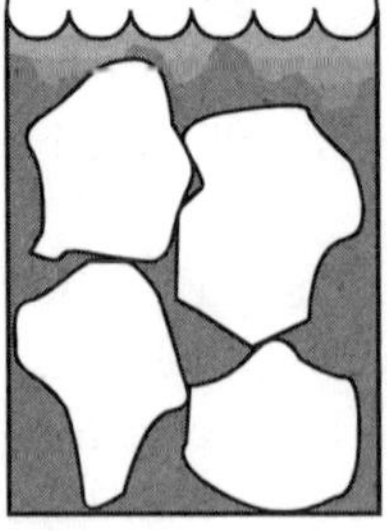

ANDERE PRIORITÄTEN	ANDERE PRIORITÄTEN	ANDERE PRIORITÄTEN
Zeit mit Sarah	→	→
verbringen	→	→

Tochter als ersten Punkt auf die Liste Ihrer »anderen Prioritäten« setzen. Wenn Sie das am Montag tun und sich keine Gelegenheit ergibt, tragen Sie auf derselben Zeile unter Dienstag einen Pfeil ein. Wenn sich am Dienstag nichts tut, kommt der Pfeil in die Mittwochspalte. Auf diese Weise verlieren Sie die Priorität nicht aus den Augen. Sie warten auf die richtige Gelegenheit, und Sie können erkennen, was sich im Lauf der Woche im Hinblick darauf ergibt.

Wenn Sie dann am Mittwoch abend Zeitung lesen und Ihre Tochter kommt herein und möchte reden, haben Sie die Motivation, die Zeitung Zeitung sein zu lassen und sich ihr zuzuwenden.

> Wenn Sie dieses Kapitel durchgehen und dabei Ihre Woche planen, nehmen Sie sich jetzt Zeit zur Einplanung Ihrer Quadrant-II-Ziele.

Die zeitliche Planung von Quadrant-II-Zielen ist ein großer Schritt auf dem Weg zum Wesentlichen. Wenn wir den Quadrant-II-Zielen nicht absoluten Vorrang einräumen, können die Tätigkeiten aus den Quadranten I und III sehr leicht überhandnehmen und uns ständig mit Beschlag belegen. Und dann fällt es naturgemäß schwer, die Quadrant-II-Aktivitäten noch nachträglich dazwischenzuschieben.

Aber wenn wir die »großen Steine« zuerst einbauen, kehren wir diese Tendenz um. Wir schaffen einen Rahmen, in dem wir die für uns wichtigen Dinge umsetzen und in den wir andere Aktivitäten nach Bedarf einfügen können.

Sind die Quadrant-II-Steine an ihrem Platz, können Sie sich darüber Gedanken machen, andere Dinge als zusätzliche Prioritäten des Tages hinzuzunehmen. Dabei zahlt es sich aus, jede Aktivität daraufhin zu überprüfen, aus welchem Quadranten sie stammt. Eine sorgfältige Analyse wird wahrscheinlich einiges aus Quadrant III zutage fördern. Wenn Sie nach mehr Zeit für Quadrant II suchen, sollten Sie sich zuallererst in Quadrant III umsehen.

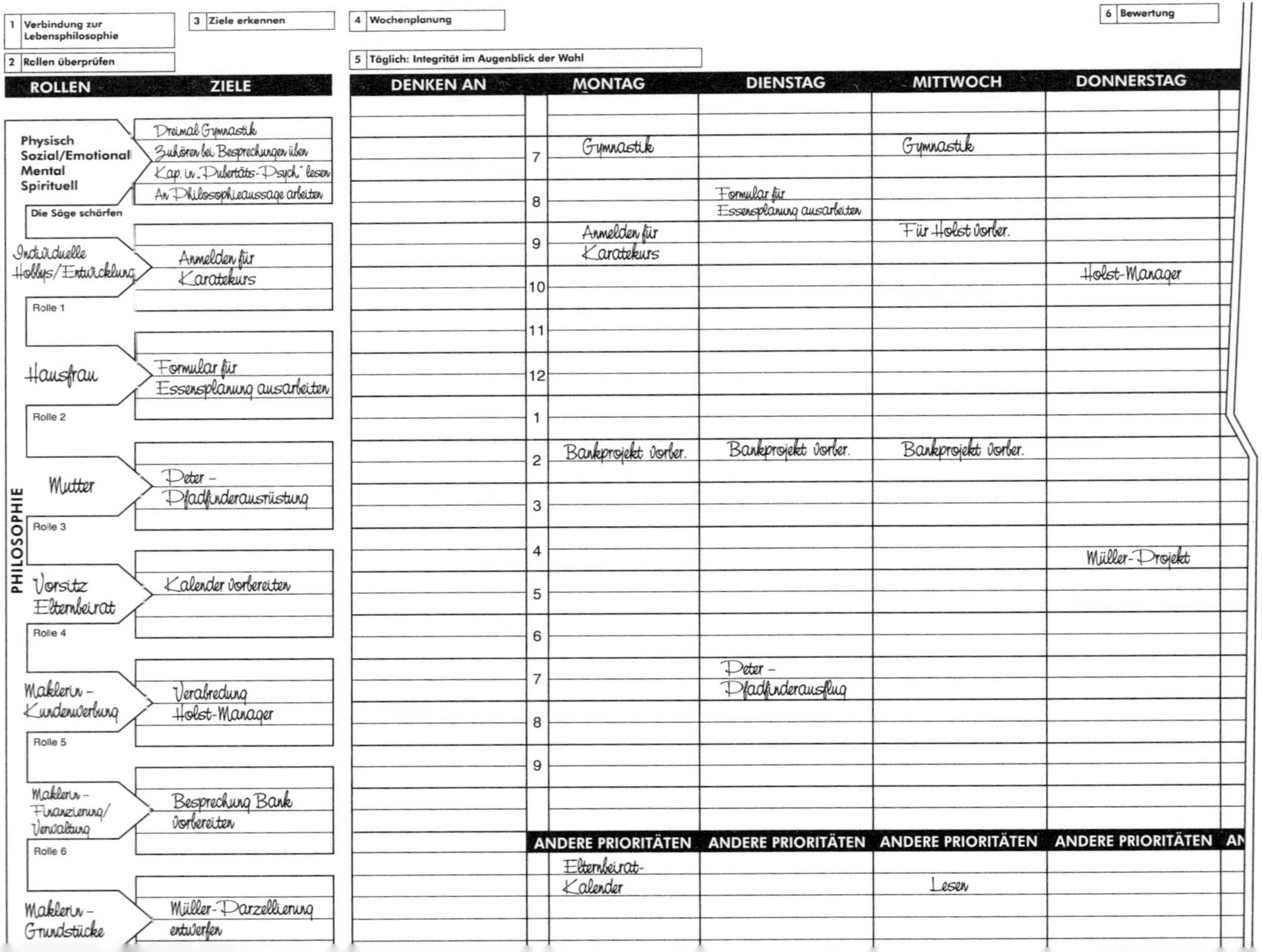

1 Verbindung zur Lebensphilosophie

2 Rollen überprüfen

3 Ziele erkennen

4 Wochenplanung

5 Täglich: Integrität im Augenblick der Wahl

6 Bewertung

PHILOSOPHIE

ROLLEN	ZIELE
Physisch Sozial/Emotional Mental Spirituell	Dreimal Gymnastik Zuhören bei Besprechungen üben Kap. in „Pubertäts-Psych." lesen An Philosophieaussage arbeiten
Die Säge schärfen Individuelle Hobbys/Entwicklung	Anmelden für Karatekurs
Rolle 1 Hausfrau	Formular für Essensplanung ausarbeiten
Rolle 2 Mutter	Peter – Pfadfinderausrüstung
Rolle 3 Vorsitz Elternbeirat	Kalender vorbereiten
Rolle 4 Maklerin – Kundenwerbung	Verabredung Holst-Manager
Rolle 5 Maklerin – Finanzierung/Verwaltung	Besprechung Bank vorbereiten
Rolle 6 Maklerin – Grundstücke	Müller-Parzellierung entwerfen

DENKEN AN		MONTAG	DIENSTAG	MITTWOCH	DONNERSTAG	
	7	Gymnastik		Gymnastik		
	8		Formular für Essensplanung ausarbeiten			
	9	Anmelden für Karatekurs		Für Holst vorber.		
	10				Holst-Manager	
	11					
	12					
	1					
	2	Bankprojekt vorber.	Bankprojekt vorber.	Bankprojekt vorber.		
	3					
	4				Müller-Projekt	
	5					
	6					
	7		Peter – Pfadfinderausflug			
	8					
	9					
		ANDERE PRIORITÄTEN	ANDERE PRIORITÄTEN	ANDERE PRIORITÄTEN	ANDERE PRIORITÄTEN	AN
		Elternbeirat-Kalender		Lesen		

Wenn Sie erst einmal damit beginnen, Zeit in den Quadranten II zu investieren, wirkt sich das auch nachhaltig darauf aus, wieviel Zeit Sie in den anderen Quadranten verbringen. Wenn Sie planen, Vorbereitungen treffen, an Beziehungen arbeiten oder wirklich erholsamen Freizeitaktivitäten nachgehen, werden Sie feststellen, daß Sie viel weniger Zeit dafür aufwenden müssen, in Quadrant I die Scherben aufzusammeln oder in Quadrant III auf die dringenden Forderungen anderer zu reagieren. Das anzustrebende Ideal ist die Beseitigung von Quadrant III und IV. Bei den verbleibenden wichtigen Tätigkeiten in Quadrant I und II sollte sich das Gewicht immer mehr auf vorbereitende, vorbeugende sowie Fähigkeiten und Selbstverantwortung freisetzende Tätigkeiten in Quadrant II verlagern.

Eine entscheidende Voraussetzung dafür liegt darin, daß Sie Ihre Woche nicht randvoll mit zeitgebundenen Verabredungen anfüllen. Lassen Sie Spielraum für Flexibilität. Das Leben ist keine automatische Inkarnation eines Terminkalenders, auch wenn dieser noch so gut geplant ist. Das Unerwartete zu ignorieren (wenn dies überhaupt möglich wäre) hieße, ohne Chancen, ohne Spontaneität und ohne jene Momente auszukommen, die das Leben so reich machen.

Die Quadrant-II-Organisation verfolgt nicht das Ziel, einen Zeitplan festzuzementieren. Sie will einen *Rahmen* schaffen, in dem man von Tag zu Tag und von Augenblick zu Augenblick relevante Entscheidungen treffen kann.

> Wenn Sie Ihren Wochenplan ausarbeiten, fügen Sie in bezug auf Ihre Quadrant-II-Ziele andere entscheidende Aktivitäten ein, und setzen Sie sie als Verabredungen oder Tagesprioritäten an.

Ziehen Sie mit der Beantwortung folgender Fragen ein persönliches Resümee zu dieser Art von Wochenplanung:

- *Welches Gefühl vermittelt mir die Woche, so wie ich sie geplant habe?*
- *Was wäre anders, wenn ich in jeder Rolle wöchentliche Quadrant-II-Ziele (als Verabredungen oder Tagesprioritäten) planen und realisieren würde?*
- *Erscheint es mir logisch, die »großen Steine« zuerst einzusetzen? Wie wird mir das für die Umsetzung dieser wesentlichen Dinge helfen?*

Schritt 5: Integrität im Augenblick der Wahl ausüben

Ausübung von Integrität heißt, daß man die eigene Philosophie mit Gelassenheit und Zuversicht auf den Augenblick überträgt – gleichgültig, ob es sich dabei um die Durchführung eines Plans oder um eine vom Gewissen diktierte Änderung dieses Plans handelt. Alle bisher zurückgelegten Schritte sind auf eine Stärkung des Charakters, der Kompetenz, der Urteilskraft und der Fähigkeit ausgelegt, im entscheidenden Moment die Verbindung zum inneren Kompaß herzustellen.

Durch drei Maßnahmen zu Beginn jedes Tages können Sie diese Fähigkeit noch weiter erhöhen:

1. *Vorausschau auf den Tag.* Dieser Prozeß hat mit der »Tagesplanung« des traditionellen Zeitmanagements nur wenig gemeinsam. Es geht einfach darum, vor Tagesbeginn einige Momente den Tagesablauf durchzugehen, sich zu orientieren, den Kompaß zu überprüfen, den Tag im Kontext der Woche zu betrachten und die Perspektive aufzufrischen, die ein sinnvolles Reagieren auf unvorhergesehene Chancen oder Herausforderungen ermöglicht. Manche Menschen bevorzugen hier den Platz für mehr Details, den eine Tagesseite bietet.

2. *Prioritäten setzen.* Ehe Sie mit einer Einteilung nach Prioritäten im traditionellen Sinne beginnen, sollten Sie vielleicht Ihre Aktivitäten als QI oder QII identifizieren. Damit können Sie noch einmal sicherstellen, daß sich keine Quadrant-III-Tätigkeiten in Ihren Tagesplan eingeschlichen haben. Dadurch stellen Sie den in der Regel eher *Chronos*-orientierten Tag in den größeren *Kairos*-Zusammenhang des Kompasses. Außerdem bekräftigen Sie damit das Wichtigkeitsparadigma und schärfen Ihre Aufmerksamkeit für das Wesen Ihrer Entscheidungen.

Wenn eine weitergehende Einteilung nach Prioritäten hilfreich ist, können Sie den einzelnen QI- oder QII-Aktivitäten einen Status zuweisen. Manche Leute bewerten jeden Einzelpunkt je nach Wichtigkeit mit A, B oder C und arbeiten dann zuerst die As durch. Andere ziehen ein einfaches Numerierungssystem vor, das genauere Prioritätsentscheidungen erfordert. (Siehe S. 87)

Ob Sie nun eine detaillierte Form der Prioritätszuweisung anwenden oder nicht, in jedem Fall möchten wir Ihnen die deutliche Kennzeichnung der wichtigsten Priorität anraten. Dies erfordert vielleicht eine Entscheidung zwischen zwei Quadrant-II-Aktivitäten, die Sie für den Tag angesetzt haben. Auch wenn Sie an diesem Tag überhaupt nichts anderes schaffen, haben Sie dann immerhin die Befriedigung, das Allerwichtigste erledigt zu haben.

Wesentlich für die Festlegung von Prioritäten ist die Erkenntnis, daß darin nur die Dinge enthalten sind, die Sie in Ihrem Wochenrahmen angesetzt haben. Unerwartete Chancen oder Herausforderungen finden darin keine Berücksichtigung. Wenn Sie Ihre Rollen und Ziele sorgfältig bedacht haben, werden diese auch in Ihre Wochenplanung einfließen. Aber keiner von uns ist allwissend. Es können sich immer Dinge ergeben, die tatsächlich wichtiger sind als Ihre Planungen. Bleiben Sie in Kontakt mit Ihrem inneren Kompaß, so daß Sie mit Integrität auf das reagieren können, was im Augenblick am meisten zählt. Und das muß nicht unbedingt in Ihrem Terminkalender stehen.

3. *Zweispaltenplanung für den Tag.* Auf dem Tagesblatt können Sie zeitgebundene Tätigkeiten auf der linken Seite und zeitunabhängige Tätigkeiten auf der rechten Seite eintragen. Mit Hilfe dieser Zweispaltenplanung können Sie zeitgebundene Aktivitäten von anderen trennen. Das erhöht die Effektivität der Zeitplanung und die Sensibilität gegenüber wichtigen Verpflichtungen. Das Wochen-Arbeitsblatt in gedrängterer Form setzt diese Bereiche übereinander (siehe S. 88–89.)

Im Laufe des Tages werden mit Sicherheit Faktoren auftauchen, die Sie zu einer Neubewertung Ihrer geplanten Aktivitäten zwingen. Bei Veränderungen der Situation können Sie die Verbindung zu Ihrem inneren Kompaß herstellen, um den »besten« Gebrauch Ihrer Zeit und Energie zu erkennen. Wenn sich das Unerwartete als weniger wichtig erweist als Ihre ursprünglichen Planungen, gibt Ihnen die Quadrant-II-Organisation die Perspektive und Kraft, an Ihren Absichten festzuhalten. Hat das Unerwartete größere Wichtigkeit, können Sie sich voller Zuversicht den neuen Gegebenheiten anpassen in dem Bewußtsein, nicht nur auf Dringendes zu reagieren, sondern Wichtiges zu verfolgen.

Schritt 6: Bewerten

Noch ist der Quadrant-II-Prozeß unvollständig. Der Kreis schließt sich erst, wenn die Erfahrungen einer Woche zur Grundlage gesteigerter Effektivität für die nächste werden. Wenn wir nichts aus unserem Leben

5 Täglich: Integrität im Augenblick der Wahl

MÄRZ	Mo	Di	Mi	Do	Fr	Sa	So
						1	2
	3	4	5	6	7	8	9
	10	11	12	13	14	15	16
	17	18	19	20	21	22	23
	24	25	26	27	28	29	30
	31						

Montag
Tag 71

März **10.**

VERABREDUNGEN	WICHTIGKEIT ZU ERLEDIGEN
	Q1:
7	
8	
9	
10	
11	
12	Q2:
13	
14	
15	
16	
17	
18	
19	
20	
21	

AUSGABEN	BETRAG

5	Täglich: Integrität im Augenblick der Wahl

MÄRZ	Mo	Di	Mi	Do	Fr	Sa	So
						1	2
	3	4	5	6	7	8	9
	10	11	12	13	14	15	16
	17	18	19	20	21	22	23
	24	25	26	27	28	29	30
	31						

Montag
Tag 71

März **10.**

	VERABREDUNGEN	WICHTIGKEIT ZU ERLEDIGEN
	Morgenspaziergang	Q 1: A 1: Bankeinzahlung
		A 2: Zurückrufen: Elternbeirat
7	Büro	
		B 1: Kontakt mit Stadt wegen Vertrag
8		Müller-Projekt
		B2: Umsatzbericht vorber. für
9	Gruber-Haus:	Teambesprechung
	dem Team zeigen	C 1: Anmeldegebühr für Karatekurs
10		bezahlen
		C 2: Holz holen für Peters Ausflug
11		
12	Mittagessen – Hans	
		Q 2: A 1: Stadtteilpläne für Lisa
13		besorgen
		B 1: Video für Peters Spiel
14	Bankprojekt	besorgen
		B 2: Marias Geburtstagskarte abschicken
15		
		B 3: Theos Hemden zur Reinigung
16	Erstkontakt: Georg Gräwe	C 1: Abendessenverabredung mit Paul und
		Katrin bestätigen
17		
	Besorgungen	
18		
	Abendessen	
19		
	Elternbeirat-Komitee	
20		
21	Lesen	

AUSGABEN	BETRAG

5 Täglich: Integrität im Augenblick der Wahl

MÄRZ

Mo	Di	Mi	Do	Fr	Sa	So
					1	2
3	4	5	6	7	8	9
10	11	12	13	14	15	16
17	18	19	20	21	22	23
24	25	26	27	28	29	30
31						

Montag
Tag 71

März **10.**

7
8
9
10
11
12
13
14
15
16
17
18
19
20
21

AUSGABEN	BETRAG

MONTAG	DIENSTAG	MITTWOCH	DONNERSTAG	FREITAG

lernen, können wir auch keine Veränderungen erwarten. Wir werden ständig die alten Fehler wiederholen und immer mit den gleichen Problemen kämpfen.

Nehmen Sie sich also am Ende der Woche – vor der Überprüfung Ihrer Philosophie zu Beginn Ihrer neuen Wochenplanung – Zeit für folgende Fragen:

- *Welche Ziele habe ich erreicht?*
- *Welche Herausforderungen sind mir begegnet?*
- *Welche Entscheidungen habe ich getroffen?*
- *Hatte bei diesen Entscheidungen das Wesentliche Vorrang?*

Nehmen wir einmal an, Sie würden die nächsten zweiundfünfzig Wochen Ihres Lebens wöchentlich eine halbe Stunde auf diesen Prozeß verwenden. Nehmen wir weiter an, Sie würden dabei nur die Hälfte Ihrer Quadrant-II-Ziele erreichen. Würde das bedeuten, daß Sie mehr Zeit in Quadrant II verbringen als zum jetzigen Zeitpunkt? Ein wenig mehr oder viel mehr? Wenn Sie soviel mehr Zeit in Quadrant II investieren könnten, *wie würde sich das auf die Qualität Ihres privaten und beruflichen Lebens auswirken?*

Das Paradigma und der Prozeß

Quadrant II ist kein Instrument; er ist eine Denkweise, die das Paradigma der Wichtigkeit bestätigt. Der höchste Wert dieses Prozesses liegt nicht in dem, was in Ihrem Terminkalender geschieht, sondern in dem, was in Ihrem Kopf geschieht. Wenn Sie sich in Ihrem Denken an der Wichtigkeit orientieren, ändert sich auch Ihr Verständnis der Zeitgestaltung. Sie gewinnen die Kraft und die Mündigkeit, den wichtigen Dingen in Ihrem Leben Vorrang einzuräumen.

Dieses Kapitel hat einen Überblick über den auf Quadrant II beruhenden Organisationsprozeß vermittelt. Den Reichtum und die Tiefe dieses Prozesses zeigen die folgenden sechs Kapitel auf, aus denen Sie erfahren können, wie in Ihrem Leben die Hauptsache die Hauptsache bleibt.

5. Die Passion der Vision

> Es fällt leicht, »Nein« zu sagen, wenn das tiefste Innere erfüllt ist von einem glühenden »Ja!«.

Der österreichische Psychologe Viktor Frankl, der die Vernichtungslager der Nazis überlebt hat, machte eine bedeutende Entdeckung. Er fand in sich die Fähigkeit, sich über die demütigenden Umstände seiner Gefangenschaft zu erheben, und wurde so nicht nur zum Beteiligten, sondern auch zum Beobachter seiner Erfahrungen. Er achtete auf andere, die sein Leid teilten. Er entwickelte ein brennendes Interesse an der Frage, weshalb manche Menschen überlebten, während die meisten zugrunde gingen.

Er untersuchte mehrere Faktoren: Gesundheit, Lebenskraft, Familienstruktur, Intelligenz, Überlebensfähigkeit. Aber schließlich kam er zu dem Schluß, daß keiner dieser Faktoren entscheidend war. Als bedeutsamster Einzelfaktor, so berichtet er in seinem Buch *Ein Mensch vor der Frage nach dem Sinn*, erwies sich nach seiner Erkenntnis die Zukunftsvision – die zwingende Überzeugung der späteren Überlebenden, in ihrem Leben noch eine Aufgabe erledigen zu müssen.

Vision ist die deutlichste Offenbarung der Vorstellungskraft und die hauptsächliche Triebfeder menschlichen Handelns. Sie ist das Vermögen, über unsere gegenwärtige Realität hinauszublicken, etwas noch nicht Existierendes zu erfinden und zu schaffen, jemand zu werden, der wir noch nicht sind. Vision verleiht uns die Fähigkeit, nicht aus unserer Erinnerung, sondern aus unserer Vorstellung heraus zu leben.

In diesem Kapitel befassen wir uns mit der Auswirkung persönlicher Vision auf unser Leben und unsere Zeiteinteilung. Wir wollen auf die Entwicklung einer Vision eingehen, die Mündigkeit und Selbstverantwortung fördert und sich in das Alltagsleben integrieren läßt.

Wir alle machen uns ein Bild von uns und unserer Zukunft. Und dieses Bild zieht Konsequenzen nach sich. Mehr als jeder andere Faktor beeinflußt die Vision unsere Entscheidungen und unsere Lebensführung.

Wenn unsere Vision begrenzt ist – wenn sie nicht über das Fußballspiel am nächsten Samstag hinausgeht –, dann reagieren wir nur auf die jeweils dringenden Angelegenheiten, auf den Impuls des Augenblicks, auf unsere wechselnden Gefühle und Stimmungen, auf das eingeschränkte Bewußtsein unserer Möglichkeiten, auf die Prioritäten anderer.

Wenn unsere Vision auf Illusionen baut, treffen wir Entscheidungen, die nicht auf unumstößlichen Nordpol-Prinzipien beruhen. Im Laufe der Zeit wird sich zeigen, daß diese Entscheidungen nicht die erwarteten positiven Auswirkungen auf unsere Lebensqualität haben. Wir sind enttäuscht und werden vielleicht sogar zynisch. Unsere Vorstellungskraft verkümmert, und wir verlieren das Vertrauen in unsere Träume.

Wenn sich unsere Vision nur auf einen Teil unserer Lebensbereiche erstreckt – zum Beispiel nur auf wirtschaftliche und soziale Bedürfnisse unter Mißachtung mentaler und spiritueller Bedürfnisse –, treffen wir Entscheidungen, die zu einem Ungleichgewicht führen.

Wenn sich unsere Vision auf den sozialen Spiegel stützt, beruhen unsere Entscheidungen auf den Erwartungen anderer. Wir leben nach Drehbüchern, die uns von anderen gereicht werden – von der Familie, von Kollegen, von Freunden, von Feinden, von den Medien.

Die transformierende und transzendierende Kraft der Vision

Wenn wir von der »Passion der Vision« sprechen, meinen wir eine tiefe, anhaltende Energie, die aus einem umfassenden, auf Prinzipien, Bedürfnissen und Gaben beruhenden *Sehen* jenseits von Chronos und sogar Kairos hervorgeht. Diese Energie beruht auf dem Zeitbegriff der *Äonen* und eröffnet uns den Zugang zum tiefsten Kern unseres Wesens und unseres Daseinszwecks.

Wir nennen es Passion, weil diese Vision zu einer solch bestimmenden und starken Motivation werden kann, daß man sie als DNS unseres Lebens bezeichnen kann. Sie ist so sehr in uns verwurzelt und mit jedem Aspekt unseres Seins verwoben, daß sie zur Triebfeder all unserer Entscheidungen wird. Sie ist das innere Feuer – die Explosion innerer Synergie durch die Integration der vier Grundbedürfnisse.

Diese Passion kann uns die Kraft geben, Furcht, Zweifel, Mutlosigkeit und andere Hürden zu überwinden, die uns von der Verwirklichung unserer Ideale abhalten. Gandhi zum Beispiel stammte aus einem Umfeld der Schüchternheit, des Mangels, der Eifersucht, der Furcht und der Unsicherheit. Er scheute sogar den Kontakt mit Menschen und wollte nur allein sein. Seine Arbeit als Rechtsanwalt machte ihm erst nach einiger Zeit Spaß, als er allmählich lernte, verfeindete Parteien zu Gewinner/Gewinner-Beziehungen zu führen.

Doch als er die Ungerechtigkeit gegen das indische Volk erkannte, wurde in seinem Verstand und Herzen eine Vision geboren. Aus dieser Vision entstand die Idee zur Einrichtung eines Ashram, in dem die Menschen gleichberechtigte Werte und Verhaltensweisen erproben konnten. So konnte er den Indern helfen, ihr Selbstbild der Unterlegenheit gegenüber ihren britischen Kolonialherren zu verändern und ein Gefühl für ihren eigenen Wert zu entwickeln.

Die Orientierung an dieser Vision drängte Gandhis persönliche Schwächen in den Hintergrund. Vision und Sinn führten zu persönlicher Entwicklung. Er wollte Menschen lieben, ihnen dienen und mit ihnen zusammensein. Sein höchster Wunsch war die Befreiung einer Nation. Und so gelang es ihm letztlich, England in die Knie zu zwingen und dreihundert Millionen Menschen in die Freiheit zu führen.

Am Ende seines Lebens bemerkte er: »Ich bin nur ein durchschnittlicher Mensch mit unterdurchschnittlichen Fähigkeiten. Ich habe nicht den geringsten Zweifel daran, daß jeder Mann und jede Frau das gleiche erreichen können wie ich, wenn sie sich genauso bemühen und das gleiche Maß an Hoffnung und Glauben nähren.« Die transzendierende Kraft der Vision ist größer als die Prägungen der menschlichen Persönlichkeit und transformiert sie, bis aus dem Streben nach der Vision eine völlig neue Persönlichkeit entstanden ist.

Die Passion einer *gemeinsamen* Vision befähigt Menschen zur Überwindung der kleinlichen, negativen Interaktionen, die so viel Zeit und Energie verbrauchen und die Lebensqualität schmälern.

Stephen: *Neulich habe ich zwei Tage mit den Dozenten und Verwaltungskräften eines College in Kanada zusammengearbeitet. Sie waren untereinander zerstritten und vollkommen in einem Mangeldenken befangen. Die Atmosphäre war vergiftet durch Kleinlichkeit und gegenseitige Schuldzuweisungen.*

Seit einiger Zeit dachten sie über die Formulierung ihrer gemeinsamen Philosophie als College nach und kamen im Verlauf unserer Zusammenarbeit zu einem Endergebnis. Sie erkannten ihre Mission darin, als Erziehungseinrichtung eine Mentorenrolle für die Provinz zu übernehmen. Sie wollten zu einer Organisation werden, die anderen Organisationen hilft und sie zur Prinzipienorientierung hinführt.

Als sie zu dieser Entscheidung gelangten, verschwanden Kleinlichkeit und Neid. Diese Menschen waren erfüllt von etwas Wesentlicherem, von einem übergeordneten Ziel, das andere Dinge irrelevant erscheinen ließ.

Diese Entwicklung vollzieht sich, wenn Menschen einen Zweck verfolgen, mit dem sie dem Allgemeinwohl dienen können. Sie scheinen Zugang zum tiefsten Inneren ihres Herzens und ihrer Seele zu finden. Das Beste in ihnen kommt zum Vorschein und läßt alles andere hinter sich. Alles Kleinliche fällt von ihnen ab, wenn sie voller Passion ein höheres Ziel verfolgen.

Die eigene Lebensphilosophie formulieren und integrieren

Einer der wirksamsten Prozesse zur Förderung der Passion der Vision ist nach unserer Erfahrung die Formulierung und Integration der persönlichen Lebensphilosophie.

Das Konzept der Formulierung einer persönlichen Lebensphilosophie ist nicht neu. Menschen aus den unterschiedlichsten Kulturen und aus allen Zeitaltern haben Glaubensbekenntnisse, Aussagen zu ihren Anschauungen und ähnliche Erklärungen entworfen. Vielleicht haben Sie selbst schon im Rahmen eines Entwicklungsprogramms in einem Unternehmen oder in einer anderen Eigenschaft eine vergleichbare Aussage niedergeschrieben.

Aber uns geht es nicht nur um die Niederschrift einer Erklärung zu den eigenen Anschauungen. Uns geht es darum, eine offene Verbindung zu der tiefen Kraft herzustellen, die einer genau umrissenen und vollständig integrierten Sinnorientierung im Leben entspringt. Uns geht es um die Schaffung einer starken Vision, die auf jenen Prinzipien beruht, die ihre Realisierung ermöglichen. Uns geht es um ein Lebensgefühl von Freude und Abenteuergeist, das entsteht, wenn man den besonderen Zweck des eigenen Daseins erkennt und ihn erfüllt.

Eine Übung für die Vorstellungskraft

Wenn Sie nie versucht haben, Ihre persönliche Lebensphilosophie aufzuschreiben – oder wenn Sie in Ihre alte Aussage eine neue Perspektive einführen wollen –, möchten wir Sie jetzt dazu einladen, einige Minuten lang Ihre Gabe der Vorstellungskraft zu gebrauchen. Lassen Sie vor Ihrem inneren Auge das Bild Ihres achtzigsten Geburtstags oder Ihres fünfzigsten Hochzeitstags erstehen. Stellen Sie sich eine wunderbare Feier vor, die Ihre Lieben, Ihre Freunde und Ihre Mitstreiter aus allen Lebensbereichen Ihnen zu Ehren geben.

All diese Menschen sind gekommen, um Ihnen zu gratulieren. Gehen Sie davon aus, daß sie aus Rollenzusammenhängen stammen, an denen Sie jetzt in ihrem Leben beteiligt sind – als Vater oder Mutter, als Lehrer, als Manager, als ehrenamtlicher Helfer im Dienste der Allgemeinheit. Und gehen Sie davon aus, daß Sie all diese Rollen nach besten Kräften erfüllt haben.

Was würden diese Menschen sagen? Welche Ihrer Charaktereigenschaften würden sie besonders hervorheben? Welche besonderen Leistungen würden sie erwähnen? Sehen Sie sich um im Kreise dieser Menschen. Welche wesentlichen Dinge haben Sie in ihrem Leben bewirkt?

Denken Sie darüber nach, und schreiben Sie dabei Ihre Rollen und daneben die Respektsbekundungen auf, die Sie zu diesem Anlaß gerne hören würden.

Wie fühlen Sie sich angesichts dieser Vision, die für die Möglichkeiten in Ihrem Leben steht? Wie wäre es nun, wenn Sie diese Vision übernehmen, ihre Prinzipienorientierung und die Verbindung zu Ihrer inneren Stimme feststellen und sie in Worte übertragen würden? Wenn Sie sie sorgfältig ausarbeiten, sie als Basis für die wöchentliche Quadrant-II-Organisation verwenden, sich ihre Erfüllung vorstellen und sie Ihrem Herzen und Verstand einprägen würden, damit jeder Augenblick Ihres Lebens davon berührt wird?

Diese kleine Übung wird Ihnen Einblick geben in die potentielle Kraft und Passion einer Vision. Die Erarbeitung und Integration einer die Mündigkeit fördernden Lebensphilosophie benötigt Zeit und ernsthaftes Engagement. Und tatsächlich erreichen können wir dieses Ziel nur, wenn wir eine offene Verbindung zu unserem tiefsten Innern herstellen.

ROLLEN **RESPEKTSBEKUNDUNGEN**

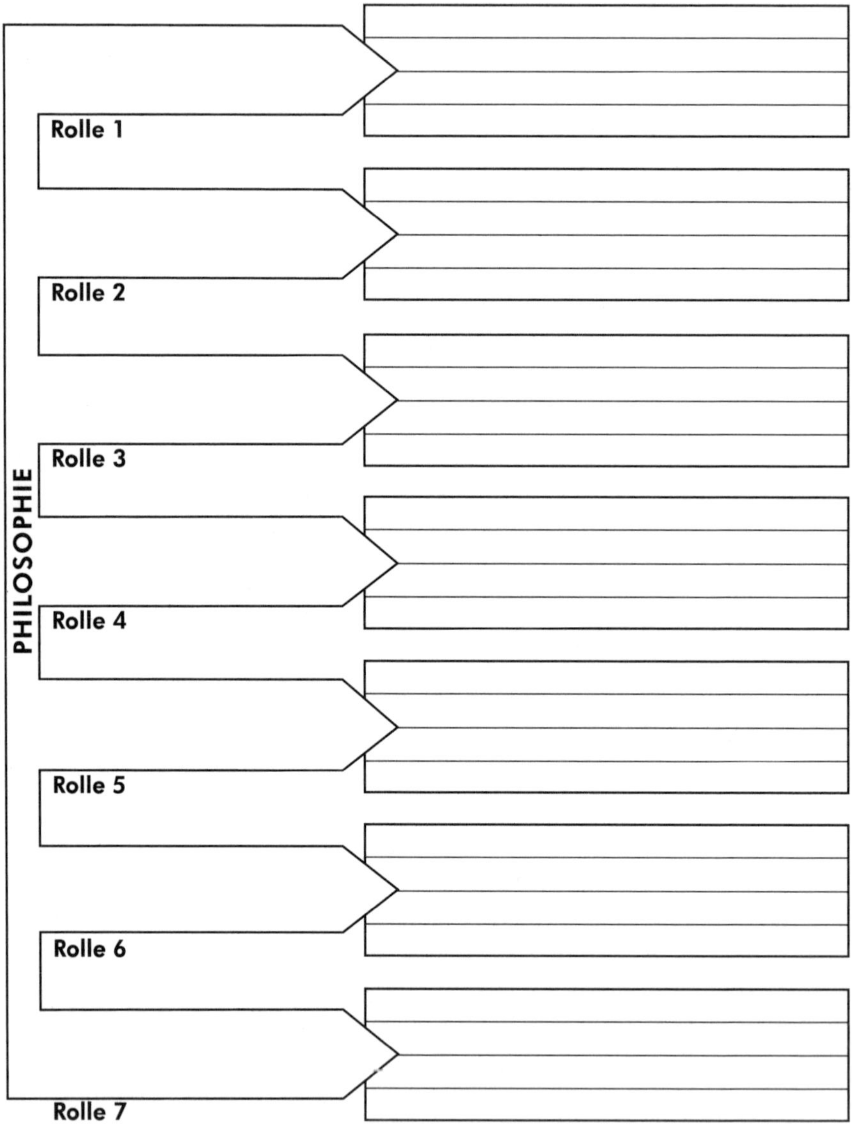

Die Verbindung zu unserem Innenleben

Eigentlich führen wir drei Leben. Wir haben unser öffentliches Leben, in dem wir mit anderen Menschen bei der Arbeit, in der Gemeinde oder bei sozialen Ereignissen zusammenwirken. Wir haben unser Privatleben, das vom öffentlichen Leben abgegrenzt ist. Dort können wir allein sein oder unsere Zeit zusammen mit Freunden oder der Familie verbringen.

Aber unser bedeutendstes Leben ist unser Innenleben. In unserem Innersten stellen wir die Verbindung zu unseren menschlichen Gaben, zum Selbst-Bewußtsein, zum freien Willen und zur Vorstellungskraft her. Ohne diese Gaben wäre keine Vision möglich, die zu Lebensqualität führt.

Selbst-Bewußtsein

In unserem tiefsten Inneren können wir unsere Gabe des Selbst-Bewußtseins nutzen, um unsere Bedürfnisse und Fähigkeiten zu erforschen und sie auf einer grundlegenden Ebene zusammenzubinden. Wir können unsere Paradigmen überprüfen, nach den Wurzeln und Früchten in unserem Leben suchen, unsere Motive ergründen. Dank des Selbst-Bewußtseins finden wir auch Zugang zu unserem Gewissen und zu seinem Wirken in uns.

Gewissen

Das Gewissen bringt uns sowohl mit dem Einzigartigen als auch mit dem Allgemeingültigen in Kontakt.

Nur durch den Zugang zu unserem Gewissen können wir unseren besonderen Lebenssinn und unsere Fähigkeit zum Dienst an der Allgemeinheit entdecken. Denken Sie an die Menschen aus der Geburtstagsübung, die für bestimmte Rollen in Ihrem Leben stehen, und an den besonderen Einfluß, den Sie auf sie ausüben. Niemand anderer kann wie Sie Mutter oder Vater Ihrer Kinder sein. Niemand kann wie Sie Ehemann oder Ehefrau Ihres Partners sein. Niemand anderer kann wie Sie Arzt für Ihre Patienten, Lehrer für Ihre Schüler, ehrenamtlicher Helfer für all die Menschen sein, die mit Ihnen in Berührung kommen. Niemand kann den Beitrag übernehmen, den Sie leisten können. Viktor Frankl sagt, daß wir unseren Auftrag im Leben nicht erfinden, sondern entdecken. Er liegt in uns und wartet darauf, verwirklicht zu werden.

Jeder hat seine eigene Berufung oder Mission im Leben; jeder muß einer bestimmten Aufgabe nachkommen, die auf Erfüllung drängt. Niemand kann ihn ersetzen, und auch sein Leben kann nicht wiederholt werden. Daher ist der Auftrag jedes einzelnen genauso einzigartig wie seine Chance, ihn zu erfüllen.

Nur durch den Kontakt mit unserem Gewissen in unserem tiefsten Inneren können wir das innere Feuer entfachen. Lebensphilosophien, die nur aus dem privaten oder öffentlichen Leben hervorgehen, werden nie diesen tiefen inneren Kern persönlicher Mündigkeit erschließen.

Roger: *Vor einigen Jahren lernte ich bei einem Seminar für Universitätsstudenten Tom kennen. Bei seiner Vorstellung erwähnte er, daß er im Hauptfach Tiefbau studierte. Im weiteren Verlauf des Seminars bat ich ihn, uns zu erzählen, was er tun würde, wenn er einen Monat lang Zeit und unbegrenzt Geld zur Verfügung hätte.*

Er strahlte wie ein Weihnachtsbaum. »Das ist einfach!« rief er voller Begeisterung. »Ich würde eine Tischsäge kaufen, einen Hobel und ... ja, einen Haufen andere Werkzeuge. Ich würde sie in meiner Garage aufstellen und alle Kinder in der Nachbarschaft zusammenholen. Wir würden tolle Sachen bauen – Tische, Puppenhäuser, Möbel. Das wäre wunderbar!«

Als ich das Funkeln in seinen Augen sah, mußte ich an die Apathie denken, mit der er vorher von seinem Hauptfach gesprochen hatte.

»Sie unterrichten gerne, nicht wahr?« fragte ich.

»Ich liebe es.«

»Und Sie genießen die Arbeit mit Werkzeugen?«

»Ja, und wie!«

»Und wie gefallen Ihnen die Kurse im Tiefbaustudium?«

»Oh, ich weiß nicht. Im Tiefbau verdient man gutes Geld ...«

Er führte den Satz nicht zu Ende.

»Tom«, sagte ich, »haben Sie schon mal darüber nachgedacht, daß auch Leute Geld verdienen, die Kindern beibringen, wie man mit Werkzeugen Dinge baut?«

Es war faszinierend, sein Gesicht zu beobachten. Ganz offensichtlich beruhte seine Entscheidung für das Tiefbaustudium nicht auf einer echten Ergründung seiner Talente und seines Gewissens. Aber als er diese Verbindung zu seinem Innersten herstellte – als er plötzlich die Möglichkeit sah, seiner Einzigartigkeit gerecht zu werden –, wurde er von großer Energie erfüllt.

Tom würde bestimmt einen annehmbaren Tiefbauingenieur abgeben, aber es war förmlich mit Händen zu greifen, daß er aufgrund seiner besonderen Begabung als Lehrer für Tischlerarbeiten Phänomenales leisten konnte.

Das Gewissen bringt uns nicht nur in Berührung mit unserer Einzigartigkeit; es verbindet uns auch mit den allgemeingültigen Prinzipien, aus denen Lebensqualität entsteht. Dank unseres Gewissens können wir unsere Werte und Strategien so abstimmen, daß sowohl die Ziele als auch die Mittel unserer Lebensphilosophie auf diesen Prinzipien beruhen.

Vorstellungskraft

Wenn wir Zugang zu unserem Gewissen gefunden haben, können wir auf diesem Fundament eine Vision entwickeln und ihr durch die Formulierung einer Aussage über unsere Lebensphilosophie sinnvollen Ausdruck verleihen. Diese Aussage ist wie der Plan vor dem Bau, die abstrakte vor der konkreten Schöpfung.

Nach der schriftlichen Niederlegung unserer Lebensphilosophie können wir dank unserer Vorstellungskraft visualisieren, wie wir sie umsetzen – heute bei der Arbeit, wenn wir am Abend nach Hause kommen, wenn wir müde sind, wenn unsere Erwartungen enttäuscht worden sind, wenn wir frustriert sind. Mit unserem Verstand können wir selbst die schwierigsten Herausforderungen bestehen, denen unsere Integrität begegnet. Statt aus der Erinnerung können wir aus der Vorstellung leben.

Freier Wille

Wenn die Verwirklichung unserer Lebensphilosophie bedeutet, gegen den Strom zu schwimmen oder gegen unsere eigenen tief verwurzelten Gewohnheiten und Prägungen angehen zu müssen, können wir auf unsere Gabe des freien Willens zurückgreifen. Statt Objekt des Handelns zu sein, können wir zum Subjekt des Handelns werden.

Die Passion der Vision eröffnet uns ein neues Verständnis des freien Willens. Ohne die Passion der Vision ist Disziplin nichts weiter als Reglementierung und Einschränkung. Wir trauen uns nicht zu, daß wir allein aufgrund unserer inneren Motivation von einem Augenblick zum nächsten effektive Entscheidungen treffen können.

Erst durch die Passion der Vision können wir unserer inneren Stimme folgen und bereitwillig das weniger Wichtige dem inneren Feuer unterordnen.

Der Schlüssel zur Motivation ist das Motiv. Es ist das *Warum*. Es ist das glühende Ja im tiefsten Innern, das es uns leichtmacht, nein zu weniger wichtigen Dingen zu sagen.

Merkmale einer befreienden Lebensphilosophie

Im Zuge unserer Arbeit haben wir Hunderte von Aussagen zur Lebensphilosophie aus aller Welt gelesen, und wir fühlen uns tief geehrt, Einblick in das Innerste anderer Menschen erhalten zu haben. Immer wieder ergreift uns beim Lesen solcher Erklärungen das Gefühl, an etwas Heiliges zu rühren.

Jeder Mensch hat seine eigene unverwechselbare Vision, aber wir sehen eine der stärksten Bestätigungen unumstößlicher Lebensprinzipien darin, daß sie fast in all diesen Aussagen zum Ausdruck kommen. Die Grundprinzipien und die vier Bedürfnisse und Fähigkeiten – zu leben, zu lieben, zu lernen und ein Vermächtnis zu hinterlassen – finden über die Grenzen aller Kulturen, Religionen, Nationen und Rassen hinweg allgemeine Anerkennung.

Aussagen zur Lebensphilosophie, die von den meisten Menschen als besonders befreiend empfunden werden, haben darüber hinaus weitere gemeinsame Merkmale. Vielleicht kann Ihnen die folgende Liste eine Hilfe sein, wenn Sie Ihre Philosophie zu Papier bringen oder eine frühere Aussage noch einmal bewerten.

Eine befreiende Lebensphilosophie:

1. steht für das Beste und Tiefste in Ihnen; sie stammt aus einer festen Verbindung zu Ihrem Innersten;
2. ist die Erfüllung Ihrer einzigartigen Talente; sie ist der Ausdruck Ihrer besonderen Fähigkeit, einen Beitrag zum Allgemeinwohl zu leisten;
3. wirkt transzendierend; sie beruht auf Prinzipien und Zielen, die höher sind als das eigene Ich;
4. erfüllt und integriert alle vier menschlichen Bedürfnisse und Fähigkeiten in der physischen, sozialen, mentalen und spirituellen Dimension;
5. beruht auf Prinzipien, aus denen Lebensqualität entsteht; sowohl die Ziele als auch die Mittel orientieren sich an wahren Prinzipien;
6. umfaßt sowohl Vision als auch prinzipienorientierte Werte; Werte ohne Vision genügen nicht – man möchte Gutes tun, aber dieses Gute soll

auch einem Zweck dienen; umgekehrt kann aus Vision ohne Werte ein Hitler entstehen; eine befreiende Lebensphilosophie umfaßt sowohl Charakter als auch Kompetenz – was man im Leben sein und was man tun will;
7. umfaßt alle bedeutsamen Rollen in Ihrem Leben; sie steht für ein lebenslanges Gleichgewicht zwischen Persönlichem, Familie, Arbeit, Gemeinschaft;
8. soll nach ihrer Niederschrift nicht andere beeindrucken, sondern Sie inspirieren; sie soll den Kern Ihres Wesens ansprechen und bewegen.

Eine Aussage zur Lebensphilosophie mit diesen Merkmalen wirkt in ihrer Ausführlichkeit, Tiefe und Prinzipienorientierung befreiend. Sie fördert Selbstverantwortung und Mündigkeit. Wenn Sie genauere Anleitungen zur schriftlichen Niederlegung einer persönlichen Lebensphilosophie benötigen, können Sie im Anhang einen eigenen Workshop zu diesem Thema finden.

Von der Philosophie zur Praxis

Auch wenn man ein sehr eindrucksvolles Dokument verfaßt hat, läßt sich die Lebensphilosophie nicht auf die Lebenspraxis übertragen, wenn wir nicht Woche für Woche daran arbeiten – wenn wir nicht darüber nachdenken, sie unserem Herzen und Verstand einprägen, sie überprüfen und sie als Ausgangspunkt der wöchentlichen Quadrant-II-Organisation nehmen. Von großem Nutzen für eine Neubewertung der Aussage kann es auch sein, wenn man sich – zum Beispiel einmal pro Jahr – zu einer persönlichen Klausur zurückzieht.

Leider sehen viele Menschen, die mit dem Effienzparadigma des Zeitmanagements der dritten Generation leben, die Formulierung ihrer Lebensphilosophie als einen von vielen abzuhakenden Punkten auf einer Liste. Eine Frau hat uns von ihren Erfahrungen erzählt:

Ich habe meine Lebensphilosophie aufgeschrieben und mich dabei sehr gut gefühlt. Aber dann habe ich sie in meinem Ordner abgelegt und geistig abgehakt.

In den nächsten Monaten hatte ich viel Erfolg im Beruf, setzte mir Ziele, machte Fortschritte. Aber der Schwerpunkt meines Lebens hat sich dabei immer mehr aufs »Haben« verlagert – ich will ein neues Auto haben, ich will ein neues Haus haben.

Ich schrieb Ziele auf: »Wir wollen ein Haus bauen.« Was brauchen wir also dafür? Einen bestimmten Betrag ansparen, die Voraussetzungen für einen Kredit erfüllen – solche Dinge. Ich dachte, ich mache alles richtig.

Und dann saß ich eines Tages spätnachts allein in meinem schönen Haus und dachte: »Warum bin ich nicht glücklich?« Ich hatte gemeint, wenn wir den Kredit abgeschlossen haben, wenn wir die Papiere unterschrieben haben, dann werde ich mit einem Schlag alles haben, wofür ich gearbeitet habe. Aber ich fühlte mich nur einsam.

Zufällig fiel mein Blick auf den Ordner, und ich las, was ich über meine Lebensphilosophie geschrieben hatte. Es war nichts Materialistisches darin. Alles war »Sein« – ich möchte ein guter Mensch sein ... ich möchte ein Vorbild sein ... ich möchte eines Tages eine gute Mutter sein.

Ich fing an zu weinen. Ich hatte geglaubt, sobald ich das Auto habe und das Haus, werde ich glücklich sein. Aber ich sah mir das alles an und wußte, daß es nicht das war, was ich wollte.

Die Formulierung der Lebensphilosophie ist kein Punkt auf einer Liste, der abgehakt wird. Befreiend wirkt sie nur, wenn sie zu einem lebendigen Dokument wird, zu einem Teil unseres Wesens. Alles, was darinsteht, muß zu uns gehören und auch im Alltag in unsere Lebensweise eingehen. Eine andere Person teilte uns folgende Erfahrung mit:

Kurze Zeit nach der Niederschrift meiner persönlichen Lebensphilosophie haben wir – meine Frau und ich – uns mit sehr nahen Freunden zerstritten. Wir wußten eigentlich nicht, warum es dazu kam. Zwei Monate lang lebten wir mit diesem Schmerz.

Eines Abends erkannte ich plötzlich, daß mein Verhalten nicht mit meiner Philosophie übereinstimmte, und in diesem Augenblick – auch wenn es seltsam klingt – fielen Schuld und Schmerz von mir ab. Ich wußte, daß ich dieses Erlebnis verstehen und daraus lernen mußte. Ich ging nach Hause und malte mir im Geiste aus, wie ich die Kluft überbrücken würde. Und in diesem Augenblick wurde meine Lebensphilosophie zu etwas Realem.

Ich suchte meinen Freund auf und sagte ihm, wie furchtbar leid mir die Sache tat und wie tief betroffen meine Frau und ich von der Situation waren. Das stimmte ihn versöhnlicher und bewog ihn, mir das Problem aus seiner Sicht zu erklären. Vielleicht, so räumte er ein, hatten auch seine Frau und er Fehler gemacht. Wir waren imstande, wirklich miteinander zu sprechen und alles zu klären. Dann trafen wir uns mit unseren Frauen, und auch sie machten diese Erfahrung.

Für mich war es eine entscheidende Erkenntnis, wie wichtig und real eine ausformulierte Lebensphilosophie sein kann. Sie wurde in diesem Moment lebendig.

Ausgehend von diesem Erlebnis, konnte ich auch Erfahrungen und Verantwortungen in anderen Rollen neu bewerten und mich fragen: »Gehört das wirk-

lich zu meiner Philosophie?« Dadurch ist sie fast zu einer Art Folie geworden, die ich über jede Situation legen kann, um zu einer Handlungsentscheidung zu kommen.

Die meisten Menschen, die Kraft aus ihrer Lebensphilosophie schöpfen, stellen ab einem bestimmten Zeitpunkt fest, daß ihre Philosophie »lebt«. Sie identifizieren sich damit, sie wird zu einem Teil von ihnen. Die Brücke zwischen abstrakter Lebensphilosophie und konkreter Lebenspraxis wird geschlagen. Und dann wird die Lebensphilosophie durch kontinuierliche Auseinandersetzung und Pflege zum Schlüsselfaktor für jeden Augenblick der Wahl.

Das Vermächtnis der Vision

Die Schaffung und Umsetzung einer Aussage zur Lebensphilosophie hat einen großen Einfluß auf unsere Lebensführung. Im Hinblick auf das Zeitmanagement erscheint es uns lächerlich, vor der Richtung an die Geschwindigkeit zu denken und Minuten zu sparen, wenn wir vielleicht Jahre verschwenden. Vision ist die fundamentale Triebfeder für alles andere in unserem Leben.

Und wenn unser Leben, Lieben und Lernen immer mehr an Bedeutung gewinnt, erkennen wir, daß das vielleicht wichtigste Vermächtnis, das wir hinterlassen können, unsere Vision ist. Denn wie unsere Kinder und andere sich und ihre Zukunft wahrnehmen, hat weitreichende Auswirkungen auf unser aller Lebensqualität.

Quadrant-II-Ziele zur Förderung der Passion der Vision

- Nehmen Sie sich jede Woche Quadrant-II-Zeit, um ein reiches Innenleben zu fördern und um in sich einen stillen Ort zu finden, an dem Sie die Verbindung zu Ihrem inneren Kompaß herstellen können.
- Planen Sie eine persönliche Klausur, um den Workshop zur Lebensphilosophie (Anhang) durchzuarbeiten, und schreiben Sie eine Aussage über Ihre persönliche Lebensphilosophie.
- Planen Sie Zeit für die Überprüfung und Überarbeitung Ihrer aktuellen Philosophieaussage ein.
- Prägen Sie sich Ihre Philososophieaussage genau ein.
- Setzen Sie sich täglich ein Ziel zum »Schärfen der Säge«, um Ihre Philosophie in der Praxis umsetzen zu können.
- Überprüfen Sie Ihre Philosophieaussage jedesmal, bevor Sie mit der Wochenplanung beginnen.
- Führen Sie ein Tagebuch darüber, wie Ihre Erfahrungen, Entscheidungen und Handlungen von Ihrer Philosophieaussage beeinflußt werden.
- Lesen Sie Philosophieaussagen von anderen Menschen aus allen Zeitaltern. Denken Sie über die Auswirkung dieser Philosophie auf ihr Leben und ihre Gesellschaft nach.
- Helfen Sie Ihren Kindern oder anderen Menschen, mit denen Sie in Berührung kommen, bei der Formulierung ihrer Lebensphilosophie. Fördern Sie die Vision in anderen.

6. Das Gleichgewicht der Rollen

> Gleichgewicht ist nicht *Entweder – Oder*; es ist *Und*.

Der nach unseren Erfahrungen wohl tiefste und am häufigsten beklagte Schmerz im Bereich des Zeitmanagements hat seine Ursache im Ungleichgewicht.

Oft hören wir Äußerungen wie die folgende:

Ich möchte meine Familie versorgen und in meinem Beruf Karriere machen. Aber mein Unternehmen nimmt meinen Aufstiegswunsch nicht ernst, wenn ich nicht schon früh im Büro bin und auch am Abend und am Wochenende arbeite.

Wenn ich dann nach Hause komme, fühle ich mich erschöpft. Ich habe noch mehr Arbeit, und für meine Familie bleibt weder Zeit noch Kraft. Dabei braucht sie mich doch. Ich soll Fahrräder reparieren, Geschichten vorlesen, bei den Hausaufgaben helfen, Dinge besprechen. Und ich brauche sie. Welche Qualität hat mein Leben, wenn ich keine Zeit für die Menschen habe, die ich am meisten liebe?

Von meinen anderen Rollen ganz zu schweigen. Ich möchte ein guter Nachbar sein. Ich möchte in der Gemeinde helfen. Und ich brauche Zeit für mich, um mich körperlich zu betätigen, um zu lesen – einfach um ab und zu einmal nachzudenken.

Ich fühle mich zwischen so vielen Richtungen hin und her gerissen – und sie sind alle wichtig! Wie soll ich das alles nur schaffen?

Am häufigsten wird in diesem Zusammenhang ein Konflikt zwischen Arbeit und Familie erwähnt. Die Menschen klagen über Beziehungsprobleme und einen Mangel an persönlicher Entwicklung. Sie sagen: »Ich kann nicht überall gleichzeitig sein. Manche wichtigen Dinge in meinem Leben bleiben einfach liegen. Und je mehr ich mich zerreiße, desto mehr gerate ich aus dem Gleichgewicht.«

Was ist Gleichgewicht?

Offensichtlich ist Gleichgewicht ein Nordpol-Prinzip. Es manifestiert sich überall um uns herum: das Gleichgewicht in der Natur, das Gleichgewicht der Kräfte, das Gleichgewicht der Machtverhältnisse. Wie bei jedem Prinzip ist einer der eindrucksvollsten Belege für seine Existenz in seinem Gegenteil zu finden, dem Ungleichgewicht, und dem Leben mit den Folgen dieses Ungleichgewichts.

Blicken Sie einen Moment zurück auf die Rollen, die Sie im Zuge der Quadrant-II-Organisation aufgelistet haben.

Wie sehen Sie diese Rollen? Viele Menschen der westlichen Welt sind von Kind an darauf programmiert, sie als getrennte »Abteilungen« des Lebens zu begreifen. Wir sehen unsere Rolle in der Arbeit als etwas völlig anderes als unsere Rolle zu Hause, und bei beiden besteht scheinbar kein nennenswerter Zusammenhang zu anderen Rollen wie persönliche Entwicklung oder Dienst fürs Allgemeinwohl. Wir denken in den Kategorien »Entweder – Oder« – wir können uns entweder auf eine Rolle oder auf eine andere konzentrieren.

Die Sicht des Problems *ist* das Problem. Die Aufsplitterung in Abteilungen beruht auf einer Illusion, und der Versuch, diese Illusion zu leben, kostet unglaublich viel Mühe.

In Wirklichkeit sind diese Rollen Teile eines stark verwobenen Ganzen, eines lebendigen Ökosystems, in dem jeder Teil den anderen beeinflußt. Gandhi bemerkt dazu: »Ein Mensch kann nicht in einer Abteilung seines Lebens Gutes tun, während er gleichzeitig in einer anderen Schlechtes tut. Das Leben ist ein unteilbares Ganzes.« Dieses holistische Paradigma ist prägend für die östliche Weisheit, die das Gleichgewicht als Grundvoraussetzung für Leben und Tod betrachtet.

Das Paradigma des Gleichgewichts kommt auch in den Worten der alten Sufi-Lehre zum Ausdruck: »Du glaubst, wenn du *eins* verstehst, verstehst du auch *zwei*, weil eins und eins zwei ergibt. Aber du mußt auch das *Und* verstehen.«

Wenn wir dieses Paradigma auf der persönlichen Ebene anwenden, erkennen wir, daß Gleichgewicht im Leben nicht ein Hinundherrennen zwischen Abteilungen ist. Es ist eine dynamische Balance, bei der alle Teile synergetisch zusammenwirken. Gleichgewicht ist nicht »Entweder – Oder«; es ist »Und«.

ROLLEN

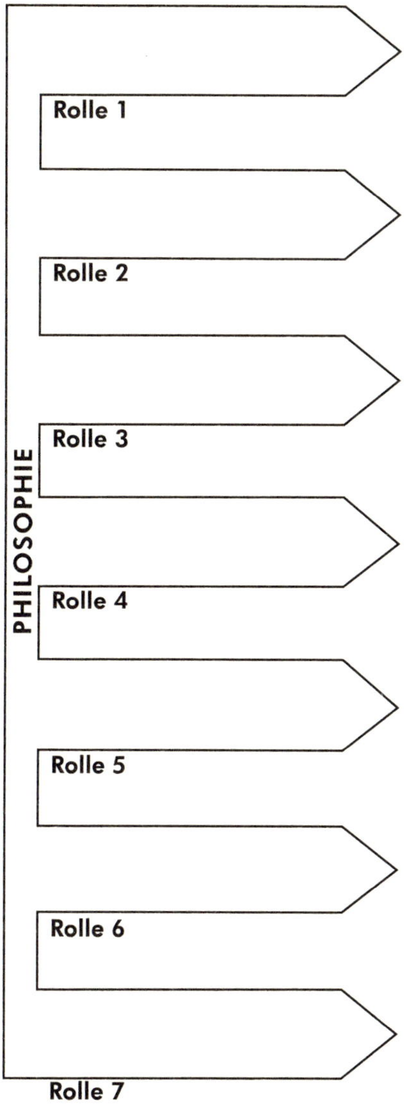
PHILOSOPHIE
Rolle 1
Rolle 2
Rolle 3
Rolle 4
Rolle 5
Rolle 6
Rolle 7

Synergie zwischen den Rollen schaffen

Was für ein Unterschied für unser Leben! Die Imageethik-Literatur der letzten siebzig Jahre hat uns glauben gemacht, der »Erfolg« in verschiedenen Rollen hänge davon ab, daß man verschiedene Persönlichkeiten annimmt – daß man sein Image wechselt wie das Hemd oder die Schuhe. Das führt zu Fragmentierung, zu Doppelbödigkeit. Aber in Wirklichkeit ist die Person, die am Morgen aufsteht, sich duscht und frühstückt, dieselbe wie die, die im Büro mit Kunden spricht, Präsentationen für den Vorstand macht, die E-Jugend trainiert, die Garage reinigt und zur Kirche geht. Alles was wir sind, tragen wir in jede Rolle unseres Lebens.

Und dies gilt nicht nur für den Charakter, sondern in hohem Ausmaß auch für die Kompetenz. Zwar sind bestimmte Rollen mit bestimmten Kompetenzen verknüpft, aber die Nordpol-Prinzipien verleihen uns andere Kompetenzen, die für jede Rolle grundlegend sind und eine starke Synergie zwischen den Rollen herstellen.

Rebecca: *Ich erinnere mich noch an die Zeit, als Roger sein Graduiertenstudium machte und ich mit unseren kleinen Kindern zu Hause war. Am Abend sprachen wir zusammen über die Dinge, die er in seinen Kursen lernte. Dabei zeigte sich immer deutlicher, daß die Prinzipien, die im Unternehmensumfeld funktionieren, auch auf die Führung eines Haushalts übertragbar sind. Es war eine aufregende Entdeckung, daß die Prinzipien der Selbstverantwortung und Mündigkeit nicht nur für die Angestellten eines Unternehmens gelten, sondern auch für drei- und vierjährige Kinder.*

Umgekehrt stellten wir fest, daß sich viele Prinzipien, die in Familien starke, positive Beziehungen schaffen, auch im Geschäftsumfeld umsetzen lassen. Wir erkannten, daß Vertrauen die Grundlage für effektive Synergie im Unternehmen ist und daß Integrität einen entscheidenden Faktor für eine nachhaltige Außenwirkung des Unternehmens bildet.

Wenn wir uns an Prinzipien orientierten, waren unsere verschiedenen Rollen keine Abteilungen mehr, die unser Leben segmentieren und voneinander trennen. Sie verwandelten sich in Anwendungsansätze für allgemeingültige Prinzipien. So wurde die Frage, wie viele Anwendungsmöglichkeiten es für dieselben Prinzipien in den verschiedenen Lebensbereichen gab, für uns zu einer spannenden Herausforderung.

Diese Synergie zwischen den Rollen spart sehr viel Zeit und Energie bei der Lösung von Problemen. Ein Prinzip wie Proaktivität – das Übernehmen der Verantwortung für das eigene Leben – verleiht für den Umgang mit einem verstimmten Ehepartner oder mit einem aufsässigen Teenager genausoviel Kraft wie für das Verhalten gegenüber einem aufgebrachten Kunden, einem fordernden Chef oder einem frustrierten Mitarbeiter. Einfühlungsvermögen – das Bemühen, zuerst den anderen zu verstehen – schafft Vertrauen und Verantwortungsbereitschaft, ob in Arbeitsgruppen oder in Freundschaften, in Familien oder gemeinnützigen Vereinen.

Dank dieser Synergie gehen wir mit einer MacGyver-Mentalität an unsere Rollen heran. Wenn wir mit unserer Tochter zum Tennisspielen gehen, können wir das als Erfüllung eines Ziels im Bereich persönlicher Entwicklung – Fitneß – und im Bereich elterlicher Verantwortung – Beziehung zum Kind – betrachten. Wenn wir eine Fabrik besichtigen und einen neuen Assistenten ausbilden müssen, können wir das gemeinsame Besichtigen der Fabrik als Schulungsmaßnahme für den Assistenten sehen.

Wer die Bedeutung dieser Synergie begreift, kann Entweder/Oder-Gegensätze überwinden. Eine Frau, die sich dafür entscheidet, Kinder zu haben und sie zu betreuen, kann die schmerzliche Chronos-Dichotomie zwischen Kindern und Karriere hinter sich lassen und ihre Mutterrolle als bedeutenden Beitrag zum Allgemeinwohl begreifen. Dadurch entwickelt sie Charakter und Kompetenz, die sie auch zur Wahrnehmung anderer Rollen befähigen.

Rebecca: *Ich finde es oft bedrückend, daß Frauen, die sich in ihrem Leben auf die Mutterrolle konzentrieren, geradezu stigmatisiert werden. Es ist fast, als hielte die Gesellschaft Kindererziehung für weniger wertvoll als die Gewinnsteigerung in Unternehmen.*

Eine Frau, die sich für ihre Aufgabe als Mutter entscheidet und dies aus einer klaren Vision heraus tut, gewinnt für ihre Rolle große Kraft. Sie erkennt den Wert ihrer Arbeit darin, den Charakter zukünftiger Führungspersönlichkeiten der Gesellschaft zu formen. Und in diesem Prozeß entwickelt sie die Kompetenz und den Charakter, um auch in anderen Rollen Großes zu leisten.

Die Überwindung des Entweder/Oder-Denkens wird für die Unternehmen unserer Zeit immer mehr zu einer Frage des Überlebens. Eine segmentierte Gesellschaft, die die Fertigkeiten und Kompetenz einer Hausfrau oder eines Hausmannes nicht würdigen und sie nicht auf den Arbeitsmarkt übertragen kann, hat letzlich selbst unter diesem Mangel zu leiden. Aktuelle Untersuchungen belegen, daß die sogenannten weiblichen Eigenschaften (wie sie in der Erziehung von Kindern zum Tragen kommen) die entscheidenden Fähigkeiten sind, die für ein effektives Management in der entstehenden demokratischen Kultur unserer Unternehmen erforderlich sind.

Wenn wir unsere Rollen als getrennte Lebensbereiche betrachten, entwickeln wir eine Mangelmentalität: Die Zeit wird knapp. Wenn wir sie in einer Rolle verbringen, steht sie uns für die andere nicht mehr zur Verfügung. Es ist Gewinn/Verlust-Denken: Die eine Rolle gewinnt, die andere verliert.

Aber die Prinzipien verleihen uns eine Mentalität der Fülle. Wir können in allem aus dem vollen schöpfen. Wir können in all unseren Lebensrollen Gewinn/Gewinn denken und sie als Teile eines stark verwobenen Ganzen begreifen.

Drei Paradigmen, die das Gleichgewicht fördern

Wenn sie die Quadrant-II-Planung zum erstenmal durchlaufen, betrachten die meisten Menschen Rollen als hervorragenden Ansatz zur Organisation von Informationen und Aufgaben. Diese neue Perspektive führt zu einem deutlichen Nutzen, aber einen weit größeren Nutzen können wir aus einem tieferen Verständnis unserer Rollen ziehen, das uns zur Schaffung von Synergie und von Gleichgewicht in unserem Leben befähigt. Wir möchten drei grundlegende Paradigmen ansprechen, die zu diesem tieferen Verständnis führen.

1. Unsere »natürlichen« Rollen gehen aus unserer Philosophie hervor

Woher kommen unsere Rollen? Wenn wir sie uns nicht in unserem Innersten erarbeitet haben, sind sie wahrscheinlich eine Mischung aus gefühlsmäßiger Selbsteinschätzung und dem sozialen Spiegel.

Aber wenn wir sie uns erarbeitet haben, sind unsere Rollen wie die Äste eines lebenden Baumes. Sie wachsen natürlich aus einem gemeinsamen Stamm – unserer Lebensphilosophie, der Erfüllung unserer einzigartigen Bedürfnisse und Fähigkeiten – und aus gemeinsamen Wurzeln – den lebenspendenden Prinzipien. Unsere Rollen werden die Kanäle, durch die wir leben, lieben, lernen und ein Vermächtnis hinterlassen.

Diese tiefe Verbindung mit der Vision verleiht unseren Rollen Passion und Energie. Wenn Eltern die Einzigartigkeit ihrer Rolle erkennen – ihre besondere Chance, ein neues Leben in seiner Entwicklung zu fördern,

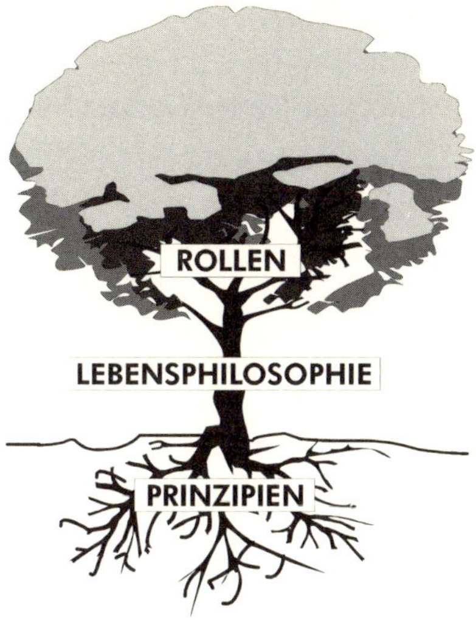

und die fruchtbare Wirkung, die dieses neue Leben auf zukünftige Generationen ausüben wird –, können sie daraus die Kraft schöpfen, schädliche Prägungen zu überwinden und die alten Laster und Schwächen früherer Generationen hinter sich zu lassen. Sie geben sie nicht weiter, sondern verändern sie. Sie werden von Trägern der *Überlieferung* zu Trägern des *Übergangs*. Ihre Lebensphilosophie befähigt sie zu transformativem statt transaktionalem Handeln.

Demgegenüber besitzen Rollen, die von Bedürfnissen, Prinzipien und Lebensphilosophie abgeschnitten sind – eine Arbeit, die außer für die materielle Versorgung keine Bedeutung hat; eine Beziehung, die nicht auf Prinzipien, sondern auf Illusionen beruht; ein Dienst fürs Allgemeinwohl, der nicht von innerer Überzeugung ausgeht, sondern nur Erwartungen von anderen erfüllen möchte –, keine tragende Kraft, weil sie nicht in Verbindung zum inneren Feuer stehen.

Jede Rolle ist von zentraler Bedeutung. Der Erfolg in einer Rolle kann nicht das Scheitern in einer anderen rechtfertigen. Erfolg im Beruf wiegt nicht das Scheitern in der Ehe auf; Erfolg im Gemeindeleben kann das erzieherische Versagen gegenüber den eigenen Kindern nicht wettmachen. Erfolg und Mißerfolg in einer Rolle wirken sich auf alle anderen Rollen und die gesamte Lebensqualität aus.

Ohne diesen Blick für den großen Zusammenhang können wir uns leicht von einzelnen Rollen auffressen lassen und andere völlig vernachlässigen. Deshalb nehmen wir uns in der Quadrant-II-Organisation jede Woche Zeit, um unsere Rollen aufzuschreiben.

Ein vielbeschäftigter Manager hat es so ausgedrückt:

In den siebzehn Jahren meiner Tätigkeit als Unternehmensmanager war ich mit vielen Leuten beim Mittagessen. Aber als ich meine Rollen aufschrieb und zu »Ehemann« kam, fiel mir auf, daß ich mit meiner Frau kein einziges Mal zum Mittagessen gegangen war. Dabei ist meine Beziehung zu ihr eine der wichtigsten in meinem Leben.

Die Wochenplanung hat also den Anstoß dafür gegeben, das nachzuholen, und das hat uns viel enger zusammengeführt. Unsere Kommunikation hat sich entwickelt, und dadurch habe ich andere Möglichkeiten entdeckt, wie ich meiner Rolle als Ehemann besser gerecht werden kann. Ich sehe mir meine Rolle als Ehemann jetzt jede Woche an, und das hat mir wirklich weitergeholfen.

Wenn wir unsere Rollen jede Woche aufschreiben, behalten wir sie im Bewußtsein und können unser Augenmerk auf alle wichtigen Dimensionen unseres Lebens richten. Das muß nicht unbedingt bedeuten, daß wir uns jede Woche in jeder Rolle ein Ziel setzen. Es bedeutet auch nicht, daß unsere Rollen jede Woche dieselben sind oder daß wir uns jede Woche alle Rollen vornehmen. Auch das Gleichgewicht der Natur birgt das Prinzip der wechselnden Jahreszeiten. Es gibt Zeiten in unserem Leben, in denen eine kurzfristige Orientierung zu unseren Gesamtzielen im Leben beiträgt und ein kurzfristiges Ungleichgewicht im Sinne des langfristigen Gleichgewichts liegt.

Die Mutter eines Neugeborenen zum Beispiel verbringt ungeheuer viel Zeit damit, ihr Kind zu versorgen, ihm Wärme und Geborgenheit zu geben. Eine Zeitlang kommt ihr Leben völlig aus dem Gleichgewicht. Aber aus der Perspektive eines Zeitbegriffs der Äonen erscheint dieses vorübergehende Ungleichgewicht in einem anderen, sinnvollen Zusammenhang. In Zeiten bewußten Ungleichgewichts fühlen wir uns vielleicht besser, wenn wir bei der Wochenorganisation nur eine oder zwei Rollen auflisten. Manche fühlen dann die Freiheit zu stärkerer Konzentration; andere möchten den Kontext der anderen Rollen nicht missen, auch wenn sie sich nicht in allen Ziele setzen.

Der ausschlaggebende Faktor für jede Entscheidung zum Gleichgewicht ist eine tiefe Verbindung zu unserer inneren Stimme. Wir leben in einer Welt, in der das *Tun* des Menschen sein *Sein* überwiegt, und daher können wir in unserem Leben so sehr aus dem Gleichgewicht geraten, daß wir den Bezug zu unserer Philosophie und zu den Prinzipien verlieren. Die Dringlichkeit wird zur Triebfeder unseres Handelns.

Wir haben Menschen mit unglaublichem Erfolg im Beruf kennengelernt, die sich eine Zeitlang aus ihrer Karriere zurückgezogen haben, um sich um einen drogensüchtigen Sohn zu kümmern. Wir haben Leute mit einem sechs- und siebenstelligen Jahreseinkommen getroffen, die vorzeitig in den Ruhestand gegangen sind, um in ihrem Viertel eine Fußballmannschaft zu trainieren. Wir haben miterlebt, daß Menschen große Energie und Unterstützung von Familie und Freunden erhalten haben, um mit einem ungeheuren Aufwand an Kraft und Zeit ein Projekt zu realisieren, von dem sie sich einen Nutzen für die gesamte Menschheit erhofften. Und diese Menschen fühlten sich sehr wohl mit ihren Entscheidungen! Sie folgten ihrer Philosophie. Sie hatten eine tiefe Verbindung zu ihrem Innersten.

Wenn uns unsere innere Stimme in ein kurzfristiges Ungleichgewicht führt, können wir andere Menschen, die von dieser Verlagerung unseres Schwerpunkts betroffen sind, einbeziehen und zusammen ein interdependentes Gleichgewicht erarbeiten.

Rebecca: *Als wir über die Mitarbeit an diesem Buch nachdachten, machte ich mir Sorgen, daß dadurch ein Ungleichgewicht in meinem Leben enstehen würde. Ich habe zwar schon an mehreren Gemeinschafts- und auch an Schreibprojekten mitgewirkt, aber im Grunde war meine Familie in den letzten fünfundzwanzig Jahren mein wichtigstes Betätigungsfeld. Die im Lauf der Jahre immer wieder erneuerte Entscheidung, für meinen Mann und meine Kinder »dazusein«, beruhte auf meiner Lebensphilosophie. Aber ich fühlte auch eine Passion für diese Arbeit. Sie war verbunden mit anderen Werten und anderen Rollen, die ebenfalls einen wichtigen Teil meines Lebens ausmachen.*

Ich überlegte, was ich für meine Famlie nicht mehr tun konnte, wenn ich mich fürs Schreiben entschied. Drei meiner Kinder brauchen immer noch Hilfe beim Üben mit ihren Musikinstrumenten und bei den Hausaufgaben; sie müssen zu Lektionen gefahren werden, wollen essen und brauchen ein aufmerksames Ohr. Und ich fühle auch den Wunsch, die Beziehung zu unseren verheirateten Kindern in der Nachbarschaft zu vertiefen. Es war eine schmerzliche Erkenntnis für mich, daß ich diese Dinge eine Zeitlang nicht oder nicht in dem von mir gewünschten Umfang verwirklichen konnte.

Roger und ich teilten uns die Arbeit ein, so daß wir beide schreiben und uns auch um unsere Kinder zu Hause kümmern konnten. Die Großeltern halfen uns bei den Übungsstunden und beim Fahren der Kinder. Aber der wirkliche Durchbruch kam erst, als wir eine Synergie schufen zwischen diesem Projekt und dem Bedürfnis unserer Kinder, ein Vermächtnis zu hinterlassen. Ein Teil unser Fami-lienphilosophie besteht darin, »unsere Zeit, unsere Talente und unsere Mittel weise zum Nutzen anderer einzusetzen«. Als wir uns mit den Kindern zusammensetzten und sie am

Zweck dieses Buches teilnehmen ließen, entstand eine gemeinsame Vision, die ihre Kraft aus diesem Teil unserer Philosophie bezog. Sie waren begeistert und wollten im Rahmen ihrer Möglichkeiten mithelfen. Unsere verheirateten Kinder engagierten sich direkt für das Projekt oder halfen auf andere Weise.

Wir mußten Opfer bringen, aber die Kinder waren bereit zur Zusammenarbeit. Sie halfen uns in jeder nur erdenklichen Weise, um das Projekt zu ermöglichen. Statt uns voneinander zu entfernen, sind wir uns in vieler Hinsicht nähergekommen. Es war ein Gemeinschaftsprojekt, das uns in alle in unserer Entwicklung weitergebracht hat.

Wenn unsere Rollen aus einer Philosophie, aus einer Vision und aus Prinzipien hervorgehen, ist Gleichgewicht etwas Tieferes als ein Jonglieren zwischen verschiedenen Lebensabteilungen. Das Gleichgewicht liegt im Leben, Lieben, Lernen und Hinterlassen eines Vermächtnisses, wofür unsere Rollen die synergetischen, bisweilen jahreszeitlichen Ansätze bieten.

2. Jede Rolle ist eine Verantwortung

Die Natur lehrt uns, daß es ein größeres Gleichgewicht der Interdependenz gibt. Ein Baum ist Teil eines riesigen Ökosystems. Sein Befinden beeinflußt das Befinden anderer Lebensformen um ihn herum und wird umgekehrt davon beeinflußt. Diese Interdependenz führt zu der zentralen Erkenntnis, daß jede Rolle eine Verantwortung ist.

Verantwortung beruht auf Vertrauen und beinhaltet die Rechenschaft gegenüber einer höheren Sache. Ob wir darunter den Schöpfer verstehen, zukünftige Generationen oder die Gesellschaft als Ganzes – in jedem Fall hat sich die Bedeutung und Brisanz dieser Idee in jüngerer Zeit nachdrücklich erwiesen. Wir müssen nur an Dinge denken wie Umweltverschmutzung, Aids oder weltweite Finanzkrisen.

Wir können unserer Verantwortung nicht entgehen. Wir bewirken immer etwas – im guten oder im schlechten. Wir *sind* verantwortlich für die Konsequenzen unseres Lebens. Was wir mit unseren Möglichkeiten auch tun – mit Geld, Besitz, Talenten, sogar Zeit –, wir hinterlassen unseren Nachkommen immer ein Vermächtnis. Und unabhängig von unseren Prägungen können wir unsere besonderen menschlichen Gaben nutzen und uns dafür entscheiden, Verantwortung zu übernehmen. Wir sind nicht gezwungen, Mißbrauch, Schulden, erschöpfte Rohstoffquellen, Selbstbe-

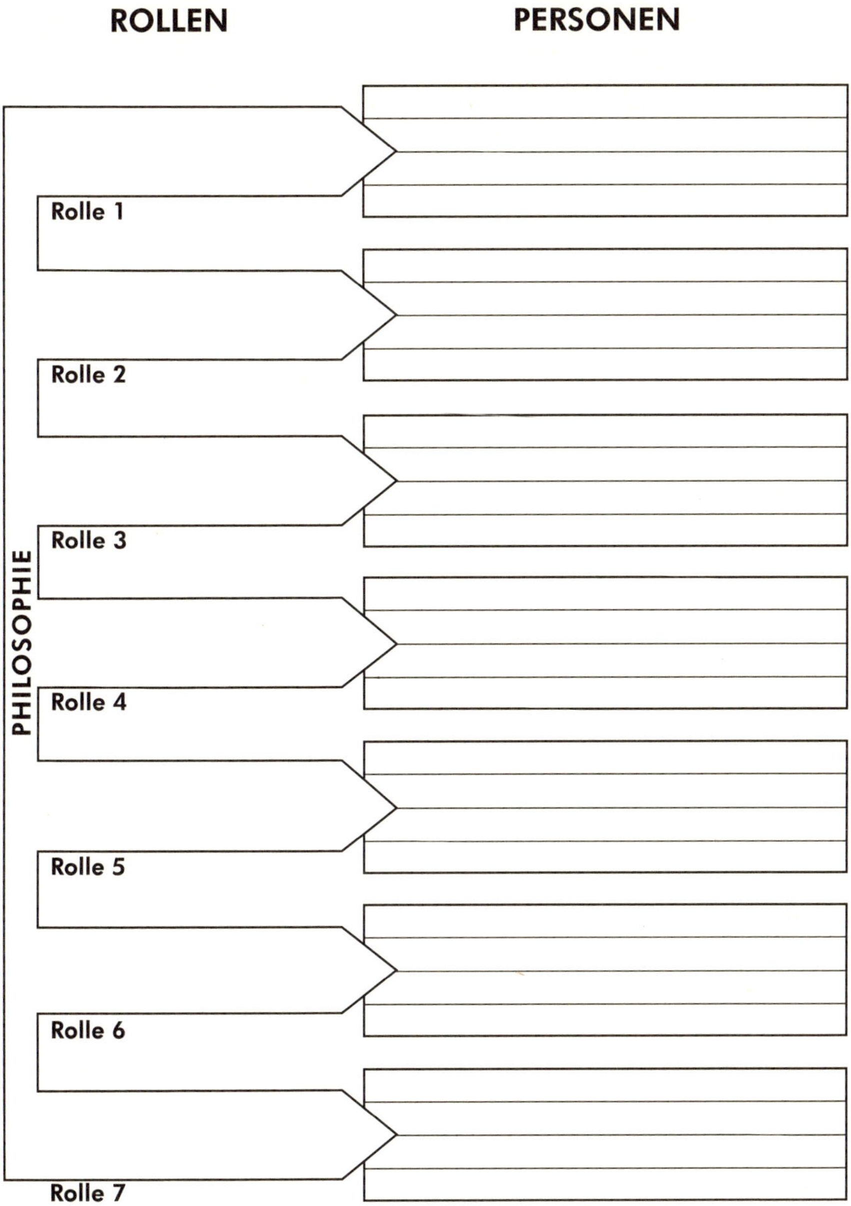

zogenheit und Illusionen an zukünftige Generationen weiterzugeben. Wir können eine gesunde Umwelt, guterhaltene Besitztümer, Verantwortungsbewußtsein, ein Vermächtnis prinzipienorientierter Werte und die Vision des Dienstes für die Allgemeinheit weitergeben. Und dadurch verbessern wir die Lebensqualität der Gegenwart und der Zukunft.

Benutzen Sie die Tabelle auf Seite 116, um sich darüber klarzuwerden, welche Verantwortung gegenüber verschiedenen Menschen in Ihren Rollen liegt.

3. Jede Rolle enthält alle vier Dimensionen

Jede Rolle in unserem Leben hat eine physische Dimension (sie erfordert oder schafft Ressourcen), eine spirituelle Dimension (sie steht in Verbindung zur Lebensphilosophie und zu Prinzipien), eine soziale Dimension (sie umfaßt Beziehungen zu anderen Menschen) und eine mentale Dimension (sie erfordert Lernen).

Wir wollen die soziale und die mentale Dimension etwas eingehender betrachten. Jede Rolle steht in Beziehung zu Familienmitgliedern, Arbeitskollegen, Verwandten und Freunden. Selbst die Rolle des Hausmeisters, der nachts allein das Gebäude reinigt, umfaßt die Beziehung zu den Menschen, für die er eine nützliche Arbeit leistet.

Der Blick auf diese wesentliche soziale Dimension befähigt uns, Menschen über Zeitpläne zu stellen. Manager, die ihre Rolle im Sinne von *Aufgaben* begreifen, ärgern sich oft über »Störungen« durch Mitarbeiter. Diejenigen, die ihre Rolle im Hinblick auf *Menschen* begreifen, finden tiefe Erfüllung in der Chance, andere in ihren Bedürfnissen und in ihrer Selbstverantwortung zu stärken.

Jede Rolle hat auch eine mentale Dimension des Lernens, der wachsenden Kenntnisse und Fertigkeiten. Ein Großteil der Effektivität in jeder Rolle beruht auf dem Gleichgewicht zwischen Entwicklung und Tun, zwischen Produktion (P) und Produktionskapazität (PK). Das läßt sich am Fall der Geschäftsfrau beobachten, die ein Seminar besucht, um mit neuem Wissen ihre Unternehmensrolle besser ausfüllen zu können. Es läßt sich beobachten an einem Lehrer, der in den Sommerferien einen Kurs macht, um seine didaktischen Fähigkeiten zu verbessern. Es läßt sich beobachten an den Eltern, die lesen und Kurse besuchen, um ihre erzieherischen Fertigkeiten weiterzuentwickeln.

Wenn wir unser Leben als Ganzes betrachten, beinhaltet das P/PK-Gleichgewicht eine regelmäßige Erneuerung in allen vier Dimensionen.

Wir müssen uns fit halten, lesen und die Verbindung zu unserem Innersten herstellen, um den Charakter und die Kompetenz, die Energie und die Weisheit für all unsere Rollen weiterzuentwickeln.

Quadrant-II-Organisation fördert das Gleichgewicht

Natürliches Gleichgewicht ist eine dynamische Balance, die sich in unserem Leben in dreierlei Hinsicht offenbart:

- *Primäres Gleichgewicht ist die innere Balance zwischen der physischen, sozialen, mentalen und spirituellen Dimension. Es gibt kein Gleichgewicht in unserem Leben ohne Balance im Innern – ohne die Synergie durch die Verschmelzung von Leben, Lieben, Lernen und dem Hinterlassen eines Vermächtnisses.*
- *Das sekundäre Gleichgewicht herrscht zwischen unseren Rollen. Es ist eine synergetische Balance mit gelegentlichen »jahreszeitlichen« Verschiebungen, die jedoch als Teile zu einem größeren Ganzen gehören.*
- *Das P/PK-Gleichgewicht ist die Balance zwischen Entwicklung und Tun, die uns durch Steigerung unserer Handlungsfähigkeit ein effektiveres Handeln ermöglicht.*

Der Quadrant-II-Prozeß fördert Fülle und Gleichgewicht in unserem Leben. Durch die wöchentliche Auseinandersetzung mit unserer Philosophie finden wir zu Passion und Perspektive. Wir konzentrieren uns auf das fundamentale innere Gleichgewicht zwischen unseren physischen, sozialen, mentalen und spirituellen Dimensionen, das dem äußeren Gleichgewicht in unserem Leben Sinn verleiht.

Durch die Auseinandersetzung mit unseren Rollen sehen wir sie als Ansätze zur Verwirklichung unserer Philosophie. Wir erkennen ihre soziale und mentale, ihre spirituelle und physische Dimension. Wir suchen nach Möglichkeiten zur Schaffung von Synergie zwischen ihnen, aber auch zwischen ihnen und den Bedürfnissen und Fähigkeiten anderer.

Die erste Rolle auf dem Wochen-Arbeitsblatt, »Die Säge schärfen«, ist die einzige Rolle mit einem Namen, der schon feststeht. Alle anderen müssen erst eingetragen werden. Dies hat seinen Grund darin, daß »Die Säge schärfen« unsere persönliche PK-Rolle ist. Sie erinnert uns daran, über dem Sägen nicht das Schärfen der Säge zu vergessen. Durch diese

Rolle erneuern wir täglich jede der vier Dimensionen und steigern dadurch Charakter und Kompetenz, Energie und Weisheit, die wir in die einzelnen Rollen unseres Lebens einbringen.

Die Ausgewogenheit der Rollen können wir im Quadrant-II-Prozeß darüber hinaus auch durch die Organisation von Informationen und die Klärung von Erwartungen im Hinblick auf die Rollen fördern.

Informationen nach Rollen organisieren

Das Ordnen von Notizen nach bestimmten Rollen – statt nach Chronologie oder Alphabet – erlaubt wegen der mentalen Assoziation ein schnelles und problemloses Wiederauffinden.

Sie können in Ihrem Planer eine Abteilung für jede Rolle anlegen. Wenn Sie Notizen machen, können Sie sie unter der entsprechenden Rolle eintragen. Wenn Sie eine Idee für ein neues Produkt haben, setzen Sie sie unter die Arbeitsrolle, die zur Produktentwicklung gehört. Wenn Sie Informationen über den Geburtstag Ihres Ehepartners, die Schuhgröße Ihrer Kinder oder den Impfplan Ihres Hundes haben, tragen Sie sie unter Ihrer Familienrolle ein.

Manche Leute gehen sogar so weit, Telefonnummern und Adressen bestimmten Rollen zuzuweisen. Sie tragen zum Beispiel Telefonnummern von Arbeitskollegen unter einer Arbeitsrolle und Nummern für Dienste wie Teppichreinigung oder Fensterputzen unter Haushaltsführung ein.

Wenn Sie Ihre Notizen nicht mehr zur Hand haben müssen, können Sie sie je nach Rolle in Ordnern ablegen. Berufliche Informationen kommen in einen nach Arbeitsrollen eingeteilten Ordner. Man kann für jede Rolle einen Ordner anlegen (und sie zur schnelleren Orientierung vielleicht farblich markieren) und diese dann nach spezifischeren Kriterien unterteilen. Auch laufende Projekte können nach Rollen organisiert und nach ihrem Abschluß im zugehörigen Ordner abgelegt werden. Entsprechendes gilt für die Einteilung des Computerbildschirms.

Die Organisation von Informationen nach Rollen bekräftigt die Ausrichtung an Quadrant II, weil man gezwungen ist, mehr über wichtige als über dringende Dinge nachzudenken. Jedesmal wenn Sie eine Notiz machen, eine Telefonnummer nachschlagen, Informationen ablegen oder sich an den Computer setzen, orientieren Sie sich im Rahmen wichtiger Beziehungen und Verantwortungen Ihres Lebens.

Erwartungen im Hinblick auf Rollen klären

Viele Menschen finden es hilfreich, bestimmte Rollen ausführlicher zu definieren als in ihrer Aussage zur Lebensphilosophie. Diese Definition können wir in einer speziellen Erklärung oder »Verantwortungsvereinbarung« für eine Rolle niederlegen und dadurch auch gemeinsame Erwartungen für andere schaffen, die im Rahmen dieser Rolle mit uns zusammenwirken.

Wenn Sie verheiratet sind und Kinder haben, möchten Sie vielleicht zusammen mit Ihrem Ehepartner Ihre gemeinsame Vision und Ihre Werte im Bereich Erziehung zum Ausdruck bringen. In der Arbeit möchten Sie vielleicht mit Ihrem Chef eine klare Vereinbarung im Hinblick auf Ihre Rolle im Unternehmen treffen.

Gleichgewicht führt zur Fülle

Ein ganzheitliches Verständnis des Gleichgewichts und der Rollen erlaubt uns, die üblichen Zwänge der Chronos-Zeit zu überwinden. Mit einer Chronos-Mentalität sehen wir unsere Rollen als getrennte Lebensabteilungen, die um unsere begrenzte Zeit und Energie konkurrieren. Dieses Paradigma führt zu einer Mentalität des Mangels. Die Zeit ist knapp. Es heißt entweder – oder. Alles *können* wir einfach nicht schaffen.

Aber dank dieser ganzheitlichen Paradigmen sehen wir unsere Rollen durch eine »Und«-Perspektive. Wir erkennen eine tiefe Verbindung zwischen den Rollen in unserem Leben und ungeheure Möglichkeiten zur Synergie. Daraus entspringt eine Mentalität der Fülle. Zeit mag eine begrenzte Ressource sein, aber wir sind es nicht. Durch die Schaffung von Synergie zwischen unseren Rollen können wir mehr von uns in die Zeit legen, die uns zur Verfügung steht.

Quadrant-II-Ziele zur Förderung des Gleichgewichts der Rollen

- Überprüfen Sie Ihre Philosophieaussage und Ihre Rollen, um sicherzugehen, daß Ihre Rollen aus Ihrer Philosophie hervorgehen und daß Ihre Philosophie alle wichtigen Rollen in Ihrem Leben umfaßt.
- Analysieren Sie alle Ihre Rollen im Hinblick auf Beziehungen und Verantwortungen. Sie können dafür das Schaubild auf S. 116 benutzen.
- Organisieren Sie Ihren Planer nach Ihren Rollen.
- Organisieren Sie Ihre Ordner oder Ihren Computerbildschirm nach Ihren Rollen.
- Arbeiten Sie für jede Ihrer Rollen Erklärungen oder Verantwortungsvereinbarungen aus.

7. Die Kraft der Ziele

> Man kann das Richtige wollen und es sogar aus den richtigen Gründen wollen. Doch wenn man nicht die richtigen Prinzipien anwendet, kann man trotzdem Schiffbruch erleiden.

Eines der am weitesten verbreiteten Elemente in der Literatur zur Selbsthilfe und zur Selbstverantwortung ist die Kraft der Ziele. Und die Festlegung von Zielen ist tatsächlich ein überaus wirkungsvoller Prozeß, in dem sich Vorstellungskraft und freier Wille offenbaren. Durch ihn kann man sich vornehmen, »Bissen für Bissen zu essen, bis der Elefant verspeist ist«, man kann seine Vision in realisierbares Tun umsetzen. Zielfestlegung ist ein gemeinsamer Nenner erfolgreicher Menschen und Organisationen.

Aber trotz ihres unleugbaren Werts sind unsere Erfahrungen und Gefühle im Hinblick auf Ziele bestenfalls gemischt. Manche Menschen können sich heroische Ziele setzen, ungeheure Disziplin wahren und den Preis für schier unglaubliche Leistungen bezahlen. Andere können nicht einmal den Neujahrsvorsatz halten, zwei Tage lang keine Nachspeise zu essen. Manche begreifen Ziele als wichtigsten Faktor für die Gestaltung des Schicksals von einzelnen und Nationen. Andere betrachten sie als überflüssige Luftschlösser, die sich in der »realen« Welt ohnehin nicht durchsetzen lassen. Einige Menschen gehen mit ihren Zielen durch dick und dünn. Und manche Ziele gehen mit uns durch dick und dünn. Manche Autoren versichern uns, daß wir mit positivem Denken alles erreichen können; andere fordern uns auf, nicht in Verzweiflung zu versinken, wenn wir es doch nicht schaffen.

Zwei Problembereiche

Nach unserer Erfahrung können Ziele vor allem zu zwei Problemen führen: einerseits dem Schlag für unsere Integrität und unseren Mut, wenn wir unsere Ziele nicht erreichen; und andererseits den mitunter verheerenden Folgen, wenn wir sie erreichen.

Abhebungen vom persönlichen »Integritätskonto«

Wie bereits erwähnt, haben wir alle ein persönliches »Integritätskonto«, dessen Stand unser Selbstvertrauen widerspiegelt. Wenn wir uns und anderen Versprechen geben und sie halten, wenn wir uns Ziele setzen und sie erreichen, machen wir Einzahlungen. Wir stärken unseren Glauben an unsere Vertrauenswürdigkeit, an unsere Fähigkeit, eingegangene Verpflichtungen zu erfüllen.

Doch wenn wir unsere Ziele nicht erreichen, machen wir Abhebungen, die uns schmerzen. Häufige Abhebungen führen mit der Zeit zu einem Verlust von Zuversicht, und wir glauben nicht mehr an unsere Fähigkeit, gegebene Versprechen einhalten zu können. Es folgen Zynismus und Rechtfertigungen, die uns immer mehr die Möglichkeit nehmen, uns sinnvolle Ziele zu setzen und sie zu erreichen. Wenn wir dann bei großen Herausforderungen im Leben Charakterstärke brauchen, stellen wir fest, daß wir sie nicht haben.

Stephen: *Ich arbeitete einmal als Assistent in einem Camp für Überlebenstraining und sollte eine Gruppe von Studenten bei einer Übernachtwanderung führen. Zuletzt kamen wir in ein Tal und mußten Hand über Hand an einem Seil einen Fluß überqueren. Wir waren erschöpft und dehydriert. Wir hatten 24 Stunden lang nichts gegessen und getrunken. Aber jenseits des fünfzehn Meter breiten, reißenden Flusses wartete ein Frühstück auf uns.*

Als einer der Gruppenführer sollte ich es als erster versuchen. Voller Entschlossenheit und sogar mit ein wenig Überheblichkeit machte ich mich auf den Weg. Am Anfang baumelte ich am Seil herum und gab an mit meinem Können. Aber als ich die Hälfte hinter mir hatte, merkte ich, daß meine Kräfte schwanden. Ich probierte es mit allen mir bekannten Techniken – von schierer Willenskraft bis hin zu der Vorstellung, daß ich es schaffen und drüben mein Frühstück genießen würde –, aber ich kam an einen Punkt, wo ich nicht einmal mehr wagte, eine Hand vom Seil zu nehmen. Ich hatte nicht mehr die Zuversicht, daß die andere Hand mein Gewicht tragen würde.

Auf halber Strecke ließ ich los. Es fehlte mir einfach die Kraft. Ich hing an meinem Sicherheitsseil direkt über dem tosenden Wasser. Die Studenten waren begeistert! Wie heißt es so schön: Hochmut kommt vor dem Fall. Es sollte sich erweisen, daß die meisten von ihnen die gleiche Erfahrung machen mußten. Nur einige wenige hatten genügend Kraftreserven, um es zu schaffen.

Die Entwicklung von Charakterstärke ist wie die Entwicklung von physischer Stärke. Wenn die Bewährungsprobe kommt und man hat sie nicht, kann man ihr Fehlen mit keiner Kosmetik der Welt übertünchen. Man kann sie nicht vortäuschen. Es erfordert Stärke, sich ein heroisches Ziel zu setzen, an chronischen Problemen zu arbeiten statt an Symptomen und an Verpflichtungen festzuhalten, wenn man sich dadurch gegen die herrschende Meinung stellt.

Es gibt viele Gründe, weshalb wir unsere Ziele nicht erreichen. Manchmal sind die Ziele unrealistisch. Wir wecken Erwartungen, die keinerlei Selbst-Bewußtsein widerspiegeln. Neujahrsvorsätze sind typische Beispiele dafür. Unsere Ziele beruhen auf Illusionen und beziehen sich weder auf uns selbst noch auf die Prinzipien natürlicher Entwicklung.

Mitunter setzen wir uns Ziele und arbeiten an ihrer Verwirklichung, aber entweder ändern sich die Gegebenheiten, oder wir ändern uns. Eine neue Chance zeigt sich; die wirtschaftliche Lage wandelt sich; ein neuer Mensch tritt in unser Leben; wir sehen die Dinge aus einer anderen Perspektive. Wenn wir an unseren Zielen festhalten, werden wir zu ihren Sklaven. Aber wenn wir sie aufgeben, beschleicht uns oft ein Unbehagen darüber, daß wir unser Versprechen nicht gehalten haben. Es fällt uns schwer, unser persönliches Integritätskonto auf einem hohen Stand zu halten, wenn wir ständig unsere Ziele wechseln oder sie nicht erreichen.

Die Leiter an der falschen Mauer

Ein Ziel nicht zu erreichen kann schmerzlich sein, aber gleiches gilt auch für das Erreichen eines Ziels. Manchmal gehen die Ziele, die wir erreichen, auf Kosten von wichtigeren Dingen in unserem Leben. Wir sind die Karriereleiter hinaufgeklommen und stellen oben fest, daß sie an der falschen Mauer lehnt.

Einer unserer Kollegen hat uns folgendes Erlebnis mitgeteilt:

Vor einigen Jahren verkündete ein Mann seinen Freunden und Nachbarn, daß er sich in diesem Jahr das Ziel gesetzt hatte, eine Million Dollar zu verdienen. Er war ein Unternehmer, der daran glaubte, mit einer guten Idee ein Millionengeschäft machen zu können. Er entwickelte ein ganz neues Freizeitprodukt, ließ es patentieren und fuhr kreuz und quer durchs Land, um es zu verkaufen.

Gelegentlich nahm er eines seiner Kinder eine Woche lang auf eine seiner Fahrten mit. Zum Leidwesen seiner Frau, die klagte: »Wenn sie zurückkommen, sagen sie ihre Gebete nicht mehr, und sie machen ihre Hausaufgaben nicht mehr. Sie feiern einfach die ganze Woche. Nimm die Kinder nicht mit, du hilfst ihnen nicht bei den Sachen, die sie machen sollten.«

Am Ende des Jahres gab der Mann bekannt, daß er sein Ziel erreicht hatte: Er hatte eine Million verdient. Kurz darauf jedoch ließen sich er und seine Frau scheiden. Ein paar von seinen Kindern nahmen Drogen. Ein anderes hatte einen Nervenzusammenbruch. Die Familie fiel auseinander.

Dieser Mann konzentrierte sich auf ein einziges Ziel und ordnete ihm alles unter. Aber die Gesamtkosten bedachte er nicht. Diese Million kostete ihn mehr, als sie wert war.

In der Regel setzen wir uns ein Ziel in der Erwartung, daß seine Verwirklichung zu positiven Veränderungen unserer Lebensqualität führen wird. Aber oft ist die Veränderung alles andere als positiv. Das Erreichen eines Ziels kann andere Lebensbereiche negativ beeinflussen. Wenn wir dann vor den Ergebnissen stehen, sind wir enttäuscht.

Wenn auf der einen Seite Enttäuschungen und auf der anderen Schuldgefühle warten, brauchen wir uns nicht darüber zu wundern, daß sich viele Menschen nicht so recht für den Prozeß der Zielfestlegung erwärmen können.

Ist es möglich, von der Kraft dieses Prozesses zu profitieren, ohne seine Probleme in Kauf nehmen zu müssen? Kann man durch regelmäßiges Festlegen und Erreichen von Zielen ein starkes persönliches Integritätskonto aufbauen?

Wir behaupten, daß es möglich ist – daß wir die Kraft der Ziele sogar noch deutlich steigern können. Den Schlüssel dazu bietet uns die synergetische Anwendung unserer menschlichen Gaben auf die Verwirklichung prinzipienorientierter Ziele.

Der Rückgriff auf die vier menschlichen Gaben

Die Festlegung von Zielen im traditionellen Sinne kann ein überaus wirkungsvolles Instrument sein, weil sie das Potential von zwei unserer einzigartigen menschlichen Gaben erschließt: der *Vorstellungskraft* und des *freien Willens.*

Mit der Vorstellungskraft können wir uns Möglichkeiten ausdenken, die über unsere unmittelbare Erfahrung hinausgehen. Mit dem freien Willen können wir Entscheidungen treffen, die Hintergrund, Prägungen und Umwelt überwinden.

Dank dieser Gaben können wir ein zielgerichtetes Leben führen und bewußt einen fundamentalen Wandel vollziehen. Doch dies ist nur ein Teil der uns zu Gebote stehenden Möglichkeiten. Dem Zielsetzungsprozeß fehlt es oft an der Kraft der zwei anderen Gaben:

- das *Gewissen* – die tiefe Verbindung zwischen Zielen und Philosophie, zwischen Bedürfnissen und Prinzipien; und
- das *Selbst-Bewußtsein* – die genaue Beurteilung unserer Fähigkeiten und der Stand auf unserem persönlichen Integritätskonto.

Das Gewissen sorgt für Einklang mit Philosophie und Prinzipien

Die Kraft des Gewissens beruht darauf, daß es für Einklang zwischen Philosophie und Prinzipien sorgt und uns im Augenblick der Wahl Orientierung bietet. Der Moment, in dem wir uns ein Ziel setzen, ist ein Augenblick der Wahl.

Ziele, die mit unserem Innersten verbunden sind, haben die Kraft der Passion und der Prinzipien. Sie werden vom inneren Feuer genährt und beruhen auf Nordpol-Prinzipien, aus denen Lebensqualität entsteht.

Den Zugang zu dieser Kraft findet man am besten, wenn man sich drei existentielle Fragen stellt: *Was? Warum? Wie?*

Was?

Was möchte ich erreichen? Welchen Beitrag möchte ich leisten? Welches Ende habe ich im Sinn?

Ein prinzipienorientiertes »Was« konzentriert sich auf Entwicklung und Beitrag. Lebensqualität entsteht nicht nur aus dem Festlegen und Erreichen von Zielen. Hitler setzte sich Ziele und erreichte sie. Gandhi ebenfalls. Der Unterschied liegt darin, worauf sie sich konzentrierten. Wir bekommen, was wir erstreben. Wenn wir uns Ziele setzen, die in Einklang stehen mit dem Gewissen und den Prinzipien, erstreben – und bekommen – wir das Beste.

Warum?

Warum will ich etwas tun? Geht mein Ziel aus Philosophie, Bedürfnissen und Prinzipien hervor? Befähigt es mich, in meinen Rollen einen Beitrag zum Allgemeinwohl zu leisten?

Im Kontext von Lebensphilosophie und Vision läßt sich das »Was« oft leichter erkennen als das »Warum« und das »Wie«.

Roger: *Nachdem ich neulich bei einem Seminar über die Bedeutung von Lebensphilosophie und Rollen gesprochen hatte, bat ich einen Teilnehmer, zusammen mit mir vor der Gruppe den Zielsetzungsprozeß zu durchlaufen. Er erklärte sich einverstanden.*

Ich sagte: »Suchen Sie sich eine Rolle aus, egal welche.«

»Vater.«

»Was ist Ihrer Ansicht nach das wichtigste Ziel, an dem Sie in dieser Rolle arbeiten könnten?«

»Die Beziehung zu meinem vierzehnjährigen Sohn verbessern.«

»Warum?«

»Na ja, unsere Beziehung ist nicht besonders gut.«

»Und warum wollen Sie sie verbessern?«

»Er hat Probleme mit Freunden in der Schule und mit dem Gruppendruck. Er wird in Richtungen gedrängt, die ihn nicht weiterbringen. Ich habe das Gefühl, daß ich in dieser schweren Zeit zu ihm halten muß.«

»Warum?«

»Um ihm zu helfen, daß er auf dem richtigen Weg bleibt und etwas leisten kann.«

»Warum?«

»Weil er das braucht.«

»Aber warum wollen Sie das tun?«

»Um ihm zu helfen.«

»Warum?«

Er wurde allmählich nervös. »Weil ich sein Vater bin! Es ist meine Pflicht!«

»Aber warum wollen Sie das tun?«

Frustration spiegelte sich in seinem Gesicht. »Na, weil ... weil ...«

Die zwei Leute an seinem Tisch hielt es nicht länger auf ihrem Stuhl. Gleichzeitig riefen sie: »Weil Sie ihn lieben!«

Seine Worte hatten es ausgedrückt. Es stand ihm ins Gesicht geschrieben. Kaum hatten die beiden Leute gesprochen, lächelte er verlegen. »Ja, das stimmt!« sagte er. »Ich liebe ihn.« Alle Anwesenden konnten spüren, wie er von Stärke und Frieden erfüllt wurde.

Ohne diese tiefe Verbindung fühlen wir uns dazu verpflichtet, in unserem Leben so viel Selbstkontrolle auszuüben, daß wir unsere Ziele erreichen und bis zum Ende durchhalten, auch wenn wir nach dem Überqueren der Ziellinie erschöpft zusammenbrechen. Es fehlt der Kontakt zu unseren innersten Energiereserven, zu unseren Überzeugungen und Erfahrungen.

Der Schlüssel zur Motivation ist das Motiv. Erst dieses »Warum« gibt uns die Energie, schwierige Augenblicke zu meistern. Es gibt uns die Kraft, nein zu sagen, weil wir in Verbindung stehen zum glühenden »Ja« in unserem tiefsten Innern.

Ein Ziel ohne Bezug zu einem tiefen »Warum« kann gut sein, aber es ist meistens nicht das beste. Wir müssen das Ziel in Frage stellen. Wenn der Bezug hergestellt ist, müssen wir mit unserem Fühlen und Denken immer weiter vorstoßen, bis der Durchbruch erreicht ist und ein offener Fluß zwischen der Passion der Vision und dem Ziel entsteht. Je stärker die Verbindung, desto stärker und nachhaltiger die Motivation.

Wie?

Wie werde ich es tun? Welche Hauptprinzipien werden mich dazu befähigen, mein Ziel zu erreichen? Welche Strategien kann ich anwenden, um diese Prinzipien umzusetzen?

Wenn der Einklang zwischen dem »Was« und »Warum« gefunden ist, können wir uns dem »Wie« zuwenden. Die Entscheidung hierbei läuft oft auf eine Wahl zwischen einem Denkansatz der Kontrolle und einem der Freisetzung hinaus. Wenn wir einem Kontrollparadigma folgen, gehen wir davon aus, daß die Menschen nur dann gute Arbeit leisten, wenn sie genau überwacht werden. Wenn wir einem Freisetzungsparadigma folgen, gehen wir davon aus, daß die Menschen das Höchste und Beste durch Freiheit, Chancen und Unterstützung erreichen können.

Meist kommt in unserer Sichtweise anderer Menschen auch unsere Selbstwahrnehmung zum Ausdruck. Wenn wir eine Kontrollperspektive haben, setzen wir voraus, daß wir nur durch strenge Selbstbeherrschung etwas erreichen können. Aus der Freisetzungsperspektive jedoch sehen wir die Hauptverantwortung uns selbst gegenüber in der Schaffung optimaler Bedingungen für die Freisetzung innerer Fähigkeiten. Wenn wir uns bei der Zielsetzung auf die Gabe des freien Willens konzentrieren – Selbstdisziplin, Durchhaltevermögen, Durchsetzung um jeden Preis –, läßt dies auf ein grundlegendes Kontrollparadigma schließen.

Roger: *Ich sagte: »Wunderbar, aber wie werden Sie ihm Ihre Liebe zeigen?«*

»Ich weiß nicht. Ich werde wohl auf gute Gelegenheiten warten.«

»Und wie sonst noch?«

»Ich werde mir die nötige Zeit nehmen.«

»Und wie sonst noch?«

Er seufzte. »Ich weiß nicht. Um ehrlich zu sein, ich habe Angst. Ich habe es schon probiert, und es hat nicht geklappt. Manchmal kommt es mir vor, es wird alles nur noch schlimmer, wenn ich es versuche.«

Danach sprachen wir über einige der Prinzipien, die sich auf die Beziehung zu seinem Sohn anwenden ließen. Wir redeten über Vertrauenswürdigkeit: Wenn du eine vertrauensvolle Beziehung aufbauen willst, sei vertrauenswürdig. Gib Versprechen und halte sie. Sei loyal gegenüber Nichtanwesenden. Und wir sprachen über Einfühlungsvermögen: Erst verstehen und Achtung erweisen.

Allmählich kam er zu der Erkenntnis, daß seine Anstrengungen nichts fruchten würden, auch wenn er seinem Sohn noch so verzweifelt helfen wollte, solange er auf die Illusion baute, ihn mit guten Absichten kontrollieren zu können, statt ihm durch prinzipienorientierte Führung und Liebe seine eigene Freiheit zu ermöglichen.

In Seminarsituationen entscheiden sich die Teilnehmer meist lieber für eine berufliche Rolle, und die meisten haben ein unmittelbares Gefühl dafür, »was« sie in dieser Rolle tun müssen.

»Den Umsatz um 5 Prozent steigern.«

»Die Betriebskosten bis zum Ende des Quartals um 3 Prozent senken.«

»Die Arbeitsmoral erhöhen.«

Aber wenn es um das »Warum« geht, bekennen sich die Leute zunächst meistens zu negativen, ökonomischen, äußerlichen oder dringenden Motivationen:

»Wenn ich es nicht mache, verliere ich meine Stelle.«

»Wenn ich das nicht schaffe, verliere ich meine Glaubwürdigkeit, und ich fühle mich schlecht.«

»Das ist ein sehr reales Problem, und wir müssen es lösen, bevor es sich weiter ausbreitet.«

Erst wenn wir nachhaken, zeichnen sich oft ganz andere Hintergründe ab:

»Wenn ich das mache, habe ich das Gefühl, daß ich meine Arbeit gut mache und mein Gehalt verdiene.«

»Ich genieße das Gefühl, etwas geschafft und einem Kunden einen wichtigen Dienst erwiesen zu haben.«

»Mir liegt daran, mit meiner Arbeit einen Beitrag zum Allgemeinwohl zu leisten.«

Viele Unternehmen konzentrieren sich so ausschließlich auf die ökonomische oder physische Dimension, daß sie die tieferen menschlichen Motivationen nie erschließen. Sie schenken den sozialen, mentalen und spirituellen Bedürfnissen keine Beachtung. Sie lassen es nicht zu, daß die Menschen eine Verbindung zu ihrem Innersten herstellen – zu ihrem Bedürfnis, zu lieben, zu lernen und für etwas Höheres zu leben. Und dennoch ist diese Verbindung die Quelle für die Energie, die Kreativität und die Loyalität, die die Arbeitgeber suchen.

Im Hinblick auf das »Wie« einer beruflichen Rolle meinen die Seminarteilnehmer meist, sie müssen »die Sache einfach durchziehen«.

»Man muß nur wollen, dann geht alles wie von selbst.«

»Haben Sie das schon einmal probiert?«

»Ja.«

»Und hat es funktioniert?«

»Nein.«

Danach beschäftigen wir uns mit einigen Nordpol-Prinzipien, die etwas bewirken könnten. Wir reden über Prinzipien der Interdependenz – Einfühlungsvermögen, Ehrlichkeit, Zuverlässigkeit, Aufbau von Beziehungen. Wir reden über die Prinzipien gemeinsamer Vision, über Gewinn/-Gewinn-Vereinbarungen und Systemabstimmung. Dabei zeigt sich sehr bald, daß es nicht ausreicht, seine Ziele genau zu kennen und sie bedingungslos anzustreben. Das Tun muß auf Prinzipien beruhen, die zu Lebensqualität führen.

Das Richtige aus dem richtigen Grund und auf die richtige Weise zu tun – darin liegt der Schlüssel zur Lebensqualität. Dies kann jedoch nur aus der Kraft eines geschulten Gewissens entstehen, die uns mit Lebensphilosophie und Prinzipien in Einklang bringt.

Selbst-Bewußtsein ermöglicht die Entwicklung von Integrität

Unsere Vertrauenswürdigkeit ist nur so hoch wie der Stand auf unserem persönlichen Integritätskonto. Unsere Integrität ist die Grundlage unseres Selbstvertrauens und des Vertrauens, das wir in anderen wecken, und daher läßt sich effektive persönliche Führungsstärke besonders gut an der Sorgfalt und der Umsicht erkennen, mit denen wir uns um einen hohen positiven Stand auf diesem Konto bemühen.

Dies erreichen wir in erster Linie durch die Ausübung unseres freien Willens beim Geben und Halten von Versprechen. Aber ohne Selbst-Bewußtsein verfügen wir nicht über die nötige Weisheit zur Verwaltung dieses Kontos. Wir setzen uns vielleicht zu hohe Ziele und verwandeln erhoffte Einzahlungen in riesige Abhebungen, wenn wir diese Ziele nicht erreichen. Vielleicht setzen wir uns zu niedrige Ziele und zahlen statt möglicher Markbeträge nur Pfennige ein. Oder wir gehen jede Woche, jeden Tag, jede Minute an Gelegenheiten für Einzahlungen vorbei, weil wir damit beschäftigt sind, den Umständen oder anderen Leute die Schuld an unserem Versagen zu geben.

Selbst-Bewußtsein setzt tiefe Aufrichtigkeit voraus. Es entsteht aus der Beantwortung schwieriger Fragen:

Will ich es wirklich?
Bin ich bereit, den Preis dafür zu bezahlen?
Habe ich genügend Kraft dafür?
Übernehme ich die Verantwortung für meine Entwicklung?
Bin ich mit Mittelmäßigkeit zufrieden, oder strebe ich nach Höherem?
Gebe ich anderen die Schuld an meiner Unfähigkeit, mir Ziele zu setzen und sie zu erreichen?

Das Selbst-Bewußtsein ermöglicht uns einen Beginn ohne Illusionen und Ausflüchte. Wir können uns realistische Ziele setzen. Wir können erkennen und respektieren, daß wir uns entwickeln und unsere Grenzen hinausschieben müssen. Frustrationen gehen häufig auf enttäuschte Erwartungen zurück, und daher kann die Fähigkeit, sich realistische und zugleich fordernde Ziele zu setzen, sehr viel zum inneren Frieden und zur positiven Entwicklung im Leben beitragen.

Das Selbst-Bewußtsein ist das Ohr, das die Stimme des Gewissens hört. Dank seiner erkennen wir, daß es unabhängige Prinzipien gibt und daß es vergeblich ist, sein eigenes Gesetz sein zu wollen. Im Bewußtsein unser selbst und unserer Situation entscheiden wir uns aus dem besten Grund für das Beste und nehmen uns vor, es auf die bestmögliche Weise zu verwirklichen.

Aber die Situation kann sich ändern. Wir können uns ändern. *Und wir können nicht mit Integrität handeln, ohne für diesen Wandel offen zu sein.*

Das Selbst-Bewußtsein befähigt uns zu der Frage: Erlaube ich dem Guten, den Platz des Besten einzunehmen? Die bedeutendsten Einzahlungen auf unser persönliches Integritätskonto können wir leisten, wenn wir den Unterschied zwischen dem Guten und dem Besten erkennen und unter Berufung auf unsere Philosophie, auf unser Gewissen und auf Prinzipien handeln.

Integrität heißt mehr als das bedingungslose Festhalten an einem Ziel. Erst die Integrität eines Systems oder Prozesses schafft eine offene Verbindung zwischen der abstrakten Philosophie und der konkreten Praxis.

Prinzipienorientierte Ziele

Ohne Prinzipien können Ziele keine positive Wirkung auf die Lebensqualität ausüben. Man kann das Richtige wollen und es sogar aus den richtigen Gründen wollen. Doch wenn man nicht die richtigen Prinzipien anwendet, kann man trotzdem Schiffbruch erleiden. Ein prinzipienorientiertes Ziel umfaßt drei Elemente: *das Richtige, aus dem richtigen Grund, auf die richtige Weise.*

Wer sich prinzipienorientierte Ziele setzen will, muß auf alle vier menschlichen Gaben zurückgreifen:

- Durch das Gewissen stellen wir die Verbindung zur Passion der Vision und zur Kraft der Prinzipien her.
- Durch die Vorstellungskraft visualisieren wir synergetische, kreative Ansätze zur Verwirklichung des Möglichen.
- Durch das Selbst-Bewußtsein setzen wir uns realistische Ziele und bleiben offen für gewissensbedingte Veränderungen.
- Durch den freien Willen treffen wir zweckgerichtete Entscheidungen und führen sie durch; wir haben die Integrität, um unseren Worten Taten folgen zu lassen.

Zu einem effektiven Prozeß prinzipienorientierter Zielfestlegung gehören »Kontextziele«, eine »Vielleicht-Liste« und Wochenziele.

1. Kontextziele

Die meisten Menschen finden es hilfreich, ihre Wochenziele durch lang- und mittelfristige Ziele in den Kontext ihrer Lebensphilosophie zu stellen. Die Zeitfrage mag von Bedeutung sein, aber unseres Erachtens lassen sich andere Schwerpunkte wie Beziehungen zu Menschen und zu anderen Zielen und Ereignissen besser durch Kontextziele erfassen.

Wenn Sie bei Ihrer Zeitplanung rollenbezogen vorgehen, könnten Sie unter jeder Rolle eine Seite für Kontextziele einfügen. Das Was/Warum/-Wie-Format bietet eine effektive Handhabe zur Darstellung dieser Ziele. Ein Kontextziel in der Rolle »Die Säge schärfen« könnte also zum Beispiel so aussehen:

Was:

Mein Ziel ist es, daß mein Körper gesund und durchtrainiert bleibt.

Warum:

Damit:

- ich die Stärke, Ausdauer und körperliche Ausstrahlung habe, um meine Ziele effektiv zu erreichen;
- ich meinen Kindern und anderen ein Beispiel in gesunder Lebensführung sein kann;
- ich meine persönliche Charakterstärke ausbilde.

Wie:

- *Gute Ernährung.* Ich werde mehr frisches Obst und Gemüse, Kohlehydratverbindungen, Vollkornprodukte, Geflügel und Fisch essen; ich werde weniger Zucker, Fette, Salz und Schweinefleisch zu mir nehmen; und ich werde häufiger kleine Mahlzeiten essen.
- *Körperliches Training.* Ich werde viermal wöchentlich Aerobic-Übungen machen; ich werde einem Basketballverein beitreten; ich werde früh zu Bett gehen und aufstehen und jede Nacht sieben Stunden schlafen.
- *Verbindung Geist/Körper.* Ich werde positiv über meinen Körper und meine Gesundheit denken; ich werde lesen und Kurse besuchen, um mehr über Gesundheit zu erfahren.
- *Schwerpunkt.* Ich werde mich um besondere Gesundheitsprobleme kümmern.

Das Was/Warum/Wie-Format erzeugt eine offene Verbindung zwischen Lebensphilosophie, Prinzipien und Zielen. Bei der Ausarbeitung Ihrer Wochenziele können Sie diese Kontextziele überprüfen, um den direkten Kontakt zu dieser Verbindung herzustellen und sich ein überschaubares Teilstück zur Realisierung herauszusuchen.

Einer der größten Vorzüge regelmäßiger körperlicher Betätigung liegt in der spirituellen Dimension – der Gewinn an Integrität und Charakterstärke. Die mentale Dimension – mehr über Gesundheit lernen und Streß reduzieren – wirkt sich entscheidend auf die Effektivität in der Umsetzung dieses physischen Ziels aus. Sportliche Betätigung zusammen mit Freunden oder Familienmitgliedern kann das körperliche Erlebnis zu einem lohnenden sozialen Erlebnis machen.

Das Bewußtsein dieser wechselseitigen Verbundenheit regt uns zur Mentalität der Fülle an und ermöglicht uns die Schaffung einer starken Synergie zwischen unseren Zielen.

2. Eine Vielleicht-Liste

Wir alle haben die Erfahrung gemacht, daß wir durch ein Buch, ein Seminar oder ein Gespräch zu einer Idee inspiriert werden, die wir wirklich realisieren wollen. Wir wollen uns nicht unbedingt ein Ziel setzen, aber wir möchten die Idee auch nicht aus den Augen verlieren.

Ein effektiver Ansatz zur Lösung dieses Problems ist die Vielleicht-Liste, die Sie unter jeder Ihrer Rollen führen können. Immer wenn Ihnen etwas einfällt, notieren Sie es unter der passenden Rolle, um es später in Betracht zu ziehen. Die Niederschrift ist in diesem Fall nicht gleichbedeutend mit einem Ziel oder einer Verpflichtung. Sie werden es *vielleicht* tun; vielleicht aber auch nicht. Ihre Integrität steht nicht auf dem Spiel.

Während der Wochenplanung können Sie die Liste durchgehen und die einzelnen Punkte je nach Wunsch in ein Ziel für die nächste Woche umwandeln, bis auf weiteres stehen lassen oder streichen.

3. Wochenziele

Wenn wir uns unsere Wochenziele setzen, wird das Was/Warum/Wie-Format zu einem Ansatz, um über unsere Rollen und Ziele nachzudenken. Wir betrachten jede Rolle und stellen uns dann im Raum zwischen Reiz und Reaktion die Frage:

Was sind in dieser Rolle die ein oder zwei wichtigsten Dinge für diese Woche, die die stärksten positiven Auswirkungen hätten?

Die Antwort kann sich aus einer Überprüfung unserer Kontextziele in den einzelnen Rollen ergeben oder aus einer Idee, die wir auf die Vielleicht-Liste gesetzt haben. Durch die regelmäßige Rückschau auf diese Punkte stellen wir eine offene Verbindung zwischen unserem Innersten und unserer aktuellen Situation her.

Effektive Wochenziele

Bei der Festlegung von Zielen kann man sich an fünf Merkmalen effektiver Wochenziele orientieren:

1. *Sie gehen vom Gewissen aus.* Ein effektives Ziel steht in Einklang mit unserer inneren Stimme. Es wird nicht bestimmt von Dringlichkeit oder reaktivem Handeln. Es ist kein Abbild des sozialen Spiegels. Es ist etwas tief Empfundenes, das mit unserer Lebensphilosophie und den Nordpol-Prinzipien harmoniert. Wichtig ist, daß wir uns nicht unbedingt in jeder Rolle wöchentlich ein Ziel vornehmen müssen. In Zeiten kurzfristigen Ungleichgewichts ist es oft klüger, sich für einzelne Rollen ganz bewußt keine Ziele zu setzen.

2. *Es handelt sich oft um Quadrant-II-Ziele.* Die Quadrant-II-Organisation führt automatisch zu einer Verbindung zwischen dem »Was« und dem »Warum«. Daher nehmen wir uns in der Regel wichtige, wenn auch nicht unbedingt dringende Ziele vor. Wenn die Wahl auf Quadrant-I-Ziele fällt, dann in erster Linie wegen ihrer Wichtigkeit.

3. *Sie spiegeln unsere vier grundlegenden Bedürfnisse und Fähigkeiten wider.* Gute Ziele können sich um Handlungen in der physischen Dimension drehen, aber auch um Verstehen und Sein (die spirituelle Dimension), um Beziehungen (die soziale Dimension) und Entwicklung und Lernen (die mentale Dimension). Wenn wir die Existenz anderer lebenswichtiger Dimensionen ignorieren, beschneiden wir damit unsere Fähigkeit zur Herstellung von Lebensqualität.

4. *Sie liegen in unserer Schwerpunktsphäre.* Wir alle haben eine Interessensphäre, die all unsere Belange umfaßt: unsere Gesundheit, ein Treffen mit dem Chef, die Wochenendpläne des halbwüchsigen Sohnes, die Außenpolitik des Bundeskanzlers. Innerhalb der Interessensphäre liegt unsere Einflußsphäre, die den Bereich umfaßt, in dem wir eine Wirkung erzielen können. Die Außenpolitik des Bundeskanzlers können wir vielleicht nicht beeinflussen, aber wir können etwas für unsere Gesundheit tun.

Der effektivste Einsatz unserer Zeit und Energie ist jedoch einer dritten Sphäre vorbehalten: unserer Schwerpunktsphäre.

In diesem Bereich liegen die Dinge, die uns interessieren, die wir beeinflussen können, die im Einklang mit unserer Philosophie stehen und zeitlich relevant sind. Jeder Zeit- und Energieaufwand außerhalb dieser Sphäre schmälert unsere Effektivität. Wenn wir in unserer Interessensphäre agieren, verschwenden wir unsere Kraft für Dinge, die wir weder kontrollieren noch beeinflussen können. Wenn wir in unserer Einflußsphäre agieren, geht das Gute, das wir tun, womöglich zu Lasten von etwas Besserem. Wenn wir uns in unserer Schwerpunktsphäre Ziele setzen und sie erreichen, maximieren wir den Einsatz unserer Zeit und Energie.

Interessanterweise ist es so, daß sich dann auch unsere Einflußsphäre automatisch erweitert. Wenn wir dies über längere Zeit praktizieren, finden wir immer mehr Möglichkeiten, um Menschen und Umstände positiv zu beeinflussen.

5. *Es handelt sich entweder um feste Vorsätze oder um vorläufige Absichten.* Die Unterscheidung zwischen festen Vorsätzen und vorläufigen Absichten kann sehr hilfreich sein. Wenn Sie einen festen Vorsatz fassen, steht Ihre Integrität auf dem Spiel – Sie müssen ihn auf jeden Fall erfüllen.

Eine vorläufige Absicht dagegen richtet sich auf einen Bereich, dem Sie Zeit und Energie widmen möchten, wenn sich die Gelegenheit ergibt. Sie bewegen sich darauf zu, aber Sie riskieren nicht Ihre Integrität.

Nicht bei jeder wöchentlichen Zielsetzung sollte Ihre Integrität auf dem Spiel stehen. Sie müssen Ihre tatsächlichen Verpflichtungen mit großer Umsicht eingehen und den Stand auf Ihrem persönlichen Integritätskonto sensibel und klug voranbringen. Diese Vorsicht sollte Sie jedoch nicht von entschlossenem Handeln abhalten.

Zuversicht und Mut

Sich ein Ziel zu setzen und es anzusteuern erfordert Mut. Wenn wir diesen Mut aufbringen und die Ziele mit Prinzipien und dem Gewissen im Einklang stehen, können wir meist positive Ergebnisse erreichen. Im Laufe der Zeit entsteht daraus eine Aufwärtsbewegung aus Zuversicht und Mut. Unser Engagement wiegt schwerer als unsere Stimmungen. Und letztlich steht unsere Integrität überhaupt nicht mehr zur Debatte. Wir finden den Mut zu immer herausfordernderen und sogar heroischen Zielen. In diesem Entwicklungsprozeß stoßen wir zu den Grenzen unserer Fähigkeiten vor.

Die Kraft einer prinzipienorientierten Zielfestlegung beruht auf der Kraft eben dieser Prinzipien – der Zuversicht, daß unsere Ziele zu Lebensqualität führen, daß unsere Leitern an der richtigen Mauer lehnen. Auf der Kraft der Integrität – der Fähigkeit, sich regelmäßig sinnvolle Ziele zu setzen und sie zu erreichen, und dem Mut zur Veränderung, wenn das »Beste« zum »Guten« wird. Und auf der Kraft der vier menschlichen Gaben, aus deren Zusammenwirken die Passion, die Vision, das Bewußtsein, die Kreativität und die Charakterstärke enstehen, die Entwicklung möglich machen.

Quadrant-II-Ideen zur Förderung der Kraft der Ziele

- Setzen Sie sich mit Hilfe des Was/Warum/Wie-Formats Ziele in jeder Ihrer Rollen.
- Fügen Sie unter jeder Rolle in Ihrem Planer eine Vielleicht-Liste ein. Tragen Sie dort während der Woche unter der geeigneten Rolle Ideen für mögliche Ziele ein. Achten Sie auf das Gefühl, das Ihnen das Eintragen dieser Ziele in Vielleicht-Listen vermittelt. Greifen Sie für die Planung der nächsten Woche auf die Ideen in diesen Listen zurück.
- Stellen Sie bei der wöchentlichen Festlegung Ihrer Ziele die Verbindung zu Ihrem Gewissen her. Folgen Sie dem, was Ihrer Überzeugung nach für die einzelnen Rollen die größte Bedeutung hat.
- Denken Sie über die Verwendung Ihrer vier Gaben nach, wenn Sie sich Ziele vornehmen und sie realisieren.
- Identifizieren Sie jedes Ihrer Ziele als festen Vorsatz oder als vorläufige Absicht. Analysieren Sie am Ende der Woche, wie diese Unterscheidung Ihre Haltung gegenüber dem betreffenden Ziel, Ihre Fortschritte in seiner Umsetzung und den Stand auf Ihrem persönlichen Integritätskonto beeinflußt hat.

8. Die Perspektive der Woche

Priorität ergibt sich aus dem Kontext.

Die meisten Instrumente und Techniken im Zeitmanagement orientieren sich an der Tagesplanung, und offenbar auch mit gutem Grund. Der Tag ist die kleinste natürliche Zeiteinheit – die Sonne geht auf und unter, und alle vierundzwanzig Stunden beginnt ein neuer Ablauf. Wir können den Tag planen, Tagesziele festlegen, Termine vereinbaren und die Tätigkeiten nach Prioritäten ordnen. Und wenn der Tag vorbei ist, können wir mit dem gleichen Kreislauf am nächsten Tag von neuem beginnen.

Aber mit der Tagesplanung ist es so, als würde man durch die Straßen gehen und durch ein Teleobjektiv blicken. Unsere Aufmerksamkeit richtet sich ausschließlich auf das unmittelbar vor uns Liegende – das, was nahe und dringend ist. Im Grunde folgen wir damit Krisen, die wir nach Prioritäten ordnen. Die Tagesplanung zielt zwar darauf, uns den Weg zum Wesentlichen zu zeigen, aber in Wirklichkeit werden wir durch sie zu Sklaven der Dringlichkeit. Die Perspektive ist unzureichend.

Natürlich können wir uns nicht allein am Gesamtbild orientieren. Wenn wir die Vision nicht in Handlungen umsetzen, verlieren wir den Kontakt zur Realität. Wir werden zu idealistischen Träumern, und unsere Glaubwürdigkeit schwindet.

Wir alle kennen dieses Dilemma.

Wie überwinden wir dieses Dilemma zwischen Nahsicht und Fernsicht?

Die Perspektive der Woche bietet eine synergetische Alternative, die das Gesamtbild auf ausgeglichene und realistische Weise mit dem Tagesgeschehen verbindet.

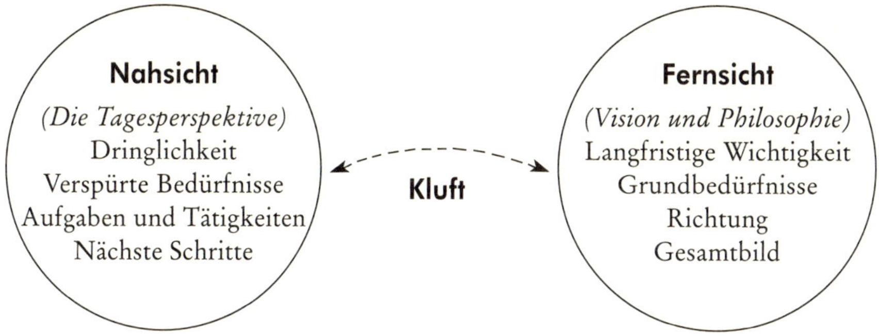

Durch die Herstellung dieser essentiellen Verbindungen wird die Woche zur »Normallinse«, die die genaueste Perspektive für ein ausgeglichenes Leben bietet.

Drei praktische Perspektiven

Die Woche repräsentiert ein abgeschlossenes Stück im Gewebe des Lebens. Sie umfaßt Arbeitstage, Abende und Wochenenden. Sie ist nah genug, um relevant zu sein, aber auch fern genug, um Kontext und Perspektive zu beinhalten. Sie ist internationaler Standard: Zahlreiche Organisationen aus Wirtschaft, Bildung, Verwaltung und anderen Gesell-

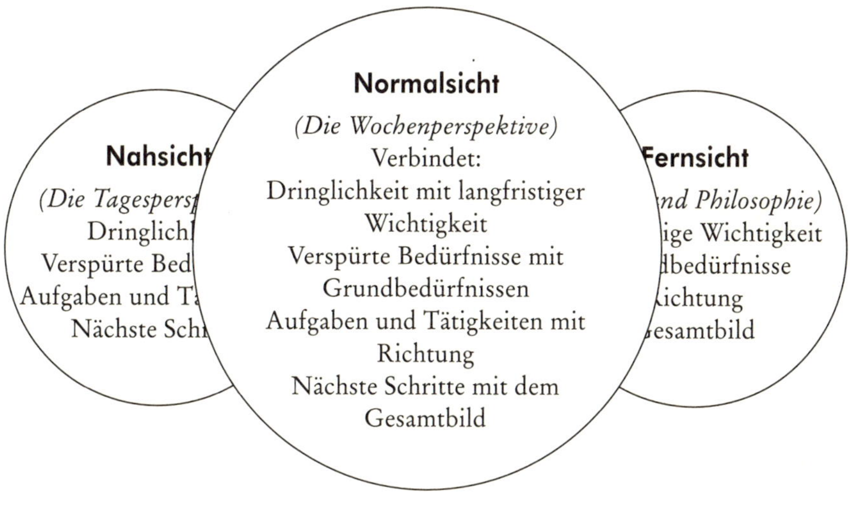

schaftsbereichen sind im Wochenrahmen tätig. Darüber hinaus bietet sie uns drei nützliche praktische Perspektiven: 1) ausgeglichene Erneuerung, 2) vom Ganzen zu den Teilen zum Ganzen und 3) Inhalt im Kontext.

1. Ausgeglichene Erneuerung

Die Wochenperspektive ermuntert uns dazu, wöchentlich und täglich eine Zeit zur Erholung und zum Nachdenken einzuplanen – unsere Erneuerung.

Wöchentliche Erneuerung

Die meisten Kulturen unterstützen die Idee wöchentlicher Erneuerung. Die jüdisch-christliche Welt achtet einen wöchentlichen Sabbat, der ausdrücklich der Sammlung und Entspannung vorbehalten ist.

Durch die Quadrant-II-Organisation können wir die wöchentliche Erneuerung zum Bestandteil eines ausgeglichenen Lebensstils machen. Statt uns Tag für Tag mit dringenden Angelegenheiten herumzuschlagen, bis wir in unserer Not Zuflucht in Quadrant IV suchen, können wir echte Erholung und Erneuerung als notwendige Abwechslung zwischen kreativen Phasen einplanen. Erneuerung ist keine geistlose, sinnlose Fluchtaktivität. Sie umfaßt wertvolle Quadrant-II-Tätigkeiten:

- Beziehungen zur Familie und zu Freunden entwickeln, wiederherstellen oder auffrischen
- Durch religiöse Aktivitäten tiefe Werte neu beleben
- Durch Ruhe und Erholung Kräfte wiederherstellen
- Durch spezielle Interessen und Hobbys Talente entwickeln
- Für das Allgemeinwohl arbeiten

Aus unserer Erfahrung kennen wir den hohen Wert wöchentlicher Erneuerung. Wenn wir uns von dringenden Angelegenheiten unter Druck setzen lassen und Tag für Tag ohne Wochenende und ohne Abwechslung durcharbeiten, verlieren wir allmählich in allen Lebensbereichen unsere Energie, unsere Konturen und unsere Perspektive. Wenn wir uns dann schließlich in Quadrant IV flüchten, führt die Abwechslung zu einer gewissen Erleichterung, aber meist fühlen wir uns dann auch leer und unzufrieden, weder erneuert noch erholt.

Zur persönlichen Führungsstärke gehört die Weisheit, unser Bedürfnis nach Erneuerung anzuerkennen und dafür zu sorgen, daß jede Woche Tätigkeiten bereithält, die eine echte Erholung erlauben.

Die wöchentliche Quadrant-II-Organisation ist selbst eine erneuernde Aktivität. Durch sie erneuern wir das Bewußtsein unserer Bedürfnisse und Fähigkeiten und allgemeingültiger Prinzipien. Wir erneuern unsere Verbindung zu unseren vier menschlichen Gaben und unser Lebensengagement für einen höheren Zweck. Wir erneuern die Passion der Vision, das Gleichgewicht der Rollen und die Kraft der Rollen in unserem Leben.

Manche Menschen planen am liebsten am Freitag, bevor sie das Büro verlassen. Andere machen es am liebsten am Sonntag oder Montag früh. Entscheidend ist nur, daß man dabei allein ist und die Verbindung zum eigenen Innersten herstellen kann. Ohne regelmäßige Erneuerung lassen sich die Leute meist in andere Richtungen drängen. Sie handeln nicht selbst, sondern werden zum Gegenstand des Handelns anderer.

Tägliche Erneuerung

Die Wochenperspektive bietet einen Kontext für eine ausgeglichene tägliche Erneuerung. Wenn Sie zum Beispiel pro Tag eine Stunde für Erneuerung freihalten würden, könnten Sie »Gleichgewicht« vielleicht so interpretieren, daß Sie fünfzehn Minuten Gymnastik machen, fünfzehn Minuten Ihrer Tochter zuhören, fünfzehn Minuten lernen und fünfzehn Minuten meditieren.

Die Ausdehnung der Perspektive auf die Woche führt demgegenüber zu sehr viel umfangreicheren Möglichkeiten. Laut Angaben von Gesundheitsexperten erreicht man den »Trainingseffekt« erst, wenn man den Körper mindestens dreimal pro Woche stark belastet und zwischen Belastungsphasen ausruht. Eine stärkere Akzentuierung der physischen Erneuerung an diesen drei Tagen wird also eine positivere Wirkung erzielen als eine tägliche leichte Gymnastik von fünfzehn Minuten. An den Tagen, an denen Sie kein gezieltes Körpertraining machen, können Sie mehr Zeit für das Lesen gehaltvoller und inspirierender Literatur verwenden. Auch wenn sich die Zeiteinteilung für bestimmte Tätigkeiten im Lauf der Woche verändert, schärfen Sie auf ausgeglichene Weise Ihre Säge.

2. Vom Ganzen zu den Teilen zum Ganzen

Wenn wir unsere Philosophieaussage überprüfen, sehen wir das Ganze – das Gesamtbild, den angestrebten Zweck, den Sinn unseres Tuns. Aber sich in diesem Ganzen zu verlieren heißt, ein idealistischer Träumer zu werden. Deshalb gehen wir von hier aus zu den Teilen über – unseren Rollen und Zielen. Wir sehen uns die Teile unseres Lebens aus der Nähe an. Aber sich in den Teilen zu verlieren heißt, unser Leben in mechanische Abteilungen und Fragmente aufzusplittern.

Deshalb fügen wir sie wieder zu einem Ganzen zusammen und verknüpfen durch die Normalsicht der Wochenorganisation die Stärken der Nah- und der Fernsicht.

Dabei erkennen wir die Verwobenheit der Teile. Wir sehen, daß jeder Teil des Lebens – Arbeit, Familie, persönliche Entwicklung, Aktivitäten für die Gemeinschaft – uns zu einem Beitrag zum Allgemeinwohl und zur Erfüllung unserer Philosophie befähigt. Jeder Teil wirkt sich auf alle anderen aus. Charakter und Kompetenz in einer Rolle nützen uns in allen anderen Rollen.

(Das Ganze) **(Teile)** **(Das Ganze)**

Durch die Perspektive vom Ganzen zu den Teilen zum Ganzen können wir zwischen unseren Rollen und Zielen Synergie herstellen und künstliche Barrieren beseitigen.

Synergie zwischen Rollen herstellen

Dieser Denkansatz führt uns zu der Einsicht, daß manche Tätigkeiten miteinander kombiniert und auf eine Weise erledigt werden können, die bessere Ergebnisse nach sich zieht als eine getrennte Realisierung. Daneben kommen wir aber auch zu der Einsicht, daß einige Tätigkeiten nicht miteinander kombiniert werden sollten, weil sie unsere ausschließliche Aufmerksamkeit erfordern. Alle anderen Aktivitäten jedoch können wir in dem Wissen um ihre wechselseitige Beeinflussung aufeinander abstimmen.

Beispielsweise kann man bei der Wochenplanung ein elterliches Ziel – »Beziehung zum Sohn« – mit einem Ziel aus dem Bereich »Die Säge schärfen« – »Körpertraining« – verbinden, indem man sich vornimmt, mit dem Sohn schwimmen zu gehen.

Der Sinn der Sache ist jedoch nicht, so viele Aktivitäten wie möglich in unseren Zeitplan zu stopfen oder alles auf einmal machen zu wollen. Wir versuchen nicht, zum Übermenschen zu werden. Der Sinn der Sache liegt im Gebrauch unserer Vorstellungskraft, um synergetische, prinzipienorientierte Möglichkeiten für eine Umsetzung von Zielen zu finden, die zu besseren Ergebnissen führen als die Verfolgung getrennter Ziele.

Wenn Tätigkeiten auf natürliche Weise zusammenpassen, vermittelt das ein Gefühl von Frieden und gestiegenen Fähigkeiten, weil man im Einklang mit Prinzipien handelt. Die Teile des Lebens stehen einander nicht im Wege, sondern arbeiten in schöner Harmonie zusammen.

Diese Synergie läßt sich auf dem Wochen-Arbeitsblatt auf verschiedene Art erfassen. Man kann zum Beispiel einfach Linien ziehen, die Ziele miteinander verbinden und die synergetische Tätigkeit an einem geeigneten Wochentag eintragen.

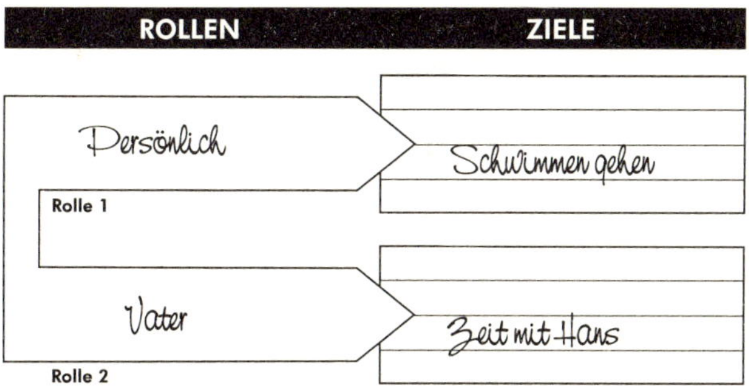

Man kann die synergetischen Tätigkeiten aber auch in die Spalte »Denken an« eintragen und sie zur näheren Kennzeichnung mit einem Stern oder einer Erklärung versehen.

Wenn wir die Synergie hergestellt haben, können wir die betreffende Tätigkeit als Verabredungen oder Prioritäten auf einen Wochentag legen.

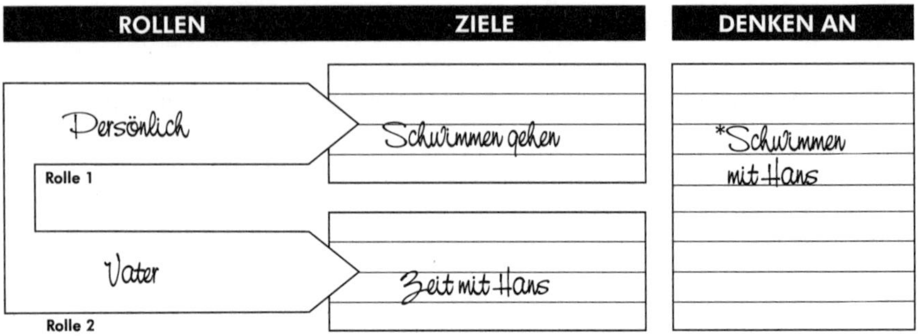

Künstliche Barrieren beseitigen

Wir neigen oft dazu, zwischen Arbeit, Familie und persönlicher Zeit Mauern zu errichten. Aber wir wissen alle, daß diese Barrieren künstlich sind. Ein schlechter Tag im Büro kann zu einem Gefühl von Hoffnungslosigkeit führen, das sich auch auf unsere Familie und unseren privaten Bereich überträgt. Umgekehrt kann sich eine befriedigende Familienbeziehung positiv auf unsere Arbeit auswirken, und wenn in der Arbeit etwas Schönes passiert, wollen wir es oft mit Familie und Freunden teilen.

Das Leben ist ein unteilbares Ganzes. Wenn wir die Verbindung zwischen den verschiedenen Aspekten unseres Lebens und unserem umfassenden Lebenssinn herstellen, machen wir die Erfahrung, daß die Erneuerung in einer Rolle auch in anderen Rollen eine Erneuerung bedeutet.

Das Denken vom Ganzen zu den Teilen zum Ganzen befähigt uns, Beziehungen zu erkennen und Verbindungen zu schaffen, die Zersplitterung, Mutlosigkeit und Selbstbezogenheit überwinden und zu Entwicklung, Erfüllung und Dienst für die Allgemeinheit führen. Es wird zu einer unterbewußten Denkform, durch die wir die Elemente unseres Lebens zu einem stimmigen Ganzen zusammenfügen können. Es ist das Sehen der Fülle, aus dem ein Tun und ein Leben in Fülle hervorgehen.

3. Inhalt im Kontext

Priorität ergibt sich aus dem Kontext oder dem »Gesamtbild«, in dem etwas geschieht. Wenn Sie zum Beispiel jetzt erfahren würden, daß ein

Ihnen nahestehender Mensch in ernsten Schwierigkeiten steckt und Hilfe braucht, dann würden Sie wahrscheinlich das Buch beiseite legen und zu ihm gehen. Weshalb? Weil sich der Kontext für Ihre Entscheidungsprioritäten verändert hat.

Die Wochenorganisation bringt den *Inhalt* – die Tätigkeiten unseres Lebens – in den *Kontext* dessen, was in unserem Leben wichtig ist. Sie schafft einen stabilen Rahmen für die nach unserer Ansicht wesentlichen Dinge und für den Weg zu ihnen, den wir in den nächsten sieben Tagen beschreiten werden. So können wir unter dem Druck dringender Angelegenheiten den Inhalt in einen Kontext einfügen und uns für das Bestmögliche entscheiden.

Jemand hat dazu bemerkt:

Bevor ich die Wochenorganisation machte, bin ich bei jedem Telefonanruf aufgesprungen. Wenn ich von einer Komiteebesprechung hörte, ging ich hin. Jetzt kann ich sagen: »Ich würde gern kommen, aber ich habe um diese Zeit eine Verabredung mit meiner Tochter.« Manchmal muß ich wegen Arbeitsaufgaben ein Treffen mit einem Freund absagen, aber dann vereinbare ich sofort einen neuen Termin – wenn das Treffen wichtig ist. Denn in den Terminkalender kommen nur wichtige Dinge.

In der Quadrant-II-Organisation werden nicht die Termine nach Prioritäten geordnet, sondern für die Prioritäten Termine gefunden. Die Zeit wird nicht bis zur letzten Sekunde mit beliebigen Terminen verplant, sondern zu den Prioritäten – den großen Steinen – kommen je nach Bedarf weniger wichtige Dinge – Kies, Sand und Wasser.

Es kommt darauf an, den Krug nicht bis zum Rand zu füllen, sondern die großen Steine unterzubringen und den Krug nicht so voll zu machen, daß kein Platz mehr bleibt für eine vom Gewissen diktierte Veränderung.

Um den Inhalt in einen Kontext einordnen zu können, legen viele Menschen Zeitzonen fest und reservieren Zeit zur Vorbereitung.

Zeitzonen

Zeitzonen sind große austauschbare Zeitblöcke, die bestimmten Tätigkeiten vorbehalten sind. Wenn Familienaktivitäten für Sie hohe Priorität haben, könnten Sie zum Beispiel bei der Wochenorganisation den Samstagvormittag dafür freihalten. Das bedeutet jedoch keine feste Zusage, daß Sie sich wirklich jeden Samstagvormittag an einer Familienaktivität betei-

	MONTAG	DIENSTAG	MITTWOCH	DONNERSTAG	FREITAG	SAMSTAG	SONNTAG
7							
8							
9		Mitarbeiter-gespräche				Familienzeit	
10							
11							
12							
13	Neukunden-suche						
14							
15							
16							
17							
18							
19			Vereinsarbeit				
20							
21							
	ANDERE PRIORITÄTEN	ANDERE PRIORITÄTEN	ANDERE PRIORITÄTEN	ANDERE PRIORITÄTEN	ANDERE PRIORITÄTEN	ANDERE PRIORITÄTEN	ANDERE PRIORITÄTEN

ligen. Aber bei der Planung anderer Tätigkeiten und Ziele bleibt dieser Zeitraum in der Regel frei für die Familie.

Zeitzonen bieten eine Reihe von Vorteilen. Zunächst einmal ist diese Zeit Prioritäten vorbehalten, die meist zu Quadrant II gehören. Außerdem geben Sie Ihrem Leben eine Struktur, die von anderen Menschen wahrgenommen und berücksichtigt wird. Wenn sie wissen, daß Sie am Donnerstagabend Vereinsarbeit erledigen, rufen sie Sie vielleicht in dieser Zeit an, um Vereinsangelegenheiten zu besprechen, statt Sie während der Woche zu stören, wenn Sie mit anderen Dingen beschäftigt sind.

Durch die Austauschbarkeit der Zeitzonen gewinnen Sie Flexibilität, ohne die für bestimmte Aktivitäten angesetzte Zeit zu opfern. Wenn zum Beispiel Freunde am Donnerstag abend nicht ins Konzert gehen können und Ihnen die Eintrittskarten anbieten, dann können Sie Ihre Familienzeit auf den Donnerstag verlegen, gemeinsam mit Ihrer Familie ins Konzert gehen und Ihre Vereinsarbeit am Samstag vormittag erledigen. So werden Sie im Lauf der Woche dennoch beiden Rollen gerecht.

Zeitzonen helfen auch bei der Klärung von Erwartungen gegenüber anderen Menschen. Wenn Sie Ihre Verabredungen von einem Assistenten planen lassen und dafür am Montag, Mittwoch und Freitag Zeitblöcke von 10 bis 16 Uhr zur Verfügung stehen, dann weiß er, daß Sie in dieser Zeit keine anderen Termine planen, ohne ihn zu informieren. Umgekehrt wissen Sie, daß Ihr Assistent keine Verabredungen auf andere Zeiten legen wird, ohne sich mit Ihnen zu verständigen.

Vorbereitungszeit

Frustration und Angst sind oft auf das Gefühl zurückzuführen, unvorbereitet zu sein. Viele Angelegenheiten werden erst aufgrund mangelnder Vorbereitung dringend. Durch die Wochenorganisation schaffen wir einen Rahmen, der Vorbereitung ermöglicht und fördert.

Wenn Sie zum Beispiel am Freitag vormittag eine wichtige Präsentation halten müssen, sollten Sie sich vielleicht am Mittwoch Zeit zur Vorbereitung und am Donnerstag Zeit zum Üben nehmen. Wenn Sie am Samstag vormittag im Garten arbeiten wollen, müssen Sie vielleicht am Freitag Samen oder Werkzeuge kaufen.

Vorausgesetzt, alles geht nach Plan, sind wir natürlich meistens effektiver, wenn wir uns gut vorbereitet haben. Aber selbst wenn sich die Umstände verändern, befähigt uns die für Vorbereitungen investierte Zeit, den

Wert und die Kosten der Veränderung schneller zu veranschlagen und die richtige Entscheidung zu treffen.

Der Unterschied in der Lebensqualität

Jeder Versuch, den Weg zum Wesentlichen in unserem Leben mit einem eindimensionalen Chronos-Paradigma zu finden, ist simplifizistisch. Wir lassen den Uhrzeiger über die Gangart in unserem Leben entscheiden.

Aber die umfassende Perspektive der Wochenorganisation führt zu völlig neuen Ebenen des Sehens und Seins. Der Unterschied läßt sich am besten aus der eigenen Erfahrung begreifen. Nicht selten hören wir Äußerungen wie die folgende:

Ich entdecke sehr viel wertvolle Zeit. Vorher hatte ich immer gesagt: »Der Tag hat einfach nicht genug Stunden, die Woche hat nicht genug Tage. Ich habe zu viel zu tun.« Manchmal falle ich in alte Gewohnheiten zurück, aber ich weiß, daß ich fest verankert bin. Wenn ich aus dem Gleichgewicht komme, kann ich es schnell wieder finden. Es gibt hektische Phasen, Arbeiten, die einfach nicht warten können, aber dafür kann ich dann wieder Zeit für mich freihalten, und ich weiß, daß das genauso wichtig ist wie irgendein Quadrant-I-Notfall mit einem Klienten oder etwas anderem. Vorher dachte ich, ich muß jede Stunde am Tag verplanen. Dann erkannte ich, daß ich nicht alle kleinen Dinge planen, sondern daß ich mich mit den wesentlichen Dingen beschäftigen muß.

Manche Fragen der Lebensqualität lassen sich durch ein kurzsichtiges Chronos-Paradigma schlicht nicht wahrnehmen. Selbst die bloße Hinzufügung eines Wochen-Arbeitsblatts zu einem Tagesplanungssystem führt zu einem bedeutenden Unterschied. Aber ein weit größerer Unterschied entsteht, wenn das Kairos- oder Fülleparadigma hinzutritt: wenn wir erkennen, daß alle Teile unseres Lebens eine Rolle für unsere Philosophie spielen und daß die Synergie zwischen den Teilen die Energie im Ganzen erzeugt. Auf diese Weise wird das Leben zu einem produktiven Zyklus von Entwicklung, ständigem Lernen, erfüllten Beziehungen und sinnvollem Dienst an der Allgemeinheit.

Die Wochenperspektive fördert Gleichgewicht und Überblick. Sie bietet den Kontext für effektive Entscheidungen auf unserem Weg zum Wesentlichen.

Quadrant-II-Ziele zur Förderung der Wochenperspektive

- Legen Sie eine bestimmte Zeit fest, in der Sie Ihre Quadrant-II-Planung für die Woche machen. Suchen Sie sich dafür einen für Selbstbeobachtung und Besinnung günstigen Ort aus.
- Notieren Sie sich während der Woche Situationen, mit denen Sie aufgrund der Wochenperspektive anders umgehen. Halten Sie sie in Ihrem Planer fest. Bewerten Sie diese Erfahrungen am Ende der Woche.
- Wenn Sie es nicht schon tun, halten Sie sich einen Tag der Woche für Erneuerung, Reflexion und Sammlung frei – nicht nur für Erholung. Machen Sie an diesem Tag etwas, was Sie an anderen Tage normalerweise nicht machen. Beurteilen Sie nach einem Monat die Wirkung auf Ihr Leben.
- Wenn Sie mit anderen Menschen zusammenarbeiten oder -leben, halten Sie mit ihnen eine wöchentliche Organisationsbesprechung ab. Suchen Sie nach Koordinationsmöglichkeiten für Ihre Tätigkeiten, um die Ziele aller besser zu erreichen.

9. Integrität im Augenblick der Wahl

> Die Lebensqualität hängt davon ab, was in dem Raum zwischen Reiz und Reaktion geschieht.

Nehmen wir an, Sie haben sich übers Wochenende eine halbe Stunde intensiv mit dem Quadrant-II-Prozeß befaßt und die Verbindung zu Ihrem Innersten hergestellt. Sie haben Ihre Philosophie und Ihre Rollen überprüft und wichtige Ziele bestimmt. Sie haben sie in einen Aktionsplan für die Woche umgesetzt. Und dann haben Sie am Montag morgen den Tagesplan durchgesehen, den Bezug zum Wichtigen neu etabliert und im Einklang mit Ihrem Gewissen nötige Veränderungen vorgenommen. Sie sind überzeugt, das Wesentliche identifiziert zu haben und für die nächsten vierundzwanzig Stunden auf einem guten Weg zu sein.

Doch nachdem Sie den Tag nach Plan begonnen haben, stellen Sie fest, daß er nicht nach Plan läuft.

- Sie beenden gerade ein Gespräch mit einem Ihrer Mitarbeiter, als der plötzlich die Fassung verliert und Ihnen seine tiefen Sorgen anvertrauen möchte, die sich auf seine Arbeit auswirken. Sie schätzen diesen Mitarbeiter, aber Sie müssen in zehn Minuten bei einer wichtigen Besprechung sein, und Sie schätzen auch die fünf Leute, die sich Zeit für diese Besprechung genommen haben. Was machen Sie?
- Der Direktor der Grundschule Ihrer Tochter ruft Sie an und bittet Sie, sich an einem Arbeitsausschuß zur Beschaffung von Spielplatzausrüstung für die Schule zu beteiligen. Sie haben erst kürzlich die Entscheidung getroffen, keine Verpflichtungen dieser Art mehr einzugehen, weil Sie zu wenig Zeit für Ihre persönliche Erneuerung und für Ihre Familie hatten. Aber Ihre Tochter liegt Ihnen am Herzen, und das Anliegen des Direktors scheint Ihnen wichtig. Sie wissen, daß Sie mit Ihren Fähig-

keiten, Mitteln und Verbindungen sehr viel für das Projekt bewirken könnten. Was sagen Sie ihm?
- Sie arbeiten bereits seit einigen Stunden intensiv an einem Projekt und merken, daß Ihre Effektivität schwindet. Sie kommen auf den Gedanken, daß Sie sich bei einer kleinen Pause zum Lesen oder zu einem vorzeitigen Mittagessen wieder erholen könnten. Aber Sie haben einen Endtermin, und Sie wissen nicht, ob die Pause der Erneuerung oder der Flucht dient. Wie entscheiden Sie sich?

Diese Beispiele sind nicht aus der Luft gegriffen, sie gehören zum Alltag. Und so wirkungsvoll die Quadrant-II-Organisation auch sein mag, weder sie noch irgendein anderer Planungsprozeß kann uns das Wissen oder gar die Kontrolle über alles geben, was geschehen wird. Wenn wir effektives Zeitmanagement so verstehen, daß wir uns – koste es, was es wolle – durch eine Liste geplanter Termine und Aufgaben pflügen, steuern wir unweigerlich auf Enttäuschungen zu. Die meisten normalen Tage werden diesen Erwartungen zuwiderlaufen, und darüber hinaus verpassen wir einige der reichsten und erfüllendsten Dimensionen des Lebens. Und wahrscheinlich sind es oft nicht gerade die wesentlichen Dinge, die Vorrang in unserem Tagesplan haben.

Jede Woche, jeder Tag und jeder Augenblick des Lebens sind unbekanntes Terrain. Wie wir uns darin zurechtfinden, hängt zum großen Teil von der Qualität unseres inneren Kompasses ab; es hängt ab von der Stärke unserer vier Gaben, die uns zu jeder Zeit die Orientierung an den Nordpol-Prinzipien ermöglichen.

Der Augenblick der Wahl

Ein Augenblick der Wahl ist ein Augenblick der Wahrheit. Es ist eine Bewährungsprobe für unseren Charakter und unsere Kompetenz. Wir müssen uns nur einige der Faktoren vergegenwärtigen, die im Augenblick der Wahl auf uns einwirken:

- Dringlichkeit (eilige und unmittelbar bevorstehende Dinge)
- der soziale Spiegel (angenehme und beliebte Dinge)
- unsere Erwartungen
- die Erwartungen anderer

- unsere tiefen Werte (was wir langfristig für wichtig halten)
- unsere pragmatischen Werte (was wir kurzfristig wollen)
- unsere Prägungen
- unser Selbst-Bewußtsein
- unser Gewissen
- unsere Grundbedürfnisse
- unsere Wünsche

Angesichts all dieser Faktoren dürfen wir nie vergessen, daß ein Augenblick der Wahl genau dies ist: ein Moment, in dem wir eine Entscheidung treffen. Ob wir automatisch auf einen oder mehrere dieser Einflüsse reagieren, ob wir uns von Umständen oder anderen Menschen kontrollieren lassen oder ob wir mit unseren menschlichen Gaben eine unserem Bewußtsein und Gewissen adäquate Entscheidung treffen – es ist immer unsere Wahl.

Vielleicht leben wir mit der willkommenen Illusion, daß die Umstände oder andere Menschen für die Qualität unseres Lebens verantwortlich sind, aber in Wahrheit haben *wir* die Verantwortung für unsere Entscheidungen. Und auch wenn einige von ihnen zum jeweiligen Zeitpunkt klein und unbedeutend erscheinen, verbinden sich diese Entscheidungen wie kleine Bergquellen, die später zu einem riesigen Fluß werden, und bewegen uns mit wachsender Kraft auf unser Schicksal zu. Im Laufe der Zeit werden unsere Entscheidungen zu Gewohnheiten des Herzens. Und diese Gewohnheiten des Herzens wirken sich stärker als jeder andere Faktor auf die Gestaltung unserer Zeit und unsere Lebensqualität aus.

Die prinzipienorientierte Wahl

Der Kern eines prinzipienorientierten Lebens liegt darin, daß man sich dazu verpflichtet, auf das eigene Gewissen zu hören und nach ihm zu leben. Weshalb? Weil von allen Faktoren, die uns im Augenblick der Wahl beeinflussen, dies der einzige ist, der immer in Richtung Nordpol weist. Dieser Faktor allein führt unfehlbar zu Lebensqualität.

Um das Besondere der prinzipienorientierten Wahl zu zeigen, möchten wir Sie zu einem Experiment einladen. Wir möchten Sie jedoch bitten, sich wirklich darauf einzulassen, denn nur so können Sie zu einem tiefen Verständnis dieses Kapitels gelangen.

Denken Sie einen Augenblick an eine Beziehung, die Ihnen sehr am Herzen liegt und die Ihrer Meinung nach verbessert werden sollte. Vielleicht handelt es sich um den Partner, um ein Elternteil, um ein Kind, einen Chef, einen Mitarbeiter, einen Freund. Versuchen Sie zu Ihrem Innersten vorzudringen, und stellen Sie sich folgende Frage:

Welche Handlung vor allem würde die Qualität dieser Beziehung bedeutend verbessern?

Wenn wir diese Frage stellen, fällt den Menschen fast unweigerlich eine konkrete Handlung ein, die etwas bewirken würde. Sie wissen, daß sie die Qualität der Beziehung verbessern würde.

Für die meisten Menschen ist diese Erkenntnis etwas, was sie weder unter diesen noch unter anderen Umständen erprobt haben. Sie ist nicht unbedingt die direkte Weiterführung eines linearen Gedankens. Es ist einfach ein tiefes inneres Wissen um das »Richtige« und die Zuversicht, daß das entsprechende Tun zu einem guten Ergebnis führen würde.

Steht die Antwort, die dir eingefallen ist, im Einklang mit den Nordpol-Prinzipien?

Ja.

Liegt Sie in deiner Einflußsphäre?

Ja.

Ist es etwas, was du tun kannst – auch wenn es dir schwerfällt?

Ja.

Wie wäre es nun, wenn Sie von Tag zu Tag und von Moment zu Moment Zugang zu diesem inneren Wissen hätten? Wie wäre es, wenn Sie in der Hitze des Gefechts Ihre Entscheidungen nicht unter dem Druck des Dringlichen, der sozialen Gruppe, der Erwartungen anderer, drohender Schmerzen, der Zweckdienlichkeit oder der Eile, sondern durch den Kontakt zu dieser inneren Weisheit treffen könnten? Und wie wäre es, wenn Sie diese Entscheidungen effektiv ausführen könnten? Würde das in Ihrem Leben etwas bewirken?

Stephen: *Vor einigen Jahren sprach ich vor einer Gruppe von Studenten darüber, wie man auf das Gewissen hört und im Einklang mit ihm lebt. Wir machten eine Übung, bei der ich sie dazu aufforderte, die Verbindung zu ihrem Innersten zu suchen und auf die Stimme ihres Gewissens zu hören.*

Danach kam eine junge Frau auf mich zu und fragte: »Wie kann ich wissen, ob die Stimme, die ich höre, von meinem Gewissen kommt oder von woanders – vom sozialen Gewissen, von Prägungen, von meinem eigenen Wunschdenken?«

Ich sagte: »Als wir die Übung gemacht haben, haben Sie dabei etwas gespürt?«

»Ja, natürlich!« erwiderte sie. »Ich weiß so viele Dinge, die ich machen muß, um ein besserer Mensch zu sein.«

»Dann schlage ich vor, Sie vergessen Ihre Frage. Machen Sie einfach diese Dinge. Dabei werden Sie diese innere Stimme kennenlernen und auch eine Antwort auf Ihre Frage bekommen.«

Ich beobachtete ihr Gesicht. »Diese Antwort hat Ihnen wohl nicht gefallen?«

»Nein.«

»Und warum nicht?«

Sie seufzte. »Ich habe keine Ausrede mehr.«

Ein Jahr später sprach ich an derselben Universität über ein anderes Thema. Die junge Frau von damals kam wieder zu mir und erinnerte mich an die Frage, die sie mir gestellt hatte. Als mir die Situation wieder eingefallen war, fragte ich: »Und was ist passiert?«

»Ich habe diese Dinge gemacht«, antwortete sie. »Ich habe es ernst genommen.«

»Und was haben Sie gemacht?«

»Ich habe angefangen, die Weisheitsliteratur ernsthaft zu studieren. Ich habe mich mit einigen Leuten ausgesöhnt, die ich vorher einfach vergessen wollte, weil ich sie nicht mochte. Zu Hause war ich konstruktiver, ich habe mehr mitgeholfen. In meinem Studium habe ich meine Zauderhaftigkeit abgelegt. Ich wurde weniger defensiv und reizbar.« Sie hielt einen Moment inne und fügte dann hinzu: »Ich kenne den Unterschied zwischen dieser Stimme und allen anderen inneren und äußeren Stimmen jetzt sehr genau.«

Einige Jahre später sprach ich vor einer anderen Gruppe – und sogar in einem anderen US-Staat –, und sie kam wieder auf mich zu. »Interessieren Sie sich für die dritte Folge?« fragte sie. Ja, ich interessierte mich dafür. Sie sagte: »Mein Leben hat sich vollkommen verändert, seit ich begriffen habe, daß ich meinen eigenen inneren Wegweiser habe. Ich spüre eine Orientierung in allem, was ich tue, und solange ich mich daran halte, scheint sich alles zusammenzufügen, wie ich es will.«

Dies ist der Kern des prinzipienorientierten Lebens. Es bedeutet, daß wir einen Zugang zu diesem inneren Wissen schaffen und im Einklang damit handeln. Es bedeutet, daß wir den Charakter und die Kompetenz besitzen, auf unser Gewissen zu hören.

Natürlich kann hier nicht die Rede sein von einer »Schnellösung«. Diese junge Frau hat entdeckt, daß man nur durch beständige Anstrengungen und intensives Engagement so weit gelangt. Aber je mehr wir es schaffen, desto mehr kommen wir in den Genuß der Früchte eines prinzipienorientierten Lebens.

Die Wahl umsetzen

Der wesentliche Zweck des Quadrant-II-Prozesses liegt in der Vergrößerung des Raumes zwischen Reiz und Reaktion, der unsere Fähigkeit zu integrem Handeln bestimmt. Das tun wir, wenn wir unsere persönliche Lebensphilosophie niederschreiben. Wir tun es, wenn wir die Woche planen. Zwischen Reiz und Reaktion halten wir inne, um proaktiv eine Wahl zu treffen, die in tiefem Einklang mit Prinzipien, Bedürfnissen und Fähigkeiten steht.

Im Hinblick auf den Alltag und den Augenblick steigern wir unsere Fähigkeit zu integrem Handeln auf die gleiche Weise: Wir lernen innezuhalten. Aus diesem Innehalten entsteht Integrität, und wir benutzen unsere menschlichen Gaben, um gezielt zu fragen, um ohne Ausflüchte zuzuhören und um beherzt zu handeln.

1. Gezielt fragen

Gezieltes Fragen ist die entscheidende Handlung, durch die wir zur Prinzipienorientierung finden. Es ist das Befragen unseres Gewissens, und zwar nicht aus Neugier, sondern aus der innerem Verpflichtung, unser Handeln auf die Weisheit des Herzens zu gründen.

Gezieltes Fragen bekräftigt die Existenz und die Unumstößlichkeit der Prinzipien. Es bekräftigt unsere menschlichen Gaben – daß wir das Selbst-Bewußtsein haben, um unser fehlendes Wissen zu erkennen, das Gewissen, das uns auf den Nordpol verweist, den freien Willen, um eine Wahl zu treffen, und die Vorstellungskraft, um unseren Entschluß auf möglichst effektive Weise auszuführen.

Integres Handeln im Augenblick der Wahl beginnt mit Fragen – genauso, wie wir uns vor der Formulierung unserer Lebensphilosophie oder vor der Festlegung von Zielen bei der Wochenplanung Fragen stellen. Angesichts der Herausforderungen des Tages müssen wir eine Schlüsselfrage finden, die uns in den Kern eines vom Gewissen inspirierten Lebens führt. Folgende Fragen haben sich zum Beispiel für manche Menschen als sinnvoll erwiesen:

»Wie kann ich meine Zeit jetzt im Moment am besten nutzen?«
»Was ist jetzt im Moment am wichtigsten?«
»Was verlangt das Leben von mir?«

Die genaue Formulierung der Frage ist unerheblich, es muß nur eine Frage sein, die aus dem Herzen kommt. Darüber hinaus gibt es weitere Fragen, die wir uns im Augenblick der Wahl stellen können:

Liegt das in meiner Einflußsphäre?
Liegt das in meiner Schwerpunktsphäre?
Gibt es eine dritte Alternative?
Welche Prinzipien sind wirksam?
Auf welche Weise lassen sie sich am besten anwenden?

Kommen wir noch einmal auf eine der zu Beginn des Kapitels angesprochenen Situationen zurück, um zu sehen, was diese Fragen im Hinblick auf ein prinzipienorientiertes Handeln bewirken können.

Nehmen wir also an, ein Mitarbeiter faßt sich ein Herz, um mit Ihnen über vertrauliche Dinge zu sprechen, gerade als Sie zu einer wichtigen Besprechung müssen. Typisch wäre hier eine frustrierte und beunruhigte Reaktion, das Gefühl, vor einem Dilemma zu stehen. Es könnte auch die Angst vor einem Gesichtsverlust gegenüber Vorgesetzten sein, wenn Sie nicht bei der Besprechung erscheinen. Eine Reflexreaktion wäre es, wenn Sie einfach auf die Uhr schauen und sagen würden: »Es tut mir wirklich leid, aber ich muß jetzt zu einer Besprechung.«

Aber wie würde sich diese Entscheidung auf die Loyalität und Kreativität des Mitarbeiters auswirken? Auf andere, mit denen der Mitarbeiter über seine Erfahrungen sprechen könnte? Auf Ihr persönliches Integritätskonto?

Nehmen wir an, Sie atmen tief durch und halten inne.

Was ist jetzt im Moment am wichtigsten?

Sie sind sich nicht sicher. Menschen sind wichtiger als Zeitpläne, aber dieser Termin betrifft auch andere Menschen.

Liegt das in meiner Einflußsphäre?

Beide Situationen liegen in Ihrer Einflußsphäre, beide stehen in Verbindung zu Ihrer Lebensphilosophie und Ihren Bestrebungen.

Welche Prinzipien sind wirksam?

Vielleicht fallen Ihnen bei Betrachtung der Situation bestimmte Prinzipien ein. Es könnte Offenheit und Ehrlichkeit sein, die Beteiligung anderer am Problem und die gemeinsame Erarbeitung einer Lösung. Vielleicht halten Sie es für das beste, dem Mitarbeiter zu sagen: »Ich fühle mich geehrt durch Ihre Bereitschaft, mir Ihre Sorgen anzuvertrauen. Die Sache erscheint mir so wichtig, daß ich mir Zeit nehmen möchte, um sie mit Ihnen durchzusprechen und zusammen mit Ihnen eine Lösung zu finden. Aber ich habe das Problem, daß ich mit anderen Leuten vereinbart habe, mich jetzt mit ihnen zu treffen, aber bis 3.00 Uhr sollte ich fertig sein. Was würden Sie davon halten, wenn wir uns dann zusammensetzen und uns eingehend mit der Sache beschäftigen?«

Oder Sie machen eine völlig andere Erfahrung. Sie denken vielleicht an das Prinzip der Einmaligkeit. Sie bitten den Mitarbeiter, eine Minute zu warten, und lassen den anderen Teilnehmern der Besprechung von der Sekretärin ausrichten, daß etwas Wichtiges dazwischengekommen ist und daß Sie eine halbe Stunde später kommen. Sie kann auch darum bitten, die Sie betreffenden Punkte auf das Ende der Besprechung zu verlegen. Möglicherweise schicken Sie aber auch einfach einen Kollegen als Vertretung zu der Besprechung.

Eine wiederum gänzlich andere Erfahrung machen Sie, wenn Sie erkennen, daß die Probleme dieses Mitarbeiters nicht in Ihre unmittelbare Zuständigkeit fallen. Vielleicht gehen Sie dann zusammen mit ihm zum Büro des Personalleiters, wo man seinen Bedürfnissen besser gerecht werden kann.

Vor allem kommt es darauf an, daß Sie nicht einfach auf der Basis Ihrer eigenen Bedürfnisse und Ihres Zeitdrucks reagieren, sondern innehalten und die Verbindung zu Ihrem Gewissen herstellen, um im Augenblick der Wahl den Weg zum Wesentlichen zu finden.

Entscheidend für das gezielte Fragen ist die Erkenntnis, daß Weisheit eine Synergie zwischen Herz und Verstand ist. Häufig wird uns das, was uns unser Gewissen mitteilt, vertraut und vernünftig erscheinen.

Manchmal jedoch übersteigt die Weisheit des Herzens die des Verstandes. Vielleicht haben wir keine direkte Erfahrung mit dem, was wir unserem Gefühl nach tun sollten, aber irgendwie wissen wir, es ist das Richtige. Wir wissen, daß es funktionieren wird. Wenn wir lernen, auf unser Gewissen zu hören und nach ihm zu leben, können wir viele Dinge, die wir von ihm lernen, durch Erfahrung in den rationalen Rahmen unseres Wissens einfügen. Wir lernen, die Dinge durch Logik zu klären, aber uns nicht in der Logik zu verlieren. Weisheit heißt, möglichst viel zu lernen, aber auch zu erkennen, daß wir nicht alles wissen können. Deshalb ist es für die Integrität im Augenblick der Wahl von grundlegender Bedeutung, daß wir gezielt fragen.

2. Ohne Ausflüchte zuhören

Wenn wir das erste Flüstern des Gewissens hören, handeln wir entweder im Einklang mit ihm, oder wir denken uns sofort rationale Begründungen dafür aus, weshalb wir uns doch anders entscheiden sollten.

Wenn wir die erste Möglichkeit wählen, fühlen wir uns friedlich. Wir orientieren uns an Nordpol-Prinzipien. Wir entwickeln uns in unserer Fähigkeit, die innere Stimme zu erkennen, und in unserer persönlichen Effektivität.

Wenn wir die zweite Möglichkeit wählen, fühlen wir uns zerrissen und angespannt. Wir rechtfertigen unsere Entscheidung und ziehen dafür oft äußere Faktoren wie andere Leute oder die Umstände heran. Wir geben anderen die Schuld. Vielleicht spüren sie das Unstimmige daran und reagieren entsprechend. Daraus entstehen eine negative Synergie und ein Handlungsrahmen, der in anderen das negative Verhalten auslöst, das zur Entschuldigung für unser eigenes wird.

Nehmen wir zum Beispiel an, Sie kommen nach einem harten Arbeitstag müde und erschöpft nach Hause. Sie möchten sich entspannen und freuen sich bereits auf einen ruhigen Abend mit einem Video, das Sie unterwegs ausgeliehen haben. Aber beim Abendessen spüren Sie, daß Ihr halbwüchsiger Sohn unruhig und aufgewühlt ist. Ein nagendes Gefühl in Ihrem Inneren sagt Ihnen, daß Sie Ihre Pläne für den Abend überdenken und ein intensives Gespräch mit Ihrem Sohn führen sollten.

Doch Sie haben keine Lust darauf. Das gestehen Sie sich natürlich nicht bewußt ein. Sie lieben Ihren Sohn. Sie wollen nur das Beste für ihn. Aber Sie sind müde und haben sich schon so sehr auf das Video gefreut. Sie haben den ganzen Tag geschuftet, damit er etwas zu essen hat. Und schließlich wollen Sie ja nur zwei Stunden für sich.

Also versuchen Sie es im Schnellverfahren beim Abendessen.

»Na, geht's dir gut?«

Er blickt auf, um zu sehen, ob Sie es ernst meinen. Nein. »Ja. Mir geht's gut.«

»In der Schule alles in Ordnung? Hausaufgaben? Verabredungen?«

»Ja, alles in Ordnung.«

»Strengst du dich auch an mit den Noten? Das Stipendium ist wichtig, das weißt du ja.«

»Ja, weiß ich.« Er steht auf und greift nach seinem Pullover.

»Gehst du noch weg?«

»Ja.«

»Wohin?«

»Nur mal kurz raus.«

»Wann bist du wieder da?«

»Später.«

»Morgen mußt du in die Schule. Um halb elf bist du wieder da, okay?«

»Okay.«

Als er auf dem Weg zur Tür ist, rufen Sie ihm nach: »Du weißt doch, wenn du ein Problem hast, bin ich für dich da.«

»Ja, weiß ich«, ruft er zurück.

»Und willst du mit mir sprechen?«

»Nein, ich muß jetzt los.«

»Redest du eigentlich gar nicht mehr mit mir? Ich kriege nur noch Brocken als Antworten. Mit dir kann man ja nicht reden.«

»Genau«, brummt er vor sich hin. »Aber mit dir hat man's auch nicht gerade leicht.«

»Man sollte meinen, daß auch Teenager ab und zu den Mund aufmachen und etwas Gescheites sagen!«

Als die Tür hinter ihm zuschlägt, gehen Sie zu Ihrem Lehnstuhl und ärgern sich über Teenager, fehlende Kommunikation und das schwere Los von Eltern in unserer Zeit. Sie haben es versucht! Aber Teenager sind nun mal eigen. Stimmt doch, oder?

Nach dieser Selbstrechtfertigung nehmen Sie Platz, um sich das wohlverdiente Video anzusehen. Und schon nach wenigen Minuten wird das verbleibende Unbehagen in Ihrem Inneren von bunten Bildern übertönt.

Bei Ihrem Sohn hat sich die Unruhe noch verstärkt. Er hat das Gefühl, daß ihm die Schuld für die schlechte Kommunikation gegeben wird. Seine Probleme werden noch schlimmer. Er fühlt sich schlechter als vorher, und er kann mit niemandem darüber reden.

Im Lauf der Zeit können solche Begegnungen schwerwiegende Konsequenzen haben. Stein auf Stein schichten Sie Mauern der Rechtfertigung und Begründung um Ihr Herz. Auch Ihr Sohn baut Mauern um sein Herz, um seine Gefühle und Bedürfnisse zu schützen. Die Kommunikation wird oberflächlich, gequält und schlägt schnell in Schuldzuweisungen und Anklagen um. Sie leben in einem komplexen Gewebe aus Unbehagen und Schmerz, das nur entstehen konnte, weil Sie das erste Flüstern des Gewissens nicht beachtet haben.

Anspannung und innere Zerrissenheit sind viel aufreibender als harte, unermüdliche Arbeit. Und wenn wir dieser Anspannung durch Quadrant-III-Aktivitäten, deren große Bedeutung wir uns zurechtgelegt haben, oder

Zeitverschwendung in Quadrant IV entfliehen wollen, steigern wir sie nur. Auch die enttäuschenden Erfahrungen mit dem Zeitmanagement – Gehetztheit, Druck, Dilemmasituationen – sind im Grunde oft auf innere Disharmonie zurückzuführen.

Wenn wir mit Integrität handeln wollen, müssen wir mit diesem Spiel aufhören. Wir müssen lernen zuzuhören – nicht nur unserem Gewissen, sondern auch unserer Reaktion. Sobald wir sagen: »Ja, *aber*«, müssen wir uns verbessern und sagen: »Ja, *und.*« Keine Erklärungen. Keine Rechtfertigungen. Fangen Sie einfach damit an. Betrachten Sie jede Äußerung des Gewissens als Einladung zu größerer Harmonie mit den grundlegenden Gesetzen des Lebens. Hören Sie zu und reagieren Sie.

3. Beherzt handeln

Manche der beherztesten Handlungen finden bei unseren Alltagsentscheidungen in dem Augenblick zwischen Reiz und Reaktion statt. Es erfordert ungeheuren Mut, Träger des Übergangs zu sein und negative Tendenzen wie Mißbrauch nicht an die nächste Generation zu überliefern. Es erfordert Mut, sich für ein Handeln zu entscheiden, das auf Prinzipien menschlicher Würde und Achtung beruht. Es erfordert Mut, ehrlich unsere tiefsten Motive zu erforschen und die Ausreden und Rechtfertigungen aufzugeben, die uns den Zugang zu unserem Innersten verstellen. Es erfordert Mut, ein prinzipienorientiertes Leben zu führen in dem Bewußtsein, daß unsere Entscheidungen bei anderen nicht immer auf Anklang stoßen werden. Es erfordert Mut, zu erkennen, daß wir größer sind als unsere Stimmungen und Gedanken und daß wir unsere Stimmungen und Gedanken beherrschen können.

Rebecca: *Als ich einmal an einem Wochenseminar teilnahm, nahm ich mir vor, zwischen und nach den Seminarsitzungen an einigen wichtigen Quadrant-II-Zielen zu arbeiten.*

Das führte schon am ersten Tag des Seminars zu einem Konflikt, als ich gebeten wurde, bestimmte Aktivitäten der Teilnehmer während der Veranstaltung zu koordinieren. Tief in meinem Innersten spürte ich, daß ich mit der Erfüllung dieser Aufgabe einen Beitrag zum Erfolg der anderen leisten konnte und daß dies in Einklang mit meinen Werten und Prinzipien stand. Je mehr ich darüber nachdachte, desto mehr kam ich zu der Erkenntnis, daß ich es machen sollte. Aber andererseits war ich auch enttäuscht, weil sich der Ablauf so stark von meinen ursprünglichen Plänen und Erwartungen unterschied.

Ich übernahm die Aufgabe und geriet stark unter Druck, weil ich von einer Sache zur nächsten rannte und versuchte, es allen recht zu machen. Außerdem fühlte ich mich ziemlich frustriert, weil ich nicht tun konnte, was ich eigentlich geplant hatte.

Doch es gab einen bestimmten Augenblick inmitten dieser negativen Gefühle, als ich mich besann und sagte: »Halt! Ich muß nicht mit dieser Frustration leben. Ich habe mich für das entschieden, was ich für richtig halte, aber das heißt nicht, daß ich unter dieser Unruhe und Anspannung leiden muß. Ich kann mich anders entscheiden.«

Ich fühlte, wie die negative Anspannung und die Frustration von mir abfielen. An ihre Stelle war die stille Entschlossenheit getreten, meinen Herausforderungen beherzt zu begegnen.

Es blieb nicht bei dieser einen Entscheidung. Mehrmals während der Woche mußte ich darauf zurückkommen, als mich der Druck und die Unruhe wieder einholten. Es war so leicht, sich davon aufsaugen zu lassen! Aber ich besann mich jedesmal und sagte: »Ich entscheide mich anders!« Und je öfter ich es machte, desto freier und stärker fühlte ich mich.

Je länger ich darüber nachdachte, desto klarer wurde mir, daß es wirklich Mut erfordert, im Augenblick der Wahl das zu tun, was man für richtig hält – und alle Rechtfertigungen und »Wenn-nur«-Gedanken aufzugeben, die den Frieden dieser Entscheidung gefährden.

Heute weiß ich, daß ich mich die ganze Woche lang unbehaglich und unaufrichtig gefühlt hätte, wenn ich diesen Auftrag abgelehnt hätte. Und es stellte sich heraus, daß er zu einer befriedigenden, starken und erneuernden Erfahrung führte, wie ich es anfangs nie für möglich gehalten hätte.

Im Laufe der Zeit wird es zur grundlegenden Gewohnheit des Herzens, dem Gewissen zu folgen. Statt mit Rechtfertigungen, Angst, Schuldgefühlen und Frustration leben wir mit der inneren Gewißheit, daß wir Tag für Tag und Moment für Moment den Weg zum Wesentlichen wählen. Echte (nicht durch Gesellschaft oder Prägungen vermittelte) Schuld wird zu unserem Lehrer, zu unserem Freund. Wie ein Zielsuchgerät, das das Abweichen eines Flugzeuges vom Kurs anzeigt, warnt sie uns, wenn unser Leben nicht mehr mit den Nordpol-Prinzipien in Einklang steht. Auch aus Fehlern können wir lernen. Und je mehr wir aus ihnen lernen, desto mehr erfahren wir über die Prinzipien, und desto höher gelangen wir in unserer Entwicklung.

Erziehung des Herzens

Die Erziehung des Herzens ist das entscheidende Gegenstück zur Erziehung des Verstandes. Durch sie nähren wir die innere Weisheit. Durch sie lernen wir, unsere vier Gaben synergetisch zu nutzen und im Augenblick der Wahl mit Integrität zu handeln.

Der Quadrant-II-Prozeß fördert diese innere Weisheit durch mehrere wichtige Ansätze:

- Eine der besten Verwendungen des Raumes zwischen Reiz und Reaktion liegt in der Formulierung der eigenen Lebensphilosophie. Diese Aussage wird zur DNS für jede unserer folgenden Entscheidungen.
- Die Wochenorganisation ermöglicht uns, durch eine auf die Wichtigkeit gerichtete Perspektive die Verbindung zwischen Gesamtbild und Realität des Augenblicks herzustellen.
- Die Bewertung am Ende der Woche zeigt uns die Zeit als Lern- und Entwicklungszyklus statt als lineares Chronos-Meßinstrument. Sie befähigt uns, vom Leben zu lernen und die Qualität unserer Entscheidungen zu steigern.
- Das Schärfen der Säge verbessert unsere Entscheidungen durch Erneuerung in allen vier menschlichen Dimensionen, wie wir nun sehen werden.

Die physische Dimension

Aus zahlreichen Untersuchungen geht hervor, daß Müdigkeit und Krankheit eine überaus negative Wirkung auf die Entscheidungsfindung haben. Vince Lombardi hat einmal gesagt: »Müdigkeit macht uns alle zu Feiglingen.« Wenn wir müde oder krank sind, tendieren wir zur Reaktion. Auch der Konsum von Drogen und Alkohol kann den Raum zwischen Reiz und Reaktion verringern.

Das Schärfen der Säge im physischen Sinne – körperliche Betätigung, gesunde Ernährung, genügend Schlaf, das Vermeiden schädlicher Substanzen, regelmäßige Untersuchungen – erhöht beträchtlich die Wahrscheinlichkeit, daß wir im Augenblick der Wahl gute Entscheidungen treffen. Zugleich stehen uns auf der Grundlage guter Gesundheit viel mehr Handlungsmöglichkeiten offen. Unser Körper ist eine fundamentale Verantwortung; er ist das Instrument, mit dem wir unseren anderen Verantwortungen und Rollen gerecht werden.

Die mentale Dimension

Wenn wir über das begrenzte Paradigma der Imageethik in den letzten siebzig Jahren hinausgehen, erfahren wir, daß die Literatur der hundertfünfzig Jahre davor von der Charakterethik bestimmt war. Diese sah die entscheidenden Kriterien für Erfolg in Dingen wie Ehrlichkeit, Integrität, Bescheidenheit, Treue, Gerechtigkeit, Geduld und Mut.

Die Konsequenzen einer Lebensform, die sich nach diesen Nordpol-Prinzipien richtet – oder es nicht tut –, können wir an den Kulturen aller Zeitalter beobachten. Wir sind wieder bei unserem Video über die Orange angelangt: Die Naheinstellung sorgt für Verwirrung und Orientierungslosigkeit; aber wenn wir zurücktreten, sehen wir die Dinge aus einer normalen Perspektive. Und diese Perspektive – das Wissen um Einflüsse, die uns von den Prinzipien ablenken – wirkt sich entscheidend auf unsere im Augenblick getroffenen Entscheidungen und damit auf unsere Lebensführung insgesamt aus.

- Greife ich zu Schnellösungen, um jetzt mehr zu schaffen – oder nehme ich mir Zeit für diese Beziehung, um langfristig mehr wichtige Dinge zu erreichen?
- Versuche ich mein soziales Bedürfnis durch die billige Befriedigung zu stillen, anderen Mitarbeitern die Fehler meines Chefs zu gestehen – oder pflege ich gute Beziehungen durch Loyalität gegenüber Abwesenden und das Austragen von Meinungsverschiedenheiten unter vier Augen?
- Sage ich automatisch »Ja«, wenn mich mein Chef bittet, am Wochenende zu arbeiten – oder suche ich nach dritten Alternativen, die seinem, aber auch meinem Bedürfnis gerecht werden?
- Arbeite ich verbissen an dem unabhängigen Projekt weiter, wie ich es geplant habe – oder erkenne ich meine Chance, jemand anderen bei der Lösung eines Problems zu unterstützen und damit seine – und meine – Lebensqualität zu verbessern?

Durch sinnvolle mentale Erneuerung können wir in Augenblicken der Wahl klaren Kopf behalten und das begrenzte Wissen unserer Umgebung überwinden.

Die spirituelle Dimension

Erneuerung in der spirituellen Dimension nährt ein Gefühl von Sinn und umfassender Lebensausrichtung, das einen starken Einfluß auf unsere täglichen Entscheidungen ausübt. Eines der wesentlichen Elemente der Weisheitsliteratur ist die Vorstellung, daß das Leben des einzelnen Teil eines größeren Ganzen ist. Und gleichgültig, ob die Menschen dieses größere Ganze als ein Leben nach dem Tod, als wiederkehrende Lebenszyklen oder als ein Vermächtnis von einer Generation zur nächsten begreifen, diese Orientierung fügt die Herausforderungen des Alltags in einen sinnvollen Gesamtzusammenhang.

Viele Untersuchungen belegen, daß Menschen mit einer solchen Gesamtorientierung in ihrem Leben glücklicher und zufriedener sind und mehr zum Allgemeinwohl beitragen. Viele in den USA befragte Personen, die sich nicht unbedingt als religiös bezeichnen, befassen sich kontemplativ mit der Suche nach dem Sinn des Lebens. Die Menschen sehen sich mit den Konsequenzen eines selbstbezogenen, konsumorientierten, materialistischen Chronosparadigmas konfrontiert, und viele von ihnen beschäftigen sich eingehender mit ihrem Leben und suchen nach Möglichkeiten, die Konsequenzen zu verändern.

Erneuernde Tätigkeiten in der spirituellen Dimension – Meditation, Gebet, konfessionelle Aktivität, Dienst am Nächsten, Studium der Weisheitsliteratur und der heiligen Schriften, die Arbeit an der eigenen Lebensphilosophie – fördern den Gesamtzusammenhang und die Vermächtnisorientierung im Rahmen der Nordpol-Prinzipien. Diese Erneuerung spielt eine zentrale Rolle für die Erziehung des Herzens. Sie ist die Grundlage für die Suche nach dem Weg zum Wesentlichen. Sie verleiht uns die Passion und die Kraft, das weniger Wichtige dem Wichtigsten unterzuordnen. Mit ihr können wir im Augenblick der Wahl die starken Einflüsse der Dringlichkeit, des Eigennutzes und der unmittelbaren Befriedigung überwinden.

Die soziale Dimension

Mit der sozialen Dimension werden wir uns in Teil 3 näherbefassen, in dem es um die Synergie der Interdependenz geht. An dieser Stelle jedoch möchten wir auf den für die Erziehung des Herzens wesentlichen Umstand eingehen, daß sich unsere Beziehung zu uns selbst auf die Beziehungen zu anderen auswirkt.

Rebecca: *Ich erinnere mich an einen Vorfall vor Jahren, der mir eindringlich die Folgen eines Verstoßes gegen das Gewissen vor Augen führte. Damals hatte ich schriftstellerische Ambitionen, war aber sehr mit meinen kleinen Kindern beschäftigt und hatte auch mit gesundheitlichen und anderen Problemen zu kämpfen. Ich ging eines Tages in einen Buchladen und sah auf einem Regal das Buch einer ehemaligen guten Freundin.*

Ich war zuerst überrascht und dann ungläubig. Wie in aller Welt hatte sie nur dieses Buch geschrieben? Sie war im öffentlichen Leben viel beschäftigt und mußte zudem auch noch Familie und Haushalt versorgen. Wie hatte sie nur die Zeit gefunden?

Je länger ich auf das Buch starrte, desto mehr verlor ich mich in Erklärungen und Selbstrechtfertigungen. »Wahrscheinlich hat sie eine Babysitterin, die auf ihre Kinder aufpaßt. Die müssen in Geld schwimmen. Wahrscheinlich gehen sie jeden Abend essen, und sie muß nicht kochen. Und sie hat so viel Energie – sie war wahrscheinlich noch keinen Tag in ihrem Leben krank. Nie hätte sie dieses Buch schreiben können, wenn sie so viele Sorgen und Probleme hätte wie ich.«

Tief in meinem Innersten wußte ich, daß meine Reaktion völlig überzogen war. Es mußte einen tieferliegenden Grund dafür geben, den ich herausfinden wollte. Ich versuchte alle negativen, zornigen Gefühle loszulassen und ehrlich in mein Herz zu blicken.

Ich hatte eine dieser wunderbaren, schmerzlichen Einsichten, die mit einem Schlag alles taghell erleuchten. Ich war nicht zornig auf meine Freundin. Sie hatte nur Dinge in ihrem Leben, die ich nicht hatte ... die ich aber brauchte. Ich hatte ihre Leistungen als Spiegel meiner Schwächen gesehen. Und bei diesem Anblick hatte ich die Fassung verloren.

Ich wußte, daß sie eine herrvorragende Mutter war. Die Mutterrolle war für mich eine Herausforderung, und ich sah ihre unerschöpfliche Geduld und ihre positive Einstellung als Kontrastbild zu meinem Gefühl der Inkompetenz. Sie teilte sich ihre Zeit so gut ein, daß sie auch außerhalb des Haushalts sinnvolle und kreative Dinge machen konnte. Auch ich hatte Talent zum Schreiben, das wußte ich, aber ich war in meinen anderen Aufgaben zu ineffizient gewesen, um dieses Talent entfalten zu können.

Ich unterstellte ihr materiellen Wohlstand, weil ich mich durch meine Schwäche im finanziellen Wirtschaften behindert fühlte. Einige falsche Entscheidungen zu Beginn unserer Ehe führten dazu, daß wir Schulden machten. Ich fühlte mich durch diese Belastung von vielen Möglichkeiten im Leben abgeschnitten.

Meine Freundin war gesund, aber das war nicht das Problem. Das Problem war, daß ich regelmäßige körperliche Betätigung brauchte und dies auch wußte, mich aber nicht darum kümmerte.

Wenn ich in meinem Leben die Dinge getan hätte, die ich als richtig erkannt hatte, dann hätte ich diese Gefühle überhaupt nicht bekommen. Der Erfolg meiner Freundin hätte mich nur gefreut.

Ich wußte, daß ich all diese Dinge in meinem Leben nicht einfach mit einem Fingerschnippen ändern konnte. Aber zumindest hatte ich die Wurzel des Problems erkannt: Ich hatte in meinem Leben nicht den Weg zum Wesentlichen gefunden. Und dagegen konnte ich etwas unternehmen.

Eine der besten Möglichkeiten zur Erziehung unseres Herzens bietet die Beobachtung unserer Interaktion mit anderen Menschen, weil unsere Beziehungen zu anderen im Grunde ein Spiegel der Beziehungen zu uns selbst sind.

Wenn wir in unserem Leben nicht auf unser Gewissen hören, neigen wir zu Schuldzuweisungen und Anklagen, um unsere innere Disharmonie zu rechtfertigen. Ohne eigene Lebensphilosophie und Prinzipienorientierung messen wir uns an anderen Menschen statt am eigenen Potential. Wir bewegen uns im Vergleichsdenken und in der Gewinn/Verlust-Mentalität. Wir werden selbstsüchtig und autobiographisch. Wir schieben den Handlungen anderer unsere Motive unter. Wir sehen ihre Stärken und Schwächen im Hinblick auf ihre Wirkung auf uns. Wir räumen ihren Schwächen Macht über uns ein.

Wenn Familien, Arbeitsgruppen, Unternehmen und ganze Gesellschaften sich in Schuldzuweisungen, Anklagen und Anschwärzungen ergehen, dann ist das ein deutlich sichtbarer Beleg dafür, daß die Menschen nicht im Einklang mit ihrer inneren Stimme leben. Die meiste Zeit sind sie in Fluchtphantasien befangen. Das Problem liegt irgendwo »dort draußen«, und jemand dort draußen soll es auch bitte schön lösen.

»Behüte dein Herz mit allem Fleiß, denn daraus quillt das Leben«, heißt es in den Sprüchen Salomos. Vor uns liegt die interdependente Realität, und auf dem Weg dorthin können wir auf die Erkenntnis bauen, daß sich unsere Integrität auf unsere Interaktionen mit anderen auswirkt.

Nach dem Gewissen leben

Menschen, die nach ihrem Gewissen leben, verspüren nicht die schale Befriedigung der Dringlichkeitssucht, der Gefälligkeit gegen andere oder der Sicherheit durch ununterbrochene Geschäftigkeit. Aber dafür erleben sie tiefe Erfüllung – auch inmitten von Schwierigkeiten und Herausforderungen –, und sie legen sich mit der Zuversicht schlafen, daß sie an diesem Tag die wichtigsten Dinge geleistet haben, die sie leisten konnten. Sie erleben einen tiefen inneren Frieden und hohe Lebensqualität. Sie verschwenden ihre Zeit nicht mit Rechtfertigungen und Selbstbehinderungen. Sie geben nicht anderen Menschen oder äußeren Umständen die Schuld an ihrer Situation. Sie haben ein fast heiliges Verantwortungsbewußtsein für ihre Rollen; sie empfinden es als ihre Pflicht, einen sinnvollen Beitrag zum Leben anderer zu leisten. In schweren Zeiten sind sie stark. Sie haben einen hohen Stand auf ihrem persönlichen Integritätskonto.

Tief in ihrem Innersten wissen die Menschen, was sie tun müssen. Und sie wissen, daß dies die Qualität ihres Lebens verbessern würde. Sie stehen vor der großen Herausforderung, den Charakter und die Kompetenz zu entwickeln, um nach ihrem Gewissen leben und im Moment der Wahl mit Integrität handeln zu können.

Quadrant-II-Ziele zur Förderung der Integrität im Moment der Wahl

- Wenn Sie Ihre Ziele für die Woche festlegen, halten Sie inne und stellen Sie eine echte Verbindung zu Ihrem Gewissen her. Beobachten Sie Ihre Beteiligung an dem Prozeß. Denken Sie über das Gefühl dieser Verbindung nach, wenn Sie nicht unter dem Druck des Augenblicks stehen. Versuchen Sie diese Erfahrung auf die täglichen Entscheidungsmomente zu übertragen.
- Formulieren Sie eine besondere Frage, die Sie sich in Augenblicken der Wahl stellen können. Gehen Sie sie zu Beginn und während des Tages mehrmals durch, damit sie Ihnen ständig vor Augen steht. Machen Sie es sich zur Gewohnheit, im Raum zwischen Reiz und Reaktion innezuhalten und diese Frage zu stellen.
- Denken Sie zu Beginn jedes Tages über Ihr persönliches Integritätskonto nach. Notieren Sie Einzahlungen und Abhebungen während des Tages.
- Denken Sie über den dreiteiligen Prozeß nach:

  Gezielt fragen
  Ohne Ausflüchte zuhören
  Beherzt handeln

  Setzen Sie sich das Ziel, bei jedem Entscheidungsmoment diesen Prozeß zu durchlaufen.
- Achten Sie auf Ihre typischen Reaktionen in Augenblicken der Wahl. Halten Sie fest, wie oft am Tag Sie innehalten und die Verbindung zu Ihrem Gewissen herstellen – und was sich daraus ergibt.
- Analysieren Sie zumindest bei einem Entscheidungsmoment pro Tag die auf Sie einwirkenden Faktoren, wie Dringlichkeit, die Prioritäten anderer, Müdigkeit, Erwartungen (eigene und andere) und Prägungen. Machen Sie sich Notizen über diese Faktoren und über ihre Wichtigkeit. Achten Sie darauf, ob sich Ihre Reaktionen auf diese Faktoren verändern, weil sie Ihnen bewußt werden und Sie über sie nachdenken.
- Bewerten Sie Ihre Erfahrungen. Eine der effektivsten Möglichkeiten zur Entwicklung von Integrität im Augenblick der Wahl liegt darin, aus den Interaktionen mit dem eigenen Gewissen zu lernen. Es handelt sich dabei um einen Prozeß des Werdens – etwas, das Sie üben können.

10. Vom Leben lernen

> Solange du lebst, lerne zu leben.
> *Seneca*

Roger: *Bei der Beratung eines großen Unternehmens vor einigen Jahren lernte ich einen Psychiater kennen, der in New York aufgewachsen war. Da wir oft am selben Tag vor derselben Gruppe sprachen, hörte ich ihn über Experimente mit Ratten in Labyrinthen erzählen. An ein Ende des Labyrinths wurde eine Ratte gesetzt und ans andere Ende ein Stück Futter gelegt. Die Ratte lief hin und her, bis sie schließlich das Futter fand. Beim nächsten Mal irrte sie bereits weniger hin und her und kam etwas schneller zu ihrem Futter. Nach einiger Zeit sauste sie auf direktem Weg durch das Labyrinth und hatte den Leckerbissen schon nach wenigen Sekunden zwischen den Zähnen.*

Dann wurde das Futter weggenommen. Bei den nächsten Versuchen rannte die Ratte schnurstracks ans andere Ende. Aber es dauerte nicht lange, bis sie herausgefunden hatte, daß es kein Futter mehr gab, und sie lief nicht mehr hin.

»Das ist der Unterschied zwischen Ratten und Menschen«, sagte der Psychologe. »Die Ratten laufen nicht mehr hin.«

Auch wenn diese Bemerkung im Scherz gesprochen wurde, weist sie doch auf einen sehr realen Sachverhalt. Wir geraten oft in Bahnen und Tretmühlen, in Muster und Gewohnheiten, die alles andere als nützlich sind. Wir machen Woche für Woche das gleiche, wir kämpfen gegen die gleichen Ungeheuer, schlagen uns mit den gleichen Schwächen herum, wiederholen die gleichen Fehler. Wir lernen nichts aus unserem Leben. Wir halten nicht inne, um zu fragen: Was kann ich aus dieser Woche lernen, damit sich nächste Woche nicht wieder das gleiche abspielt?

Bewertung: den Kreis schließen

Der Wert einer Woche beschränkt sich nicht darauf, was wir in ihrem Verlauf tun; er liegt auch in dem, was wir aus ihr lernen. Aus diesem Grund ist keine Wochenerfahrung vollständig ohne eine Bewertung, mit der wir sie verarbeiten.

Bewertung ist der letzte – und der erste – Schritt in einem Kreislauf des Lebens und Lernens, der eine beständige Weiterentwicklung ermöglicht. Mit ihr beginnen wir den Prozeß aufs neue, aber mit größeren Fähigkeiten. Durch das Lernen vom Leben wächst unser Vermögen, unsere Philosophie und unsere Rollen zu überprüfen, Ziele festzulegen, einen Rahmen für die nächste Woche zu schaffen und im Augenblick der Wahl mit Integrität zu handeln. Indem wir organisieren, handeln, bewerten ... organisieren, handeln, bewerten ... und wieder organisieren, handeln, bewerten, werden unsere Wochen zu Kreisläufen des Lernens und der Entwicklung.

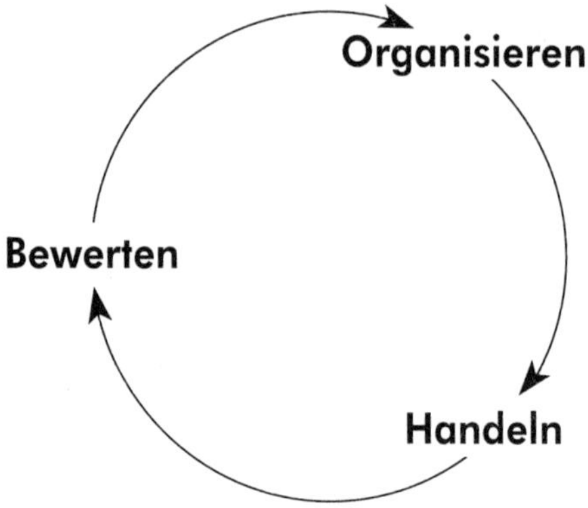

Dieser Kreislauf des Lebens und Lernens entspricht dem Geist von *kaizen* – dem japanischen Wort für ständige Verbesserungen. Diese Einstellung steht in direktem Gegensatz zur westlichen Mentalität: »Solange es nicht kaputt ist, muß es nicht repariert werden.«

Die Bedeutung des Bewertungsprozesses kommt auch in dem Begriff Wachstumszyklus zum Ausdruck, der zum Beispiel im Total Quality Management und anderen auf kontinuierliche Verbesserung zielenden Managementansätzen eine wichtige Rolle spielt. Durch eine wöchentliche Bewertung auf persönlicher Ebene erhöhen wir unser Selbst-Bewußtsein, erziehen unser Gewissen und entwickeln effektive Gewohnheiten des Herzens.

Die Woche bewerten

Die Bewertung können Sie in einem persönlichen Tagebuch oder auf der Rückseite des Wochen-Arbeitsblattes vornehmen, wenn Sie eine Woche abschließen und die nächste vorbereiten. Als sehr hilfreich kann sich eine Checkliste mit Fragen erweisen, die Sie in Ihren Planer einfügen und jeweils vor der Quadrant-II-Planung der kommenden Woche durchgehen können. Wahrscheinlich brauchen Sie nicht mehr als fünf oder sechs Fragen. Vielleicht finden Sie etwas Passendes in der folgenden Liste:

- Welche Ziele habe ich erreicht?
- Was hat mich befähigt, diese Ziele zu erreichen?
- Welchen Problemen bin ich begegnet?
- Wie habe ich sie gelöst?
- Habe ich mit dem Erreichen dieser Ziele meine Zeit auf die bestmögliche Weise genutzt?
- Hat mich die Orientierung an diesen Zielen für unverhoffte Chancen blind gemacht?
- Hat das Erreichen dieser Ziele mein persönliches Integritätskonto erhöht?
- Welche Ziele habe ich nicht erreicht?
- Was hat mich davon abgehalten, diese Ziele zu erreichen?
- Habe ich infolge meiner Entscheidungen meine Zeit besser genutzt als ursprünglich geplant?
- Haben meine Entscheidungen zu Einzahlungen oder zu Abhebungen auf meinem persönlichen Integritätskonto geführt?
- Welche unerreichten Ziele soll ich in die nächste Woche mitnehmen?
- Habe ich mir Zeit genommen für Erneuerung, Besinnung und Sammlung?
- Habe ich mir Zeit genommen, um täglich die Säge zu schärfen?
- Wie hat sich meine Erneuerung auf andere Bereiche ausgewirkt?
- Auf welche Weise konnte ich Synergie zwischen Rollen und Zielen herstellen?
- Wie konnte ich die Charakter- und Kompetenzfortschritte in einer Rolle auf andere Rollen anwenden?
- Welche Prinzipien habe ich während der Woche angewandt oder nicht angewandt?
- Wieviel Zeit habe ich in Quadrant II verbracht? Wieviel in Quadrant I? Quadrant III? Quadrant IV?
- Was kann ich aus der gesamten Woche lernen?

Beim Durchgehen dieser Fragen müssen Sie auf jeden Fall auf Ihren inneren Kompaß zurückgreifen. Sie müssen Ehrlichkeit und Selbst-Bewußtsein zeigen, den Draht zu Ihrem Gewissen finden und mit dem freien Willen und der Vorstellungskraft Handlungsmöglichkeiten ausloten und einen positiven Wandel ins Auge fassen.

Die Woche als Teil eines größeren Ganzen

Hilfreich ist auch eine über den Wochenrahmen hinausgehende Perspektive. Diese kann man durch eine monatliche oder vierteljährliche Bewertung und die Beantwortung von Fragen wie diesen gewinnen:

- Welche Muster des Erfolgs oder Scheiterns sehe ich bei der Festlegung und Erreichung von Zielen?
- Setze ich mir Ziele, die realistisch, aber auch herausfordernd sind?
- Was kommt mir bei der Umsetzung meiner Ziele immer wieder in die Quere?
- Welche Muster oder Prozesse lassen sich verbessern?
- Wecke ich unrealistische Erwartungen? Wie kann ich sie verändern?

Rebecca: *Vor einigen Jahren spürte ich ein tiefes Bedürfnis nach persönlicher Erneuerungszeit. Roger richtete es so ein, daß er ein paar Tage zu Hause bei den Kindern verbringen konnte, und ich fuhr allein zu einem Gasthaus, wo ich stundenlang in meinen persönlichen Tagebüchern las. Es war eine sehr aufschlußreiche Erfahrung. Ich konnte viele Augenblicke meines Lebens mit geschärftem Blick wiederaufsuchen und so zu einem tieferen Verständnis gelangen. Aber noch hilfreicher für mich war, daß ich in meinem Leben bestimmte wiederkehrende Muster erkannte, die mir im Alltag entgangen waren. Durch den Überblick fand ich die Orientierung, die ich gesucht hatte. Die Verbindung zum Wesentlichen in meinem Leben war wiederhergestellt, und ich kam erholt nach Hause.*

Ich habe die Erfahrung gemacht, daß Zeit für persönliche Bewertung und Erneuerung eine wesentliche Rolle für das Lernen vom Leben spielt. In dieser Zeit überprüfe ich meine Philosophie, denke über wichtige Beziehungen in meinem Leben nach und setze mir in jeder meiner Rollen Kontextziele. Für Roger und mich hat sich dies auch als gemeinsamer Ansatz zur Erneuerung in unserer Ehe erwiesen. Wenn wir uns regelmäßig füreinander Zeit nehmen, um unsere gemeinsame Philosophie zu überprüfen, um uns als Ehepartnern und Eltern Ziele zu setzen, dann führt das wirklich zu einer Verbesserung unserer Lebensqualität, unserer Beziehung und unseres Familienlebens.

Der wiederholte Prozeß des Organisierens, Handelns und Bewertens zeigt uns die Konsequenzen unserer Entscheidungen und Handlungen mit größerer Deutlichkeit. In ihm bewähren sich die vier Gaben. Durch ihn können wir vom Leben lernen und das Gelernte leben.

Die Kraft des Prozesses

Wenn Sie noch einmal auf die letzten sechs Kapitel zurückblicken, verstehen Sie vielleicht, weshalb wir behauptet haben, daß sich die ganze Kraft des Prozesses erst zeigen wird, wenn Sie sich tief auf seine Grundlagen einlassen. Wenn Sie sind wie die meisten Menschen, dann haben Sie mit der Quadrant-II-Organisation zunächst einmal eher eine Erfahrung der dritten Generation gemacht. Aber wenn Sie den Prozeß jetzt mit tieferem Verständnis wiederaufnehmen, ergeben sich vielleicht erste Anzeichen einer Erfahrung der vierten Generation. Im Laufe der Wochen werden die einzelnen Schritte für Sie einen immer tieferen Sinn gewinnen und immer weitreichendere Auswirkungen haben.

Ein tiefes Verständnis und das Umsetzen der folgenden sechs Schritte können Sie auf dem Weg zum Wesentlichen ein großes Stück weiterbringen:

- *Die Verbindung zur Philosophie* eröffnet Ihnen den Zugang zum glühenden »Ja!«, das aus dem Bewußtsein der wichtigsten Dinge in Ihrem Leben entspringt, dem »Ja!«, das Passion und Energie erzeugt und es Ihnen erlaubt, mit Zuversicht und Frieden »Nein« zum weniger Wichtigen zu sagen.
- *Die Überprüfung der Rollen* stellt die Verbindung zu den Ansätzen her, durch die Sie auf ausgeglichene und synergetische Weise Wesentliches tun können.
- *Die Bestimmung der Ziele* erlaubt Ihnen in jeder Woche und in jeder Rolle die Konzentration auf das Wesentliche, um Ihre Philosophie umzusetzen. Durch diesen Schritt gelangen Sie zu prinzipienorientierten Zielen, die Ihre Lebensqualität verbessern.
- *Die Wochenplanung* gestattet Ihnen, die »großen Steine« – Ihre Quadrant-II-Ziele – zuerst und andere Angelegenheiten nachrangig einzuplanen.
- *Die Integrität im Augenblick der Wahl* ermöglicht Ihnen ein Innehalten im Raum zwischen Reiz und Reaktion sowie Handlungsentschei-

dungen zu treffen, die von Moment zu Moment auf das Wesentliche ausgerichtet sind.
- *Die Bewertung* befähigt Sie dazu, Ihre Wochen in einen immer weiter fortschreitenden Kreislauf des Lernens und Lebens zu verwandeln.

Der Schwerpunkt verlagert sich vom Mehr in weniger Zeit zum Wesentlichen, das auf effektive, ausgeglichene und synergetische Weise getan wird. Die Rede ist hier von einem ganzheitlichen Ansatz, der in Einklang steht mit dem Bedürfnis, zu leben, zu lieben, zu lernen und ein Vermächtnis zu hinterlassen.

Aber mit der vollen Tragweite unserer Verbindung zu anderen Menschen wartet eine noch reichere Erfahrung auf uns: die Synergie der Interdependenz. Im nächsten Abschnitt befassen wir uns daher mit Zeit und Lebensqualität in einem Bereich, in dem wir sie am häufigsten und tiefsten erleben können.

Teil 3
Die Synergie der Interdependenz

11. Die interdependente Realität

> Interdependenz muß genausosehr als Ideal des Menschen gelten wie Selbständigkeit. Der Mensch ist ein soziales Lebewesen.
>
> *Gandhi*

In den folgenden Kapiteln werden wir uns eingehend mit der interdependenten Realität befassen und möchten Sie deshalb an dieser Stelle bitten, noch einmal über die »wesentlichen Dinge« in Ihrem Leben nachzudenken. Wie viele dieser Dinge erstrecken sich auf Beziehungen zu anderen Menschen?

Nach unseren Erfahrungen hat nahezu alles, was Menschen als wichtig bezeichnen, mit anderen zu tun. Selbst diejenigen, die Dinge wie »Gesundheit« oder »materielle Sicherheit« angeben, wollen meist mit diesen Ressourcen ihr Leben mit Familie und Freunden genießen. Unsere größten Freuden – und Schmerzen – erleben wir in den Beziehungen zu anderen.

Lebensqualität ist ihrem Wesen nach interdependent.

Unsere Rollen sind interdependent – wir sind Ehemänner, Ehefrauen, Eltern, Freunde, Chefs, Mitarbeiter, Kollegen, Partner, Mitglieder der Gemeinschaft, Bürger. Qualität in fast jeder Rolle betrifft eine Beziehung zu mindestens einer anderen Person.

Unsere Leistungen sind interdependent. Auch wenn nach unserem Geschichtsbild Erfindungen und Entdeckungen auf einzelne Personen zurückgehen, sind die meisten dieser Leistungen doch nicht in einem Vakuum entstanden.

Selbst die Erfüllung fundamentaler Bedürfnisse und Fähigkeiten ist interdependent.

Leben heißt, körperlich gesund und materiell gesichert zu sein. Wo wären wir ohne Ärzte, Krankenhäuser, Penizillin und Krankenversicherung?

Wir verdienen unser Geld, weil sich unsere Tätigkeit in irgendeiner Weise auf das Leben anderer auswirkt. Wir geben unser Geld für Dinge aus, hinter denen die Arbeit anderer steht.

Lieben ist per definitionem interdependent. »Liebe wird erst zur Liebe, wenn man sie verschenkt.« Zur Liebe gehören Beziehungen und Geborgenheit, und sie beruht auf einer goldenen Regel der gesamten Weisheitsliteratur: Gegenseitigkeit.

Lernen heißt wachsen, sich entwickeln. Wie oft setzen Bücher, Seminare oder Kurse von anderen bei uns Lernprozesse in Gang? Wie oft gelangen wir zu Einsichten, wenn wir uns in Gruppensituationen mit anderen austauschen? Wie viele unserer »eigenen« Ideen gehen aus den Ideen anderer hervor?

Ein Vermächtnis hinterlassen ist ebenfalls per definitionem interdependent. Es ist der sinnvolle Beitrag zur Gesellschaft, der Beitrag zum Leben anderer. Die Welt, in der wir leben, ist die Hinterlassenschaft unserer Vorfahren. Und mit unseren Entscheidungen schaffen wir ein Vermächtnis für unsere Nachkommen.

Zusammen sind wir stärker als allein. Bescheidenheit entsteht aus der Erkenntnis, daß »niemand eine Insel« ist, daß kein Mensch alle Fähigkeiten, Ideen und Talente besitzt, um die Funktionen des Ganzen wahrzunehmen. Entscheidend für die Lebensqualität ist das Vermögen, zusammenzuarbeiten, voneinander zu lernen und sich gegenseitig in der Entwicklung zu unterstützen.

Das Unabhängigkeitsparadigma

Trotz der offenkundigen Interdependenz der Lebensqualität betrachten wir »Erfolg« meist als unabhängige Leistung. Und Unabhängigkeit spielt auch eine gewichtige Rolle. Im Raum zwischen Reiz und Reaktion beziehen wir aus der Unabhängigkeit die Charakterstärke zur Überwindung unserer Prägungen, des sozialen Spiegels und anderer Einflüsse, die uns von einem prinzipienorientierten Leben abbringen. Aber diese Unabhängigkeit ist kein Selbstzweck. Wahre Unabhängigkeit geht einer effektiven Interdependenz voraus, bereitet uns auf sie vor. Es ist die persönliche Vertrauenswürdigkeit, die Vertrauen möglich macht.

Unabhängigkeit spielt auch für den Umgang mit »Dingen« eine Rolle, und in diesem Bereich finden wir ausgezeichnete Anregungen in der Literatur zum Zeitmanagement. Aber Menschen sind keine Dinge. Menschen sind atmende, fühlende Lebewesen, die ihren eigenen Raum zwischen Reiz und Reaktion haben. Und einen Großteil unserer Zeit verbringen wir mit Interaktionen in dieser interdependenten Realität.

Abgesehen von der persönlichen Integrität liegen unsere größten Probleme – und unser größtes Potential, auf Lebensführung und Lebensqualität Einfluß zu nehmen – im Bereich der Interdependenz.

Die Kosten des Unabhängigkeitsparadigmas

Wenn wir unsere Bedürfnisse und Fähigkeiten durch ein lineares, rein chronosbezogenes Paradigma unabhängiger Leistung erfüllen wollen, erscheint uns das Leben manchmal wie eine Stunde an einem riesigen Buffet. Wir haben nur wenig Zeit, also müssen wir ein Maximum an Befriedigung herausschlagen und soviel wie möglich probieren. Wir rennen durch die Schlange und schaufeln alles in uns hinein. Wir gieren nach Erlebnissen und Sensationen.

Wir leben in Eile. Ein gesunder Lebensstil ist zu anstrengend und zeitraubend, also essen und tun wir, wozu wir Lust haben, schlafen zu wenig und betrauen die Ärzte mit der Abwicklung des anschließenden Desasters. Materielle Sicherheit ist gleichbedeutend mit dem Endresultat, unabhängig von den Mitteln und dem Sinn.

Wir lieben in Eile. Wir haben flüchtige Beziehungen und ziehen eine Spur der Verwüstung durch das Leben anderer Menschen. Wir wollen die Vorteile einer Ehe genießen, aber wir nehmen nicht die Verantwortung für ein Leben reicher Interdependenz, selbstloser Hilfsbereitschaft und kontinuierlicher Charakterentwicklung auf uns. Wir setzen Kinder in die Welt, aber wir wollen nicht die Zeit und Mühe investieren, um sie zu lehren und zu erziehen, um sie zu lieben und ihnen zuzuhören. Wir kommen in den Genuß einiger Früchte naher Beziehungen, aber wir haben keine Zeit, um auf andere zuzugehen und umfassender zu lieben.

Wir lernen in Eile. Es bleibt keine Zeit für tiefe Gespräche, für einen sinnvollen Austausch mit anderen. Das Lernen ist oberflächlich – wir wollen Fertigkeiten, Methoden und Techniken, ohne die Prinzipien zu begreifen, die uns ein situationsgemäßes, je verschiedenes Handeln ermöglichen.

Wir hinterlassen in Eile ein Scheinvermächtnis. Wir spenden hier ein paar Mark, dort ein paar Mark und beruhigen dadurch eine Zeitlang unser Gewissen. Aber es gibt kein echtes Engagement für die Allgemeinheit, keine echte Bereitschaft, einen Beitrag zu leisten.

Viele Soziologen und Experten haben darauf hingewiesen, daß dieses schnellebige unabhängige Paradigma zu einem massiven Ungleichgewicht in unserer Gesellschaft geführt hat. Wir sind so sehr mit dem Konsum beschäftigt, daß wir uns nicht mehr um unsere Produktionskapazität kümmern. Beispiele dafür sehen wir überall: die Staatsverschuldung, Probleme im Gesundheitswesen, die Weltwirtschaft, die fehlende Bereitschaft an der Börse, in langfristige Entwicklungen zu investieren.

In seinem Buch *Stress Without Distress* vergleicht der Streßexperte Hans Selye die Orientierung an unabhängiger Leistung mit der »Entwicklung eines Krebsgeschwürs, dessen charakteristisches Merkmal es ist, daß es sich nur um sich selbst kümmert. Es nährt sich von den anderen Teilen seines Wirtes, bis es den Wirt tötet – und damit biologischen Selbstmord begeht, da eine Krebszelle nur in dem Körper leben kann, in dem sie ihre rücksichtslose, egozentrische Entwicklung begonnen hat.« Wir leben mit der Illusion der Unabhängigkeit, aber das Paradigma führt nicht zu den erhofften Auswirkungen auf unsere Lebensqualität.

Um etwas an den Auswirkungen zu ändern, müssen wir das Paradigma ändern.

Das Interdependenzparadigma

Wir sind Teil einer riesigen, miteinander verwobenen, lebenden Ökologie. Lebensqualität ist interdependent. Sie erfordert eine vollkommen integrierte 360-Grad-Perspektive, wie sie das nebenstehende Schaubild verdeutlicht.

Im Zentrum liegt die persönliche Dimension. Jeder von uns ist ein Individuum. Wir haben einzigartige Gaben und verwenden sie mit einem bestimmten Grad an Charakter und Kompetenz, um unseren fundamentalen Bedürfnissen und Fähigkeiten gerecht zu werden. Als Individuen gehen wir Beziehungen zu anderen Individuen ein. Dies ist die zwischen-

menschliche Dimension. In unseren Beziehungen arbeiten wir mit anderen zusammen, um Aufgaben zu erledigen, veranschaulicht durch die kooperative Dimension. In der organisatorischen Dimension schließlich koordinieren wir Systeme und Arbeit für kollektive Zwecke. Alle diese Dimensionen gehören zum Kontext unserer Gesellschaft und beeinflussen ihn.

Sehen wir uns einige Auswirkungen der interdependenten Realität an.

1. Öffentliches Verhalten ist letztlich immer privates Verhalten

Die Probleme, die wir in Familien, Organisationen und Gesellschaften beobachten, gehen immer auf die Entscheidungen von Individuen im Raum zwischen Reiz und Reaktion zurück. Wenn diese Entscheidungen durch Prägungen, durch Druck oder blindes Reagieren ausgelöst werden, wirkt sich dies auf die Lebensqualität von Familien, Organisationen und der gesamten Gesellschaft aus.

Eine der Schwierigkeiten mit Total-Quality-Initiativen und Programmen zur Stärkung der Selbstverantwortung liegt darin, daß ihre Realisierung oft von Menschen betrieben wird, die mit ihrem inneren Selbst nicht im reinen sind. Oft sind ihnen Unabhängigkeits- und Konkurrenzdenken regelrecht eingeimpft worden – durch Elternliebe, die sie nur unter bestimmten Bedingungen bekamen, durch den normalen Ausleseprozeß bei Akademikern, durch das Gewinn/Verlust-Paradigma im Sport oder durch ein erzwungenes Rangsystem in der Arbeit. Es mag ihnen sehr ernst sein mit ihrem Unterfangen, aber sie können mit ihren Handlungen die Grenzen ihrer Paradigmen nicht überwinden.

W. Edwards Deming, die führende Autorität für Total Quality Management, führte die Mehrheit der Probleme in Unternehmen nicht auf Menschen, sondern auf Systeme zurück. Aber Systeme werden von Menschen gemacht. Wenn Menschen von Paradigmen wie Konkurrenz, Mangel, Unabhängigkeit und Chronos geprägt sind und nicht im Einklang mit den Nordpol-Prinzipien stehen, dann äußert sich das in den Auswirkungen auf Unternehmen und die Gesellschaft. Total Quality und Selbstverantwortung werden zu Modewörtern, statt zu einem tiefgreifenden, nachhaltigen Wandel zu führen, und die Menschen verfallen in Zynismus.

Total Quality beginnt mit der persönlichen Qualität. Selbstverantwortung im Unternehmen beginnt mit der Mündigkeit des Individuums. Deshalb müssen wir ständig den Kontakt zu unserem Innersten suchen und an unserer Integrität arbeiten.

Stephen: *Kürzlich fragte mich jemand aus einer großen Gruppe: »Stephen, wie bringen wir prinzipienorientierte Führung in den Kongreß?«*

Ich fragte zurück: »Wie behandeln Sie Ihre Frau?«

»Was hat das damit zu tun?« wollte er wissen.

»Letzlich ist die öffentliche Politik die private Moral im großen Maßstab«, antwortete ich.

Er wurde rot und sagte nichts mehr. In dem Glauben, ihn beleidigt zu haben, ging ich nach der Veranstaltung zu ihm, um mich zu entschuldigen. »Es tut mir leid, wenn ich Sie gekränkt habe. Das wollte ich nicht. Aber ich glaube wirklich an die Entwicklung von innen nach außen.«

»Sie haben mich nicht beleidigt«, sagte er. »Aber Sie haben ins Schwarze getroffen. Mein ganzes Leben habe ich anderen Leuten die Schuld an Ungerechtigkeiten gegeben. Und ich weiß, daß ich meinen Ärger an meiner Familie ausgelassen habe. Sie haben genau den Finger in die Wunde gelegt, und das hat ziemlich weh getan. Aber es hat mir auch geholfen.«

Letzten Endes gibt es so etwas wie ein »Unternehmensverhalten« überhaupt nicht. Es handelt sich immer um das Verhalten der Menschen im Unternehmen.

2. Das Leben ist ein unteilbares Ganzes

Wie bereits erwähnt, hat Gandhi einmal gesagt: »Ein Mensch kann nicht in einer Abteilung seines Lebens Gutes tun, während er gleichzeitig in einer anderen Schlechtes tut. Das Leben ist ein unteilbares Ganzes.« Einer unserer Kollegen hat uns folgendes Erlebnis mitgeteilt:

Ich habe einmal für ein großes Raumfahrtunternehmen gearbeitet. Ich gehörte einem Marketingteam an, das mit der Ausarbeitung von entscheidendem Präsentationsmaterial für Rüstungsaufträge in Millionenumfang betraut war.

Eines Tages wurde uns ein neues Teammitglied vorgestellt. An der Art, wie das Management den roten Teppich für ihn ausrollte, erkannten wir, daß man sich von seiner Einstellung sehr viel versprach. Er war hochintelligent und hatte eine zehnjährige Erfahrung in der Branche.

Er wurde zum Teamleiter für das wichtigste Neuauftragsangebot des Unternehmens ernannt. Ich sollte mit ihm zusammenarbeiten und hatte meinen Schreibtisch neben seinem.

Im Laufe des Projekts lernte ich ihn ziemlich genau kennen. Wegen unserer unmittelbaren Nachbarschaft konnte ich all seine Telefongespräche und Unterhaltungen mithören. Diese Anrufe enthüllten ein ziemlich anstößiges und ungeordnetes Privatleben. Mir gegenüber tat er die Anrufe als unwichtig ab und sagte: »Auf meine Arbeit hat das keinen Einfluß.« Diesen Satz wiederholte er Tag für Tag.

Das Projekt steuerte dem Ende entgegen, und die Arbeitszeit und der Druck verdoppelten sich. Unter dieser extremen Belastung verlor der Teamleiter die Kontrolle über die negativen Auswirkungen seines Privatlebens. Er schlief zu wenig und fand keine Ruhe, und die Zusammenarbeit mit ihm wurde unerträglich. Er war unbeherrscht, unvernünftig, reizbar, unausgeglichen. Alle hatten darunter zu leiden. Trotz seines großen Wissens wurde er zu einem Hindernis für das Projekt. Nur sechs Monate nach seiner Einstellung, die mit so hohen Erwartungen verbunden war, wurde er entlassen.

Wir glauben vielleicht, andere hinters Licht führen zu können. Und vielleicht führen wir sogar uns selbst hinters Licht. Aber wenn wir uns in einer Rolle ambivalent und unaufrichtig verhalten, wirkt sich das auf alle anderen Rollen in unserem Leben aus.

3. Vertrauen entsteht aus Vertrauenswürdigkeit

Vertrauen ist der Leim des Lebens. Es ist das wichtigste Element für eine effektive Kommunikation. Es ist das Grundprinzip, das alle Beziehungen

– Ehen, Familien und Organisationen aller Art – zusammenhält. Und dieses Vertrauen entsteht aus Vertrauenswürdigkeit.

Stephen: *Ich sollte einmal als Gastprofessor an einer Universität in Hawaii unterrichten. Als wir ankamen, zeigte sich, daß die Unterkunft nicht unseren Erwartungen entsprach. Also beschwerte ich mich beim Präsidenten der Universität. Ich war aufgeregt und kritisch. Ich beschrieb unsere Vereinbarung und sprach von unseren enttäuschten Erwartungen.*

Er hörte mich voller Respekt an und sagte dann: »Stephen, das tut mir wirklich leid, aber der Unterkunftsverwalter ist wirklich sehr kompetent ... Vielleicht sollten wir ihn holen und gemeinsam eine Lösung finden.«

Das hatte ich nicht erwartet. Ich wollte nur jammern und nicht in die Sache hineingezogen werden. Er sollte alles für mich in Ordnung bringen. Ich werde nie die Minuten vergessen, die verstrichen, bis der Unterkunftsverwalter im Büro des Präsidenten erschien. Alles mögliche schoß mir durch den Kopf. »Was habe ich da wieder angerichtet? Wahrscheinlich bin ich zum Teil selbst an dieser blöden Situation schuld. Bestimmt waren meine Mitteilungen nicht klar genug.« Schließlich war ich ziemlich kleinlaut und bescheiden geworden. Ich schämte mich sogar ein wenig für meinen Hochmut.

Als der Unterkunftsverwalter hereinkam, sagte ich: »Hallo, wie geht es Ihnen? Schön, Sie kennenzulernen.« Ich war mir meiner Heuchelei sehr bewußt, aber ich fühlte großen Respekt für den Präsidenten, der für seine Mitarbeiter eintrat und sie an der Lösung von Problemen beteiligte!

Dieser Präsident war prinzipienorientiert. Ich wußte, wenn sich jemals jemand in seiner Gegenwart über mich beschweren würde – gleichgültig, in welcher Hinsicht –, dann würde er mich mit der gleichen Achtung behandeln. Dieser Mann war loyal gegenüber Abwesenden.

Vertrauen kann man nicht vortäuschen oder im Schnellverfahren herstellen. Es ist die Folge einer fundamentalen Charaktereigenschaft: persönliche Vertrauenswürdigkeit.

Ohne ein Fundament essentieller Vertrauenswürdigkeit kann es bestenfalls ein vorläufiges Vertrauen geben. Es gibt keine Reserven und keinen Glauben an ein Grundmotiv. Die Kommunikation bleibt zurückhaltend, voller Posen und Positionen. Vertrauenswürdigkeit dagegen bringt Flexibilität in Beziehungen. Selbst ein gelegentlicher Fehltritt kann die Beziehung nicht ruinieren, weil man auf emotionale Reserven zurückgreifen kann.

Interdependenz erzeugt einen neuen Begriff von »Wichtigkeit«

Der Übergang von einem Paradigma der Unabhängigkeit zu einem der Interdependenz führt zu einer völlig neuen Sichtweise, die sich nachhaltig auf unsere Entscheidungen im Hinblick auf die beste Verwendung unserer Zeit – und die daraus hervorgehenden Ergebnisse – auswirkt. Es entsteht ein neuer Begriff von »Wichtigkeit«. Erinnern Sie sich an die Zeitmanagement-Matrix auf S. 32. Überlegen Sie sich folgende Fragen aus der Perspektive der interdependenten Realität:

- Ist es wichtiger, die Arbeit effizient zu erledigen – oder sich die Zeit für die Einweisung eines Mitarbeiters zu nehmen, damit er sie jetzt und später eigenverantwortlich durchführen kann? Welche Entscheidung wird größeren Einfluß auf die Qualität unserer Zeit, der Zeit anderer, der Zeit des Unternehmens haben?
- Ist es wichtiger, andere zu überwachen und zu kontrollieren – oder das riesige kreative Potential anderer freizusetzen, damit sie selbstverantwortlich handeln können?
- Ist es wichtiger, sich die Zeit einzuteilen, um effizient Probleme mit gegensätzlichen Erwartungen zu lösen – oder sich die Zeit zu nehmen, um die Erwartungen zusammen mit anderen schon im Vorfeld zu klären?
- Ist es wichtiger, Probleme zu lösen, die durch mangelnde Kommunikation entstanden sind – oder Beziehungen aufzubauen, die eine effektive Kommunikation ermöglichen?

Die vierte Generation ist ein »Menschen-Paradigma«. Im Gegensatz zum effizienten, mechanischen Management der »Dinge« zielt es auf eine effektive synergetische Interaktion mit Menschen. Der Gegensatz zwischen der Orientierung an Menschen und der an Dingen stellt einen der grundlegenden Unterschiede zwischen der dritten und vierten Generation dar. In der dritten Generation liegt der Schwerpunkt auf Management und Kontrolle. Die Menschen werden auf den Status von Dingen reduziert, bis sie sogar ihren persönlichen Bereich effizient organisieren, planen, ordnen, disziplinieren und kontrollieren.

Aber in der vierten Generation kommen die Menschen vor den Dingen; Führung vor Management; Effektivität vor Effizienz; Zweck vor Struktur; Vision vor Methode.

Diese Orientierung am Menschen führt zu einer völlig anderen Sichtweise und Lebensanschauung, wie die untenstehende Tabelle zeigt.

Das »Menschen-Paradigma«	**Das »Dinge-Paradigma«**
Führung	Management
Effektivität	Effizienz
Spontaneität/Flexibilität	Struktur
Urteilsvermögen	Messen
Ursachen	Effekte/Symptome
Freisetzung/Mündigkeit	Kontrolle
Progammierer	Programm
Transformation	Transaktion
Investition	Ausgaben
Kundendienst	Administrative Effizienz
Prinzipien	Techniken
Synergie	Kompromiß
Fülle	Mangel

Natürlich ist das »Dinge-Paradigma« angebracht *für das Management von Dingen*. Aber es ist unangebracht – und ineffektiv –, wenn wir es auf Menschen anwenden. Es ist, als wollte man mit einem Golfschläger Tennis spielen: Das Instrument ist für die Realität ungeeignet.

Das Menschen-Paradigma ist entscheidend für den Erfolg in Familien, Organisationen und Gruppen aller Art. Der japanische Industrielle Konosuke Matsushita weist darauf hin, daß viele Probleme und Mängel in westlichen Unternehmen ihre Ursachen im grundlegenden Paradigma haben:

Wenn ihre Chefs die Denkarbeit leisten, während die Arbeiter mit Schraubenziehern hantieren, dann sind sie tief in ihrem Innern davon überzeugt, daß dies genau die richtige Form der Unternehmensführung ist: Die Ideen aus den Köpfen der Chefs kommen in die Hände der Arbeiter.

Für uns liegt der Kern des Managements darin, die intellektuellen Ressourcen aller Mitarbeiter des Unternehmens zu mobilisieren und zusammenzuziehen. Wir haben das Ausmaß der technologischen und ökonomischen Herausforderungen studiert – wir wissen, daß die Intelligenz einer Handvoll von Technokraten, und seien sie noch so brillant, nicht mehr ausreicht, um ihnen auch nur halbwegs gerecht zu werden.

Nur mit der gebündelten Denkkraft all seiner Mitarbeiter kann sich ein Unternehmen den Turbulenzen und Zwängen des heutigen Umfelds stellen.

Wenn wir aus der interdependenten Perspektive »sehen«, erkennen wir schnell die Wichtigkeit von Quadrant-II-Aktivitäten wie Beziehungsarbeit, Schaffung einer gemeinsamen Vision und Klärung der Erwartungen. Statt effizient die Blätter abzuhacken, wie es das traditionelle Zeitmanagement so häufig tut, erlaubt das Paradigma der vierten Generation ein effektives Arbeiten an der interdependenten Wurzel.

Wahre Interdependenz ist transformativ

Die Interdependenz im traditionellen Zeitmanagement ist im Grunde *transaktional.* Diese transaktionale Interdependenz zeigt sich zum Beispiel in der Alltagsdelegation und baut in der Regel auf Prinzipien guter menschlicher Beziehungen auf. Sie kann effizient und reibungslos funktionieren und für beide Seiten befriedigend sein. Aber das Niveau der Interaktion ist niedrig. Die beteiligten Parteien werden nicht verändert. Es findet keine Synergie statt.

Die vierte Generation ist anders. Sie setzt auf *Transformation*, in der die Synergie der Interdependenz aus dem Wesen der Interaktion selbst hervorgeht. Die Menschen werden verändert. Sie werden transformiert. Zu Anfang der Transaktion wissen sie nicht, welche Dynamik aus dem Kommunikationsprozeß entspringt. Etwas Neues entsteht, und keine der beiden Seiten kontrolliert es. Keine von beiden hätte es vorhersehen können. Die Menschen setzen in der Interaktion Kräfte frei und streifen die Kontrolle ab. In der transformativen Interaktion werden Kontrolle, Effizienz und unabhängige Leistung ersetzt durch Synergie, die auf unumstößlichen Prinzipien beruht.

Die Vorstellung der Synergie ist aufregend und spannend, aber zugleich auch furchteinflößend. Wenn man in eine synergetische Kommunikation eintritt, weiß man nicht, wo sie hinführt. Und wenn man tief geprägt ist von Unabhängigkeit, Kontrolle und Effizienz, fühlt man sich in solch einer Situation vielleicht sehr verletzlich und unerfahren, zweifelnd und ängstlich.

Stephen: *Ich erinnere mich noch an das erste Mal, als ich mich bei einem Überlebenstraining über einer Bergwand abseilte. Ich war Trainingsassistent, aber weniger für die Überlebensfertigkeiten zuständig als für die menschliche Interaktion. Aber ich mußte das gleiche Trainingsprogramm absolvieren wie die Studenten. Ich stand am Rande des Berghangs in dem Wissen, daß ich mich in einen Abgrund fallen lassen mußte. Die anderen Trainer hatten es vorgemacht. Intellektuell war ich davon überzeugt, daß die Sicherheitsvorkehrungen stimmten und daß mich ein Sicherungsseil auffangen würde, falls ich die Besinnung verlor. Aber das alles gab mir keinen Frieden. Ich fühlte mich trotzdem besorgt, ängstlich und verletzlich. Ich wollte nichts sagen, weil ich wußte, daß dies bei den Studenten Reaktionen auslösen würde. Aber ich werde nie das Gefühl vergessen, das mir durch Herz und Verstand schoß, als ich rückwärts ins Leere fiel.*

Diese Gefühle sind verwandt mit jenen, die durch die Synergie der Interdependenz geweckt werden. Man ist verletzlich. Man läßt los. Man setzt sein Vertrauen in einen Prozeß und in die Prinzipien. Man weiß nicht, was dabei herauskommen wird. Es ist ein echtes Risiko.

Kontrolle ist eine Illusion. Menschen, die in einer Position der Kontrolle sind, haben im Grunde nur genügend Prinzipien internalisiert, so daß sie glauben, die Kontrolle gehe von ihnen aus. Aber in Wirklichkeit ist es die Befolgung dieser Naturgesetze, die ihnen ihre Illusion ermöglicht. Dies kann vielleicht auf einer stark selbstbezogenen Stufe und in transaktionalen Beziehungen funktionieren.

Aber wenn man einen echten Beitrag zum Allgemeinwohl und eine transformative Interdependenz anstrebt, die wirklich synergetisch und kreativ ist und eigene Kräfte freisetzt, dann muß man den sicheren Hafen der Überlegenheit und Kontrolle verlassen und ein Risiko eingehen. Man muß sich den Prinzipien auf einer höheren Ebene anvertrauen. Möglicherweise gibt es Vorbilder, die Sie inspirieren und ermutigen. Aber den ersten Schritt müssen Sie trotzdem selbst machen. Sie müssen loslassen und rückwärts ins Leere fallen.

Die vier Gaben in der interdependenten Realität

Dieses synergetische Ganze, das viel größer ist als die Summe seiner Teile, haben wir unseren einzigartigen menschlichen Gaben zu verdanken.

In der interdependenten Realität haben wir es nicht nur bei uns, sondern auch bei anderen mit dem Raum zwischen Reiz und Reaktion zu tun. Und wir stellen fest, daß wir unsere menschlichen Gaben für eine integre Interaktion mit anderen nutzen können.

- Das *Selbst-Bewußtsein* eröffnet uns das Bewußtsein anderer. Weil wir auf unser eigenes Herz hören können, können wir auch die Herzen anderer hören. Wir können aus unserer Autobiographie heraustreten und zu verstehen versuchen. Wir können aufhören, andere als unser Spiegelbild und als Mittel zum Erreichen unserer Ziele zu betrachten. Wir können den Unterschied achten und bereit sein, uns beeinflussen zu lassen. Wir können anderen mit Bescheidenheit und Respekt begegnen. Wir können ihre Schwächen als Chancen sehen, um ihnen zu helfen, sie zu lieben und etwas zu bewirken.
- Wir kennen unser *Gewissen* und können daher auch begreifen, was es heißt, Teil des *kollektiven Gewissens* zu sein. Wir wissen die gemeinsame Entdeckung von Prinzipien zu schätzen und erkennen, daß unser eigenes Verständnis durch unsere Prägungen beschränkt sein kann und daß andere vielleicht über Einsichten und Erfahrungen verfügen, die wir nicht haben. Wir finden tiefe Befriedigung in der Schaffung einer gemeinsamen Vision und gemeinsamer Werte, mit denen wir gemeinsam den Weg zum Wesentlichen gehen können.
- Durch unseren *freien Willen* können wir auf einen *interdependenten Willen* hinarbeiten. Als wirklich unabhängige und freie Individuen können wir zusammen gemeinsame Ziele verwirklichen, die der Familie, der Gruppe, der Organisation und der gesamten Gesellschaft nützen.
- Wir können unsere *Vorstellungskraft* in den unglaublichen Prozeß *kreativer Synergie* einbringen. Wir können mithelfen, das ungeheure kreative Potential in anderen freizusetzen, und offen für die überraschenden synergetischen Ergebnisse sein. Wir können dritte Alternativen entwickeln, die weit kreativer, angemessener, praktischer und lohnender sind als jede Lösung, die wir allein finden könnten.

Diese interdependenten Gaben befähigen uns zum Aufbau reicher Beziehungen; sie erlauben es uns, ein guter Freund zu sein, ehrlich unsere Meinung zu sagen und auf authentische Weise miteinander zu kommunizieren. Und dies ist die Grundlage für den gemeinsamen Weg zum Wesentlichen.

12. Der Weg zum Wesentlichen im Miteinander

> Unterschiede sind der Anfang von Synergie.

Einmal angenommen, ich würde Sie zum Armdrücken herausfordern. Es kommt darauf an, möglichst oft zu gewinnen. Das Zeitlimit beträgt 60 Sekunden, und wir haben einen Beobachter, der jedem von uns einen Groschen versprochen hat, sooft der eine den anderen niederdrücken kann. Wir stehen bereit zum Kampf.

Nehmen wir weiter an, daß ich Sie sofort niederdrücke. Aber statt Sie dort zu halten, gebe ich sofort nach, so daß Sie nun mich niederdrücken können. Ich reagiere meinerseits und will nun wieder Sie niederdrücken. Aber aus Gewohnheit halten Sie dagegen. Sie wollen *gewinnen*. Ihre Muskeln sind angespannt, die Stirn ist in Falten gelegt. Aber mitten im Kampf fällt Ihnen auf einmal ein, daß wir beide bereits einen Groschen gewonnen haben. Wenn Sie nun wieder mich gewinnen lassen würden und ich dann wieder Sie und Sie dann wieder mich gewinnen lassen würden ... würden wir beide letztlich sehr viel mehr gewinnen. Also arbeiten wir zusammen, bewegen die Arme schnell hin und her – und in 60 Sekunden verdienen wir jeweils drei Mark, statt daß einer von uns einen Groschen bekommt.

Darin liegt der Kernpunkt des Gewinn/Gewinn-Denkens: In nahezu allen Situationen ist Kooperation weit produktiver als Konkurrenz. Entscheidend ist nicht, daß wir abwechselnd verlieren und gewinnen, sondern daß zwischen uns die Fähigkeit liegt, durch Zusammenarbeit weit mehr zu erreichen, als es uns allein möglich wäre.

Entgegen der vorherrschenden Auffassung heißt »gewinnen« *nicht*, daß jemand anderer verlieren muß, sondern nur, daß wir unsere Ziele erreichen. Und wir können viel mehr Ziele erreichen, wenn wir zusammenarbeiten, statt miteinander zu konkurrieren.

In der interdependenten Realität ist Gewinn/Gewinn auf lange Sicht die einzige zweckmäßige Option. Sie entspricht der Mentalität der Fülle: es gibt genug für uns beide und noch mehr, wenn wir mit vereinten Kräften für uns und andere arbeiten. Manche sprechen hier sogar von »Gewinn/Gewinn/Gewinn«, weil von der Zusammenarbeit und der gegenseitigen Unterstützung in der Entwicklung alle einschließlich der gesamten Gesellschaft profitieren.

Der Gewinn/Gewinn-Prozeß

In *Die Sieben Wege zur Effektivität* haben wir einen einfachen prinzipienorientierten Prozeß zur Schaffung von Gewinn/Gewinn-Situationen vorgestellt:

- *Gewinn/Gewinn denken* (beruhend auf Prinzipien von Sehen/Tun/Bekommen, wechselseitigem Nutzen und Kooperation).
- *Erst verstehen, dann verstanden werden* (beruhend auf Prinzipien der Achtung, Bescheidenheit und Authentizität).
- *Synergie erzeugen* (beruhend auf Prinzipien der Wertschätzung von Unterschieden und des Strebens nach Alternativen).

Wir wollen uns diesen Dreistufenprozeß näher ansehen, um zu erkennen, woraus er besteht, wie wir ihn anwenden können und wie er sich auf unsere Zeit und unsere Lebensqualität auswirkt.

Gewinn/Gewinn denken

Wenn wir lernen, Gewinn/Gewinn zu denken, suchen wir nach einem wechselseitigen Vorteil in all unseren Interaktionen. Wir denken an andere Menschen, an die Gesellschaft als Ganzes. Und das wirkt sich nachhaltig darauf aus, was wir für wichtig halten, wie wir unsere Zeit verbringen und im Augenblick der Wahl reagieren und zu welchen Ergebnissen wir in unserem Leben kommen.

Erst verstehen, dann verstanden werden

Für viele Menschen bedeutet Kommunikation in erster Linie, verstanden zu werden und anderen ihre Ideen und Meinungen mitzuteilen. Wenn sie überhaupt zuhören, so nur mit der Absicht, zu antworten.

Wenn wir von der Richtigkeit unseres Standpunkts überzeugt sind, wollen wir die Meinung anderer Leute gar nicht hören. Wir wollen Unterwerfung unter unsere Meinung. Wir wollen andere nach unserem Bild formen.

Aber die aus dem Wissen um die Prinzipien entstandene Bescheidenheit entledigt sich dieser Arroganz. Uns kommt es weniger darauf an, *wer* recht hat, als darauf, *was* richtig ist. Wir schätzen andere Menschen. Wir erkennen, daß sich auch ihr Gewissen auf richtige Prinzipien stützt. Wir sehen, daß ihre Vorstellungskraft ein reicher Quell für Ideen ist. Wir begreifen, daß sie durch ihr Selbst-Bewußtsein und ihren freien Willen Einsichten und Erfahrungen gesammelt haben, die wir nicht haben. Wenn sie die Dinge also anders sehen, versuchen wir *zuerst*, sie zu verstehen. Ehe wir sprechen, hören wir zu. Wir verlassen unsere Biographie und lassen uns tief auf ihren Standpunkt ein.

Wir sehen uns unsere Unterschiede an, als stünden wir auf entgegengesetzten Seiten ein und derselben riesigen Linse. Von der einen Seite ist sie konkav, von der anderen konvex.

Beide Perspektiven besitzen einen Wert, aber die einzige Möglichkeit zu einem Verständnis der anderen Perspektive liegt darin, den Standpunkt der anderen Person einzunehmen, um zu sehen, was sie sieht.

Echtes Zuhören zeigt Achtung und schafft Vertrauen. Wenn wir zuhören, gelangen wir nicht nur zu einem Verständnis des anderen, wir schaffen auch die Voraussetzungen dafür, verstanden zu werden. Und wenn

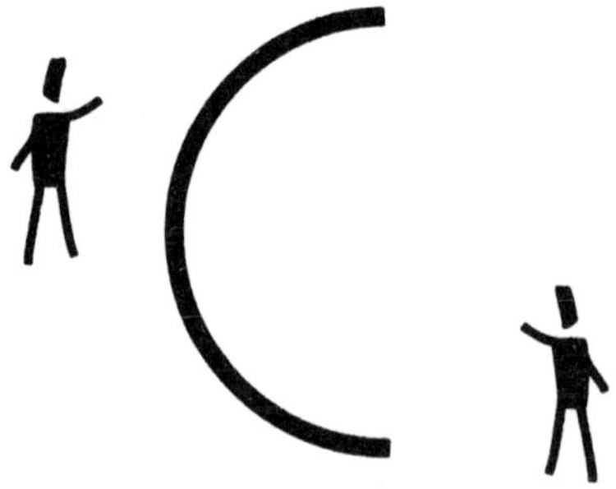

beide Parteien beide Perpektiven begriffen haben, sitzen wir nicht auf verschiedenen Seiten des Tisches und sehen uns an, sondern auf der gleichen Seite und sehen uns gemeinsam Lösungen an.

Synergie erzeugen

Synergie ist die Frucht des Gewinn/Gewinn-Denkens und des Bestrebens, erst zu verstehen. Sie ist die Kraft einer vereinten Vorstellungskraft, die mathematische Unmöglichkeit des 1 + 1 = 3. *Synergie ist kein Kompromiß*. Sie ist nicht 1 + 1 = $1\,^1/_2$. Sie ist die Erfindung von dritten Alternativen, die alles in den Schatten stellen, was einzelnen je einfallen würde.

Die Bedeutung einer gemeinsamen Vision

Wenn Sie gelegentlich einen interessanten Versuch machen wollen, fragen Sie Ihre Arbeitskollegen oder Partner danach, was der eigentliche Daseinszweck Ihres Unternehmens ist. Fordern Sie die Mitglieder Ihrer Familie auf: »Sagt mir in einem Satz: Was ist der Sinn unserer Familie?« Fragen Sie Ihren Gatten oder Ihre Gattin: »Was ist der Sinn unserer Ehe? Aus welchem wesentlichen Grund gibt es sie?« Wenn Sie zur Arbeit gehen, wenden Sie sich an die ersten zehn Leute, die Ihnen begegnen. »Haben Sie einen Moment Zeit? Ich mache eine kleine Umfrage. Eine Frage: Was ist der Sinn unseres Unternehmens?«

Wir haben diesen Versuch mit den Managern vieler Unternehmen gemacht – darunter große, geschäftstüchtige Fortune-100-Unternehmen. Und in vielen Fällen sind die Topmanager völlig entgeistert, verärgert und peinlich berührt. Sie können es einfach nicht fassen, daß Zweck und Vision des Unternehmens so verschieden gesehen werden. Selbst eine Aussage zur Unternehmensphilosophie, die an der Wand hängt, kann dies oft nicht verhindern, weil sie aus der Führungsetage stammt und dem Unternehmen von oben verordnet worden ist. Es gibt keine gemeinsame Vision, keine Passion, kein inneres Feuer im Unternehmen.

Und um welchen Preis?

Roger: *Vor einigen Jahren sollte ich die F&E-Abteilung eines großen internationalen Unternehmens beraten, um eine Quadrant-II-Kultur herzustellen. Zu diesem Zweck sollte ich eine Analyse vornehmen und dann zusammen mit der Abteilungsleiterin spezielle Schulungsworkshops erarbeiten.*

Ich besuchte die Büros mehrerer Manager und Mitarbeiter. In jedem Büro blickten Männer oder Frauen, die einen ziemlich erschöpften Eindruck machten, zu mir auf und sagten: »Augenblick bitte, gleich bin ich soweit!«

Nachdem sie in aller Eile eine Arbeit oder ein Telefongespräch beendet hatten, seufzten die Betreffenden, warfen einen raschen Blick auf die Uhr und schoben Papiere zur Seite, um mir zu verstehen zu geben, daß sie mit wahren Bergen von Arbeit eingedeckt waren. Zwischen den Büros eilten die Leute durch die Gänge. Überall herrschte eine Atmosphäre nervöser Energie und Panik.

Als ich mich wieder mit der Abteilungsleiterin traf, sagte ich ihr: »Diese Leute wollen kein Quadrant-II-Umfeld.«

Sie fragte: »Was soll das heißen?«

Ich antwortete: »Diese Leute lieben die Dringlichkeit. Sie wollen sich und andere davon überzeugen, daß sie mehr zu tun haben als alle anderen. Die Kultur wird von Dringlichkeit beherrscht. Ich fürchte, das eigentliche Problem liegt darin, daß niemand hier die Prioritäten kennt.«

Sie seufzte. »Das stimmt. Es gibt einen großen Machtkampf zwischen den Ressortleitern darüber, was die F&E-Abteilung machen soll. Jeder von ihnen hat Anhänger. Offen gesagt, wir ziehen nicht an einem Strang. Es gibt keine einheitlichen Signale. Wir wissen nicht, wie lange das noch so gehen kann, aber eines Tages wird alles auseinanderfallen.«

Die Angehörigen dieses Unternehmens versuchten, durch hektische Geschäftigkeit ein Gefühl von Sicherheit und Identität zu finden. Bald darauf kam es in dem Unternehmen zu einer großangelegten Umstrukturierung, und nicht wenige Leute verloren ihre Stelle. Vor der Reorganisation hätten wir noch so intensiv traditionelles Zeitmanagement vermitteln können und trotzdem nicht die erwünschte Quadrant-II-Kultur herbeigeführt. Das Kernproblem war eine fehlende gemeinsame Vision.

Unternehmen, deren Mitarbeiter kein klares Verständnis gemeinsamer Ziele haben, zahlen einen hohen Preis in Form von Zeit- und Energieverschwendung. Eines der großen Unternehmen, für die wir als Berater tätig waren, hat vor einigen Jahren Informationen zu Unternehmen zusammengetragen, die den Deming-Preis für Qualität in Japan gewonnen haben. Im Vergleich dieser Informationen und unserer Zeitaufzeichnungen über

	Dringend	**Nicht dringend**
Wichtig	**I** 20–25 % 25–30 %	**II** 65–80 % 15 %
Nicht wichtig	**III** 15 % 50–60 %	**IV** weniger als 1 % 2–3 %

andere Unternehmen haben wir festgestellt, daß das Zeitprofil überdurchschnittlich produktiver Unternehmen wie der Deming-Preisträger deutlich von dem normaler Firmen abweicht. In der vorstehenden Tabelle wird das Verhaltensmuster typischer Unternehmen in Normaldruck gezeigt, das Verhaltensmuster von Hochleistungsunternehmen in Großdruck.

Die Zahlen verdeutlichen eine auffallende Polarisierung – einen Mittelbereich gibt es kaum – in den Quadranten II und III. Die Hochleistungsunternehmen verwenden wesentlich mehr Zeit für wichtige, aber nicht dringende Dinge und wesentlich weniger Zeit für dringende, aber nicht wichtige Dinge. Als Hauptgrund verbirgt sich hinter diesen Unterschieden das Ausmaß an Klarheit im Hinblick auf die gemeinsamen Ziele.

Als wir im Laufe der Jahre unseren Seminarteilnehmern von diesen Zahlen berichteten, erkannten die meisten von ihnen in den Zahlen zu den durchschnittlichen Unternehmen ihr eigenes Unternehmen wieder und nannten auch den gleichen Grund für diesen Mangel. Das heißt, daß die Mitarbeiter von sehr vielen (großen und kleinen) Unternehmen die Ansicht vertreten, daß 50 bis 60 Prozent der Managementtätigkeiten nichts zu den Unternehmenszielen beitragen!

Die Passion einer gemeinsamen Vision

Die Passion einer gemeinsamen Vision führt zu synergetischer Mündigkeit. Sie entfacht und verbindet Kraft, Talente und Fähigkeiten aller Beteiligten. Eine gemeinsame Vision erzeugt ihre eigene Ordnung; der Versuch zur Kontrolle führt zum Gegenteil – zu dysfunktionaler Unordnung oder zu Chaos.

Wir alle kennen Geschichten über Gruppen, Sportteams, Unternehmen oder andere Organisationen, die durch eine Bündelung ihrer Kräfte über ihre Grenzen gegangen sind und Großes vollbracht haben.

Das gleiche gilt für Familien.

Stephen: *Ich kann nicht mit Worten beschreiben, welche bewußt und unbewußt vereinigende, stärkende, harmonisierende und klärende Wirkung die Formulierung unserer Lebensphilosophie auf unsere Familie gehabt hat. Wir haben vor einigen Jahren daran gearbeitet. Acht Monate lang setzten wir uns fast jeden Sonntag am Nachmittag oder Abend eine halbe bis eine ganze Stunde zusammen, um uns mit tiefen Fragen zu befassen. »Was ist unser Kern? Was ist wirklich wich-*

tig? Welche Art von Heim wollen wir? Was macht mich stolz, meine Freunde hierherzubringen?«

Schließlich entwickelten wir folgende Aussage:

»Unsere Familie will einen Raum zur Förderung von Glauben, Wahrheit, Liebe, Glück und Entspannung schaffen und jeder Person die Chance geben, auf verantwortliche Weise unabhängig und auf effektive Weise interdependent zu werden, um wertvolle Aufgaben in der Gesellschaft zu erfüllen.«

Neben meinen Kindern beteiligte sich gelegentlich auch meine Mutter an diesen Gesprächen. Meine Kinder haben inzwischen auch Kinder, und so hat uns diese Philosophieaussage geholfen, Kontinuität zwischen den Generationen herzustellen. Sie hängt an der Wand, und wir messen uns ständig daran. Natürlich gibt es auch fehlenden Einklang und Schwächen, aber wir kommen immer wieder darauf zurück. Dank dieser Aussage können wir uns an unserem potentiellen Sein orientieren.

Gemeinsame Vision wird zur Verfassung und zum Entscheidungskriterium der Gruppe. Sie schmiedet die Menschen zusammen. Sie verleiht ihnen ein Gefühl von Einheit und Orientierung, das in Notzeiten große Kräfte freisetzt. Ein Mann hat uns Folgendes mitgeteilt:

Kurz nachdem ich eine Aussage zu meiner persönlichen Lebensphilosophie aufgeschrieben hatte, dachte ich über meine Rolle als Vater nach und überlegte mir, wie ich meinen Kindern im Gedächtnis bleiben wollte. Als wir in diesem Sommer unsere Ferien planten, wandten wir dieses Prinzip einer Vision auf die Familie an. Wir entwickelten zusammen eine Art Familienaussage für unsere Reise.

Wir übernahmen jeweils bestimmte Rollen in unserem Team. Meine sechsjährige Tochter entschied sich für die Rolle des Cheerleaders. Sie sollte Familienstreitigkeiten, vor allem während der Autofahrt, auflösen. Sie ließ sich mehrere Rufe einfallen, und immer wenn es ein Problem gab, mahnte sie uns: »Wir fahren mit dem Wagen, wenn wir nur zusammenhalten, kann uns keiner schlagen.« Wir waren verpflichtet einzustimmen, und damit gelang es uns stets, aufkommende schlechte Stimmung zu vertreiben.

Wir alle trugen gleichartige T-Shirts. Einmal fuhren wir an eine Tankstelle, und der Angestellte zeigte uns die kalte Schulter. Aber als er aufblickte und wir alle mit unseren gleichen T-Shirts dastanden, meinte er verblüfft: »Hey, ihr seht ja aus wie ein Team!« Wir sahen uns an und fühlten uns großartig. Wir waren eine Familie!

Ungefähr drei Monate nach dem Urlaub wurde bei unserem dreijährigen Sohn Leukämie diagnostiziert. Damit begannen für unsere Familie schwere Monate. Immer wenn wir unseren Sohn zur Chemotherapie ins Krankenhaus brachten, wollte er sein T-Shirt anziehen. Damit stellte er vielleicht die Verbindung zu den Erfahrungen des Zusammenseins bei unserem Familienurlaub her.

Nach seiner sechsten Behandlung bekam er eine ernste Infektion und mußte für zwei Wochen auf die Intensivstation. Wir hätten ihn fast verloren, aber er überstand die Krise. In diesen Tagen trug er fast ausschließlich unser T-Shirt, das mit Blut, Tränen und Erbrochenem befleckt war.

Als er schließlich über den Berg war und zurück nach Hause kam, trugen wir alle zu seinen Ehren das T-Shirt. Wir wollten zusammen das Gefühl unserer Ferienaussage wiederherstellen.

Diese Vision half uns, die größte Herausforderung in der Geschichte unserer Familie zu bestehen.

Eine gemeinsame Philosophie schaffen

Wie gelangen wir zu einer motivierenden und befreienden Aussage über eine gemeinsame Vision?

Gewinn/Gewinn denken. Erst verstehen. Synergie erzeugen.

Organisationen, Familien und Gruppen aller Art können mit dem Gewinn/Gewinn-Prozeß eine gemeinsame Vision finden. Wir haben diesen Prozeß in aller Welt beobachtet und festgestellt, daß sich die Realität der Nordpol-Prinzipien bestätigt hat, wenn vier Voraussetzungen gegeben waren:

1. Es gibt genügend Leute,
2. die voll informiert sind und
3. in einem vertrauensvollen Umfeld
4. frei und synergetisch miteinander umgehen.

Die wirkungsvollsten Unternehmensphilosophien stehen in Einklang mit dem, was wir als *universelle Philosophie* bezeichnen: »die Verbesserung des ökonomischen Wohlergehens und der Lebensqualität aller Interessengruppen«. Diese Aussage geht auf alle vier Bedürfnisse ein und berücksichtigt, daß Menschen nicht nur aus Bauch, Herz, Verstand oder Geist, sondern aus allen vier in einem synergetischen Ganzen bestehen. »Alle Interessengruppen« meint *alle*, die ein Interesse am Erfolg der Anstrengung haben. In einem Unternehmen betrifft dies zum Beispiel nicht nur Arbeitgeber und Arbeitnehmer, sondern auch Kunden, Lieferanten, Familien von Mitarbeitern, die Gesellschaft, die Umwelt und zukünftige

Generationen. In der Familie erstreckt sich dies auf die erweiterte Familie, die vergangene Familie, die zukünftige Familie und die gesamte Menschheitsfamilie.

Wenn Sie eine neue Aussage zur Unternehmensphilosophie formulieren oder eine alte überdenken wollen, können Sie vielleicht auf folgende Liste von Merkmalen zurückgreifen.

Eine wirkungsvolle Unternehmensaussage:

- zielt auf einen Beitrag zum Allgemeinwohl, auf wertvolle Absichten, die ein kollektives inneres Feuer erzeugen;
- stammt aus dem Bauch der Organisation, nicht vom Olymp;
- beruht auf zeitlosen Prinzipien;
- enthält sowohl Vision als auch prinzipienorientierte Werte;
- erfüllt die Bedürfnisse aller Interessengruppen;
- wird allen vier Bedürfnissen und Fähigkeiten gerecht.

Die Bedeutung synergetischer Rollen und Ziele

In dem Bemühen um eine effektive Umsetzung der gemeinsamen Vision erkennen wir die große Bedeutung synergetischer Rollen und Ziele.

Wenn wir unsere Rollen im Privatleben als getrennte Teile des Lebens verstehen, stehen sie zueinander im Gegensatz und in Konkurrenz. Wenn wir sie jedoch als Teile eines miteinander verwobenen Ganzen begreifen, fügen sich die Teile zu einem Leben in Fülle zusammen.

Gleiches gilt in der interdependenten Realität im Hinblick auf die Rollen einzelner. Wenn wir nicht im Mangel- und Konkurrenzdenken befangen bleiben, sondern den Beitrag jeder Rolle zum Ganzen erkennen, können wir durch den Gewinn/Gewinn-Prozeß Fülle und Synergie erlangen.

Wenn Menschen zusammen eine Aufgabe erledigen wollen, müssen sie sich früher oder später mit fünf Faktoren auseinandersetzen:

- Erwünschte Ergebnisse – Was wollen wir erreichen? Welche – quantitativen wie qualitativen – Resultate streben wir an und bis wann?
- Richtlinien – Innerhalb welcher Parameter bewegen wir uns dabei? Welche zentralen politischen, rechtlichen und ethischen Fragen, welche Werte, Grenzen und Stufen von Initiative müssen wir berücksichtigen, um die erwünschten Ergebnisse zu erzielen?

- Ressourcen – Womit müssen wir arbeiten? Welche finanziellen, systembedingten und menschlichen Mittel stehen zur Verfügung, und wie erschließen wir sie?
- Rechenschaft – Wie messen wir unsere Arbeit? Welche Kriterien zeigen das Erreichen der erwünschten Resultate an? Sind sie überhaupt meßbar, beobachtbar, erkennbar? Wem sind wir Rechenschaft schuldig? Wann wird der Rechenschaftsprozeß stattfinden?
- Konsequenzen – Weshalb wollen wir dieses Ziel erreichen? Welche natürlichen und logischen Konsequenzen hat das Erreichen oder Nichterreichen der erwünschten Ergebnisse?

Wenn wir unsere Seminarteilnehmer danach fragen, wieviel Zeit in ihren Unternehmen dafür aufgewendet wird, die Auswirkungen unklarer Erwartungen in diesen Punkten zu bewältigen, liegen ihre Schätzungen bei mindestens 60 Prozent. Tatsächlich handelt es sich hier um eine der zentralen Effektivitätsfragen im Zeitmanagement. Große Mengen von Zeit und Energie der Unternehmen verpuffen wirkungslos in Quadrant III – Zeit und Energie, die man für wesentliche Dinge verwenden könnte.

In Kapitel 6 haben wir davon gesprochen, daß jede Rolle eine Verantwortung beinhaltet. Den Schlüssel zu effektiven interdependenten Anstrengungen finden wir in dem, was man als »Gewinn/Gewinn-Verantwortungsvereinbarungen« bezeichnen könnte. Diese Vereinbarungen sind das entscheidende Bindeglied zwischen Menschen und Möglichkeiten. Hier vereinigen sich persönliche und Unternehmensphilosophie, und das innere Feuer erfaßt die gesamte Organisation.

Gewinn/Gewinn-Verantwortungsvereinbarungen schaffen

Die Verantwortungsvereinbarung stellt einen deutlichen Bruch mit der traditionellen Form der Delegation dar, die oft nur darin besteht, Arbeiten auf andere abzuwälzen. Die Verantwortungsvereinbarung erzeugt eine synergetische Partnerschaft, um den Weg zum Wesentlichen gemeinsam zu beschreiten. Die Delegation wird zur Verantwortungsdelegation. Die Menschen fühlen sich nicht als Handlanger, sondern als Beteiligte. Sie sind motiviert. Beide Seiten realisieren eine Sache von gemeinsamer Bedeutung.

Wie schaffen wir nun solche Vereinbarungen?

Gewinn/Gewinn denken. Erst verstehen. Synergie erzeugen.

Wenn Sie sich mit Ihrem Chef, mit einem direkten Untergebenen, einem Kollegen oder einem Kind zusammensetzen, können Sie in diesem Prozeß zu jedem der folgenden fünf Punkte eine Einigung erzielen und so eine für beide Seiten gewinnbringende Verantwortungsvereinbarung finden.

1. Erwünschte Ergebnisse klarlegen

Erwünschte Ergebnisse repräsentieren die gemeinsame Vision der Verantwortungsvereinbarung. Sie bringen zum Ausdruck, was wichtig ist, und bilden damit die entscheidende Grundlage für den Weg zum Wesentlichen in allen interdependenten Beziehungen. Hier muß sich im Prozeß eines ständigen Strebens nach dritten Alternativen und Synergie die Mentalität der Fülle bewähren.

Viele der Elemente, die zur Formulierung einer wirkungsvollen Unternehmensaussage beitragen, helfen auch bei der Schaffung effektiver Aussagen zu erwünschten Ergebnissen. Zum Beispiel:

- Orientierung am Beitrag zum Allgemeinwohl
- Erfüllung aller vier Bedürfnisse
- »Gewinn« für *alle* Interessengruppen

Klargelegt werden müssen auch die Maßnahmen zur Erhöhung der Produktionskapazität (PK), mit der die erwünschten Resultate erzielt werden sollen. Und ganz entscheidend dabei ist, daß es sich bei den erwünschten Ergebnissen tatsächlich um *Ergebnisse* handelt und nicht um *Methoden.* Wenn wir die Methoden überwachen, übernehmen wir damit die Verantwortung für die Ergebnisse.

Die Aussage zu den erwünschten Resultaten bietet den Rahmen für die Abstimmung innerhalb der Familie, Gruppe oder Organisation – hier werden Ziele und Strategien jedes Verantwortungsbereichs in Übereinstimmung gebracht mit der Gesamtphilosophie und mit den Anstrengungen anderer Leute oder Arbeitsgruppen. Dadurch kommt es zu einem

Prozeß der Durchdringung, in dem sich individuelle und Unternehmensphilosophie verbinden.

2. Richtlinien festlegen

Neben Grundsätzen und Verfahren, die vielleicht die Umsetzung der Vereinbarung beeinflussen, müssen auch weitere Richtlinien festgelegt werden, wie zum Beispiel:

- Nordpol-Prinzipien, die zum Erreichen der Ergebnisse verwendet werden
- Prinzipien der Geschäftstätigkeit (nicht unbedingt Naturgesetze), die der Unternehmenspolitik zugrunde liegen
- Warnsignale und bekannte Fehler (zu unterlassende Dinge)
- Stufen der Eigeninitiative

William Oncken unterscheidet in seinem Buch *Managing Management Time* sechs Stufen der Eigeninitiative:

1. Auf Anweisungen warten
2. Fragen
3. Empfehlen
4. Handeln und sofort berichten
5. Handeln und regelmäßig berichten
6. Selbständig handeln

Eine Vereinbarung kann für unterschiedliche Funktionen verschiedene Stufen von Eigeninitiative vorsehen. Eine Sekretärin könnte bei der Abwicklung von Korrespondenz und der Reaktion auf Belegschaftsprobleme auf Stufe drei stehen und beim Umgang mit Besuchern und Telefonanrufen auf Stufe fünf.

Die Stufen der Eigeninitiative können sich mit wachsenden Fähigkeiten und steigendem Vertrauen verändern. Ein dreijähriges Kind, das nur auf Anweisung sein Zimmer aufräumt, wird sich hoffentlich auf Stufe fünf befinden, wenn es zehn oder zwölf Jahre alt ist.

Entscheidend ist, daß die Stufe der Eigeninitiative dem Vermögen des Betreffenden entspricht.

3. Verfügbare Ressourcen ermitteln

In diesem Bereich geht es um die finanziellen, menschlichen, technischen und organisatorischen Ressourcen (wie Ausbildung oder Informationssysteme), die für die Umsetzung der Vereinbarung zur Verfügung stehen. Dabei kommt es nicht nur darauf an, die verfügbaren Ressourcen zu ermitteln, sondern auch abzuklären, wie man sie erschließen kann, wie man mit anderen Benutzern dieser Ressourcen zusammenarbeiten kann und wo die Grenzen liegen.

Eine Ressource, die in diesem Zusammenhang sehr häufig übersehen wird – und die nur in Gewinn/Gewinn-Verantwortungsvereinbarungen anzutreffen ist –, sind die Teilnehmer selbst, vor allem jene in Führungs-, Management- oder Vorgesetztenrollen.

4. Rechenschaftspflicht festlegen

Rechenschaft dreht sich um die Frage, wie wir die Qualität unserer Arbeit feststellen, und bringt Integrität in die Vereinbarung. Hier werden die Details der Kommunikation und die Maßstäbe für die Ergebnisse bestimmt.

Zur Rechenschaftspflicht gehören sowohl P-Kriterien als auch PK-Kriterien (Produktion und Produktionskapazität) für jedes einzelne der angestrebten Ziele. Diese Kriterien können meßbar, beobachtbar und erkennbar sein. Ohne jede Frage liegt der schwierigste Teil der Etablierung von Gewinn/Gewinn-Vereinbarungen in der Festlegung klarer und umfassender Ziele – im Bereich von P und PK – und klarer Kriterien für den Rechenschaftsprozeß, in dessen Rahmen sich die Einzelpersonen an den festgelegten erwünschten Resultaten messen.

5. Konsequenzen klären

Es gibt zwei Arten von Konsequenzen: natürliche und logische. Die einen umfassen das, was auf natürliche Weise geschieht, wenn wir die erwünschten Ergebnisse erreichen oder nicht. Verlieren wir Marktanteile? Wie wirkt es sich auf die Menschen aus? Was passiert, wenn die Haushaltsarbeiten unerledigt bleiben? Es gilt, sowohl negative als auch positive Konsequenzen zu klären.

Zu den logischen Konsequenzen gehören Dinge wie Vergütung, Aufstiegschancen, zusätzliche Möglichkeiten für Ausbildung und Entwicklung, vergrößerte oder verkleinerte Verantwortungsbereiche und Disziplin.

Beide Formen von Konsequenzen haben ihren Ort, und beide müssen Berücksichtigung finden. Zum Beispiel müssen Eltern bisweilen bewußt die logischen Konsequenzen vor die natürlichen setzen, um ihr Kind zu schützen. Wenn das Kind ständig auf die Straße läuft, werden die Eltern wohl oder übel dem Kind die logische Konsequenz zumuten, das Haus nicht verlassen zu dürfen, statt die drohende natürliche Konsequenz in Kauf zu nehmen.

Wenn wir aber nicht übereinstimmen?

Wenn wir uns um eine Verantwortungsvereinbarung bemühen, sehen wir die Dinge am Anfang oft sehr unterschiedlich. Und das ist gut so. Unterschiede sind der Anfang von Synergie! Wir durchlaufen diesen Prozeß ja, um die Unterschiede zu besprechen. Die Fragen kommen auf den Tisch, bevor sie Probleme auslösen. Wir suchen nach kreativen dritten Alternativen. Wir mogeln uns nicht um offene Punkte herum, um dann mit den negativen Konsequenzen ungelöster Probleme und verschwiegener Gefühle zu leben. Statt dessen verwenden wir unsere menschlichen Gaben, um den Unterschieden gerecht zu werden und sie synergetisch zu überbrücken.

Gewinn/Gewinn denken

Sie haben den aufrichtigen Wunsch, daß Ihr Gegenüber gewinnt. Sie selbst möchten auch gewinnen. Also engagieren Sie sich für einen Austausch, der zu einer für beide Seiten zufriedenstellenden Lösung führt.

Erst verstehen

In dem Bemühen um gegenseitiges Verständnis können folgende Fragen hilfreich sein:

- *Worin besteht das Problem aus der Sicht der anderen Seite?* Hören Sie wirklich mit der Absicht zu, zu verstehen und nicht zu antworten. Arbeiten Sie so lange daran, bis Sie den Standpunkt der anderen Person besser ausdrücken können als diese Person selbst. Ermuntern Sie sie dann, genauso zu verfahren.
- *Um welche Kernfragen (nicht Standpunkte) geht es?* Wenn die Standpunkte dargelegt sind und beide Seiten sich gründlich verstanden fühlen, sehen Sie sich das Problem zusammen an und identifizieren Sie die zu lösenden Fragen.
- *Welche Ergebnisse würden eine rundherum akzeptable Lösung bilden?* Finden Sie heraus, was für die andere Seite eine »Gewinnsituation« wäre. Stellen Sie fest, worin diese »Gewinnsituation« für Sie läge. Legen Sie beide Kriterien als Grundlage für einen synergetischen Austausch auf den Tisch.

Synergie erzeugen

Öffnen Sie das Tor zu kreativen dritten Alternativen. Machen Sie ein Brainstorming. Nutzen Sie Ihre McGyver-Mentalität. Seien Sie aufgeschlossen für Überraschungen. Versuchen Sie eine Liste möglicher Optionen aufzustellen, die den von Ihnen festgelegten Kriterien entsprechen würden.

Sehen wir uns diesen Prozeß an einem Beispiel an.

Nehmen wir an, Sie arbeiten als Verkaufsvertreter für ein Unternehmen. Der Markt ist hart umkämpft, und es gibt mehrere konkurrierende Anbieter in Ihrem Gebiet. Die meisten Ihrer Kunden arbeiten mit Just-in-time-Lieferung, und Ihre Fähigkeit zur Einhaltung vereinbarter Liefertermine stellt einen zentralen Erfolgsfaktor für Ihre Tätigkeit dar.

Aber in jüngster Zeit hat Ihre Fertigungsfabrik die Produkte erst in letzter Minute ausgeliefert. Einige Lieferungen sind zu spät bei Ihren Hauptkunden eingetroffen. Sie verstehen ihre Situation und wissen, daß sie zu einem anderen Anbieter wechseln werden, wenn sich Ihr Unternehmen auch weiterhin als unzuverlässig erweist. Sie wollen Ihre Kunden nicht verlieren, also suchen Sie den Fabrikleiter auf, um der Sache auf die Spur zu kommen.

Sie finden einen Manager vor, der bis zum Hals in Quadrant I steckt und sich völlig erschlagen fühlt durch die Forderungen, die Sie und alle anderen Marketingleute an seine Fabrik stellen. Er bezeichnet es als Wunder, daß Sie die Lieferungen überhaupt bekommen.

Was tun Sie?

Gewinn/Gewinn denken

Sie wollen gewinnen. Sie wollen aber auch, daß der Manager gewinnt. Und auch Ihre Kunden sollen gewinnen. Sie denken nicht »entweder – oder«, sondern »und«. Sie suchen nach dritten Alternativen, die den Bedürfnissen aller Beteiligten gerecht werden. Sie suchen nach Lösungen für chronische Probleme, statt an den Symptomen herumzukurieren.

Erst verstehen

1. Worin besteht das Problem aus der Sicht der anderen Seite?
Sie hören dem Manager zu, und er erzählt Ihnen, daß in den letzten sechs Monaten der Lieferbedarf um 30 Prozent gestiegen ist, daß jedoch keine Mittel für eine Erweiterung der Kapazitäten genehmigt worden sind. Die bestehenden Schichten machen Überstunden, und die Wartung wurde vernachlässigt. Das hat zu einer Steigerung der Arbeitskosten und der Ausfallzeiten geführt und darüber hinaus die Beziehungen des Managers zur Zentrale stark belastet. Er fühlt sich von allen Seiten unter Druck gesetzt und sieht die von Ihnen erwarteten Lieferzeiten als völlig unrealistisch. Sie spüren, daß dieser Manager gute Arbeit leisten will. Er blockiert nicht, sondern möchte genau wie Sie pünktliche Lieferungen. Er steht einfach mit dem Rücken zur Wand und erkennt keine Aussicht auf Besserung. Nachdem Sie sich eingehend mit seiner Situation befaßt haben, berichten Sie ihm von der Situation Ihrer Kunden und Ihren Sorgen. Alle Standpunkte sind nun geklärt, und Sie können darangehen, die Problembereiche zu bestimmen und nach Lösungen zu suchen.

2. Um welche Kernfragen geht es?
Im offenen Gespräch mit dem Manager wird Ihnen klar, daß dieses Problem ein Symptom eines viel umfassenderen Zusammenhangs ist. Zu den Kernfragen gehören Dinge wie:

- Kapazität
- Finanzierung
- Beziehungen zur Zentrale
- Beziehungen zu Kunden

3. Was wäre eine für Sie beide akzeptable Lösung?
Sie wollen sowohl kurzfristige als auch langfristige Lösungen erarbeiten. Sie verstehen, daß er nicht einfach andere Bestellungen beiseite schieben und die Ihre zuerst ausführen kann. Dadurch würden nur weitere Probleme entstehen. Sie wollen auch die Kosten und die Ausfallzeiten senken, also wären auch zusätzliche Überstunden keine wirkliche Gewinnsituation. Wie auch immer die Entscheidung ausfällt, vorrangig sind Folgerichtigkeit und Zuverlässigkeit. Darüber hinaus muß die Basis für langfristige Verbesserungen geschaffen werden.

Synergie erzeugen

Mehrere Möglichkeiten bieten sich als dritte Alternativen an:

- Sie könnten bei Ihren Kunden Informationen über ihren voraussichtlichen Produktbedarf einholen, um die Vorlaufzeiten der Fabrik zu erhöhen.
- Einige Ihrer Kunden würden sich kurzfristig vielleicht auch damit zufriedengeben, daß die Fabrik einen Teil der Lieferung fristgerecht zustellt und die Restlieferung einige Tage später folgen läßt.
- Sie können sich vielleich in der Marketingabteilung mit den anderen Vertretern in Verbindung setzen, um ihnen die Probleme zu erläutern. Womöglich ist es sogar so, daß die Vertreter in ihrem Bemühen um neue Aufträge ihren Kunden zuviel versprechen und dadurch eine künstlich aufgeblähte Nachfrage in der Fabrik auslösen.
- Vielleicht könnte der Fabrikleiter die Probleme persönlich mit der Marketingabteilung besprechen.
- Ein Marketing-Vertreter könnte sich zusammen mit dem Fabrikleiter die Trends ansehen und gemeinsam mit ihm eine Analyse für die Zentrale erarbeiten, die den Wert zusätzlicher Kapazitäten unterstreicht.
- Schließlich könnten Sie vielleicht durch Zusammenarbeit die Effizienz in der Auftragsbearbeitung erhöhen und zum Beispiel den Aufwand für Dokumentation verringern, um zusätzliche Kapazitäten für die Produktion zu gewinnen.

Diese oder andere Schritte könnten Sie auf dem Weg zu einer Lösung wählen. Entscheidend ist, daß Sie zusammen an dem Problem arbeiten, statt sich über das Problem zu bekriegen. Wenn Sie Gewinn/Gewinn denken, erst verstehen und Synergie erzeugen, fließen Ihre Zeit und Energie in die Suche nach gemeinsamen Lösungen und nicht in einen nutzlosen Konflikt. Das Endergebnis könnten Sie als Teil einer umfassenden Verantwortungsvereinbarung niederlegen.

Wenn wir aber wirklich nicht übereinstimmen?

Die meisten Gewinn/Gewinn-Vereinbarungen drehen sich nicht um explosive Themen, an denen sich die Geister so stark scheiden wie in dem folgenden Fall. Dennoch möchten wir dieses Beispiel hier anführen, um zu zeigen, welche verbindende Kraft von diesem Prozeß ausgeht.

Stephen: *Einmal habe ich vor zweihundert MBA-Studenten an einer Universität im Osten der USA eine Lehrveranstaltung gehalten, an der auch viele Dozenten* *und eingeladene Gäste teilnahmen. Wir sprachen über das schwierigste und sensibelste Thema, das ihnen eingefallen war – Abtreibung. Ein Gegner und ein Befürworter, die beide zutiefst von ihrer Position überzeugt waren, traten nach vorne, um vor den Anwesenden miteinander zu diskutieren. Ich spielte die Rolle des Supervisors, der sie dazu drängte, die Gewohnheiten effektiver Interdependenz zu praktizieren: Gewinn/Gewinn denken, erst verstehen und Synergie erzeugen.*

»Sind Sie bereit, miteinander zu sprechen, bis wir eine Gewinn/Gewinn-Lösung gefunden haben?«

»Ich kann mir keine vorstellen! Ich glaube nicht, daß sie ...«

»Einen Augenblick. Sie werden nicht verlieren. Beide werden gewinnen.«

»Aber wie soll das gehen? Der eine gewinnt, der andere verliert.«

»Sind Sie bereit, es zu versuchen? Ich meine nicht kapitulieren. Geben Sie nicht nach. Schließen Sie keine Kompromisse.«

»Ich glaube schon.«

»Schön. Versuchen Sie, erst zu verstehen. Sie können Ihre Argumente nicht vorbringen, solange Sie nicht die Argumente des anderen zu seiner Zufriedenheit wiederholen.«

Sie begannen zu sprechen, unterbrachen einander aber ständig.

»Schon, aber verstehen Sie denn nicht ...«

Ich sagte: »Moment! Ich weiß nicht, ob sich die andere Seite verstanden fühlt. Fühlen Sie sich verstanden?«

»Nicht im geringsten.«

»Schön, Sie können Ihre Argumente also noch nicht vorbringen.«

Es läßt sich kaum schildern, wie sich diese beiden Leute abmühten. Sie konnten nicht zuhören. Sie waren mit ihrem Urteil übereinander fertig, weil sie verschiedene Positionen vertraten.

Nach ungefähr fünfundvierzig Minuten schließlich fingen sie an, einander wirklich zuzuhören. Die Wirkung auf sie und auf das gesamte Publikum war geradezu unbeschreiblich.

Es war bewegend, als sie offen und einfühlsam auf die zugrundeliegenden Bedürfnisse, Ängste und Gefühle von Menschen in dieser heiklen Frage hörten. Die zwei Diskutierenden hatten Tränen in den Augen. Die Hälfte der Anwesenden hatte Tränen in den Augen. Sie schämten sich dafür, jeden Andersdenkenden in eine Schablone gepreßt und verurteilt zu haben. Sie waren vollkommen überwältigt von den synergetischen Ideen, die aus diesem Prozeß hervorgingen. Sie kamen auf eine Reihe von dritten Alternativen, wie zum Beispiel neue Einsichten zur Verhütung, Adoption und Erziehung. Nach zwei Stunden sagten sie voneinander: »Wir hatten keine Ahnung, was Zuhören bedeutet. Jetzt verstehen wir, warum sie so fühlen und denken.«

Der Geist wahrer Empathie ist grundlegend für eine effektive Synergie. Er überwindet die negative Energie, die aus Standpunkten fließt. Er schafft

Offenheit und Verständnis und vereint die Menschen in dem Bemühen um eine Lösung. Die Qualität der Beziehung zwischen den Beteiligten und ihre Kommunikations- und Synergiefähigkeit auf der Suche nach dritten Alternativen werden zur Kernfrage.

Wenn Menschen wirklich Gewinn/Gewinn denken, wenn sie nach einem tiefen gegenseitigen Verständnis suchen und ihre Energie auf eine synergetische Lösung von Problemen statt gegeneinander richten, führt dies zu tiefreichenden Auswirkungen. Wir haben die Kraft dieses Prozesses in den schwierigsten und angespanntesten Situationen beobachten können.

Stephen: *Einmal war ich auf dem Weg zu einer Konferenz in einem großen Unternehmen und rief dort an. Man sagte mir: »Fahren Sie nach Hause. Die Konferenz ist gerade abgesagt worden.«*

»Warum? Was ist passiert?«

»Die Gewerkschaftsvertreter sind abgezogen.«

»Warum?«

»Weil einige der Mitarbeiter nicht so behandelt wurden, wie es ausgemacht war.«

»Und die Unternehmensführung, gibt sie es zu?«

»Ja, sie gibt es zu.«

»Dann ist jetzt der richtige Zeitpunkt. Die Umstände passen. Halten Sie die Konferenz. Machen Sie keinen Rückzieher. Sonst wird die Polarisierung noch stärker, und die Leute verschanzen sich hinter ihren Positionen.«

Davor hatten wir Mitarbeiter im gesamten Unternehmen im Gewinn/Gewinn-Prozeß unterwiesen, und das hatte tiefreichende Auswirkungen auf ihr Privat- und Familienleben. Einige Mitarbeiter der mittleren Ebene hatten sogar ein Video mit Aussagen zur Kraft dieses Prozesses zusammengestellt. Aber die Topmanager fühlten sich irgendwie erhaben über das Ganze und meinten, sie bräuchten es nicht.

Wir sagten zu ihnen: »Entschuldigen Sie sich. Es ist nur eine kleine Geste. Lassen Sie die Konferenz nicht platzen. Der Zeitpunkt ist gekommen.«

Sie entschuldigten sich. Es war das erste Mal, daß etwas Derartiges geschah. Aber es entsprach einem richtigen Prinzip. Der Betriebsratsvorsitzende lenkte ein. »Okay«, sagte er. »Wir kommen. Aber wir werden zu spät kommen, um zu zeigen, daß wir unsere Interessen nicht verraten.«

Bei der Konferenz sagte ich zum Präsidenten des Unternehmens und zum Vorsitzenden des Betriebsrats: »Ich möchte Sie um etwas bitten, was sehr viel Mut erfordert. Wollen Sie es versuchen?« Nach einigem Zögern erklärten sie sich einverstanden.

Ich bat die beiden vor das Auditorium und sagte: »Ich möchte nur, daß Sie sich anhören, was diese Menschen zu sagen haben.«

»Sie kennen die ehrgeizigen, fast heroischen Ziele, die beschlossen worden sind und die Sie allem Anschein nach auch unterstützen.« Ich wandte mich an die Anwesenden im Saal. »Wie viele hier sind ehrlich davon überzeugt, daß Sie diese Ziele bei der derzeitigen Kultur in Ihrem Unternehmen erreichen können?« Es war ein großes Auditorium, das mit sieben- oder achthundert Leuten gefüllt war, die von den Gruppenleitern aufwärts bis zu den Topmanagern reichten. Es hob sich keine einzige Hand.

»Und wenn Sie den Prozeß, über den wir gesprochen haben – Gewinn/Gewinn denken, erst verstehen, Synergie erzeugen – wirklich praktizieren, wie viele von Ihnen glauben, daß Sie dann diese scheinbar unmöglichen Ziele erreichen können?« Fast alle Hände gingen nach oben.

Ich wandte mich wieder an die beiden und sagte: »Sie haben die Botschaft des Unternehmens gehört. Ich möchte Sie darum bitten, daß Sie hier vor allen Leuten versprechen, diesen Prozeß zu erlernen und ihn an Ihre direkten Mitarbeiter weiterzugeben. Und diese sollen dann zusammen mit ihren Kollegen ihre direkten Mitarbeiter unterweisen, bis alle in den Prozeß eingebunden sind und Sie dieses Problem zusammen lösen können. Wenn Sie nicht bereit sind, mit diesem Versprechen zu leben, geben Sie es nicht. Sagen Sie: ›Ich muß erst darüber nachdenken.‹ Sie dürfen keine Erwartung wecken, die Sie nicht erfüllen können.«

Sie sahen sich lange Zeit an. Es herrschte eine unvorstellbare Spannung im Raum. Schließlich machten sie einen Schritt aufeinander zu, schüttelten sich die Hand und umarmten sich. Tosender Applaus erfüllte den Saal.

Heute ist dieses Unternehmen eines der führenden der USA. Dafür waren neben dieser Erfahrung viele weitere Faktoren verantwortlich, aber die Bereitschaft zur Anwendung dieses Prozesses hatte für alle Interessengruppen tiefgreifende Auswirkungen auf die Lebensqualität.

Der Unterschied des gemeinsamen Weges zum Wesentlichen

Was wäre wohl, wenn wir alle in Kulturen mit gemeinsamer Vision und Verantwortungsvereinbarung leben und arbeiten würden, in denen Gewinn/Gewinn-Denken die Interaktionen bestimmt? Was für ein Unterschied würde sich daraus ergeben?

Nehmen wir die Frage der *Aufsicht*. In einer Kultur mit geringem Vertrauen wird Aufsicht assoziiert mit *Kontrolle, Überwachung, Beobachtung und Überprüfung*. In einer Kultur mit hohem Vertrauen haben die Leute selbst die Aufsicht über sich gemäß der Vereinbarung. Ein Manager, eine Führungspersönlichkeit, ein Elternteil wird zu einer Quelle der

Hilfe – ein Vermittler, Beistand, Anfeuerer, Ratgeber und Mentor –, die im Notfall einspringt und wieder verschwindet.

Wie steht es mit der *Bewertung*? In einer Kultur mit niedrigem Vertrauen werden Rangordnung, Leistungsbewertung und Beurteilung von außen vorgeschrieben. In einer Kultur mit hohem Vertrauen fließt das Urteil statt im nachhinein schon von vornherein in die Leistungsvereinbarung. Die Menschen beurteilen sich selbst, weil sie viel genauer wissen, welche Faktoren ihre Leistungen und Erfolge beeinflussen.

Wie steht es mit der *Kontrollspanne*? In einer Kultur mit niedrigem Vertrauen ist die Kontrollspanne gering. Überwachung und Überprüfung verschlingen Zeit und Energie. Man kann nur eine begrenzte Zahl an Leuten kontrollieren. In einer Kultur mit hohem Vertrauen sind Überwachung und Überprüfung unnötig. Es geht nicht um Kontrolle, sondern um Freisetzung von Potential. Das Verhältnis ist nicht mehr eins zu acht oder zehn, sondern eins zu fünfzig, eins zu hundert oder eins zu zweihundert.

Wie steht es mit *Motivation*? In einer Kultur mit niedrigem Vertrauen funktioniert alles nach dem Prinzip »Zuckerbrot und Peitsche«. In einer Kultur mit hohem Vertrauen folgen die Menschen ihrer inneren Motivation. Sie werden von ihrem inneren Feuer angetrieben. Voller Passion arbeiten sie an der Erfüllung einer gemeinsamen Vision, die eine Synergie zwischen ihrer eigenen Philosophie und der der Familie oder Organisation darstellt.

Wie steht es mit *Struktur und Systemen*? Eine Kultur mit niedrigem Vertrauen ist erfüllt von Bürokratie, überbordenden Regeln und Vorschriften sowie restriktiven, geschlossenen Systemen. Aus Angst vor irgendeiner Unachtsamkeit werden Verfahren eingeführt, an die sich alle anpassen müssen. Praktisch alles sinkt auf eine Stufe von Eigeninitiative herab, auf der nur auf Anweisung gehandelt wird. Die Strukturen sind pyramidenhaft, hierarchisch. Die Informationssysteme erfassen nur kurzfristige Belange. Die Vierteljahresergebnisse diktieren die Mentalität der gesamten Kultur. In einer Kultur mit hohem Vertrauen führen Strukturen und Systeme zur Selbständigkeit. Sie befreien Energie und Kreativität der Menschen und lenken sie auf vereinbarte Ziele innerhalb der Richtlinien gemeinsamer Werte. Es gibt weniger Bürokratie, Regeln und Vorschriften und mehr Engagement.

Welche Auswirkungen haben diese Unterschiede auf unsere Zeitgestaltung?

Wieviel Zeit wird in Kulturen mit niedrigem Vertrauen auf Kontrolle, Überwachung, Überprüfung und »Schnüffeln« verwendet?

Wieviel Zeit fließt in wettbewerbsorientierte Bewertungssysteme, Beurteilungsspielchen und sogenannte Motivierungsprogramme?

Wieviel Zeit geht im Umgang mit bürokratischen Systemen, Regeln und Vorschriften verloren?

Wieviel Zeit wird mit der Klärung von zahllosen Kommunikationsproblemen verschwendet, die auf fehlendes Vertrauen zurückzuführen sind?

Und welchen Preis soll man für verlorene Zeit und entgangene Chancen veranschlagen, wenn die Menschen so sehr im Mikromanagement und in dringenden Krisen befangen sind, daß sie hochwirksame Quadrant-II-Tätigkeiten wie Planung, Vorbeugung und Entwicklung zur Selbstverantwortung vernachlässigen?

Wir verwenden unglaublich viel Zeit für die Bewältigung von Symptomen niedrigen Vertrauens, und *es macht keinen qualitativen Unterschied, wenn wir lernen, diese Symptome schneller zu bewältigen.*

13. Mündigkeit von innen nach außen

Immer wenn wir das Problem »dort draußen« vermuten, ist das eigentliche Problem *dieser* Gedanke.

Es wäre wunderbar, wenn wir alle in mündigen Kulturen mit hohem Vertrauen leben und arbeiten würden. Aber so ist es natürlich nicht. Die Unternehmen, für die wir arbeiten, sind oft überschwemmt von Regularien, Vorschriften und bürokratischen Bestimmungen. Die Orientierung ist uneinheitlich, die Systeme konkurrieren miteinander. Die Eigeninitiative liegt brach. Die Menschen finden ihre Erfüllung fast ausschließlich außerhalb der Arbeit. Während der Arbeit befinden sie sich oft in Quadrant III und befassen sich mit Intrigen, Klatsch, Schuldzuweisungen und Anschwärzungen. Dann stehen sie im Gang herum und richten sich an defätistischem Gerede auf.

»Nicht zu fassen, was der Abteilungsleiter gemacht hat!«
»Unglaublich! Aber ich kann dir auch eine Geschichte erzählen!«
»Kein Wunder, daß wir hier einfach nichts hinkriegen.«
»Na ja, was kann man schon erwarten?«

Ja, was können und dürfen wir erwarten?

Immer wenn wir das Problem »dort draußen« vermuten, ist das eigentliche Problem *dieser* Gedanke. Wir machen uns unmündig. Wir vergeuden unseren Raum – den Raum, der uns die Wahl einer konstruktiven Reaktion ermöglicht. Wir unterwerfen uns den Umständen und den Schwächen anderer Leute. Wir stecken unsere Kraft in unsere Interessensphäre und damit in Dinge, die außerhalb unserer Kontrolle liegen.

Prinzipienorientierte Führungsstärke ist die persönliche Mündigkeit, die auch im Unternehmen Mündigkeit und Selbstverantwortung schafft. Wir richten unsere Energie auf unsere Einflußsphäre. Wir geben nicht anderen die Schuld, sondern handeln mit Integrität, um ein Umfeld zu schaffen, in dem wir und andere Charakter, Kompetenz und Synergie entfalten können.

Wir sind vielleicht nicht *die* Führungspersönlichkeit, aber *eine* Führungspersönlichkeit. Und indem wir unsere prinzipienorientierte Führungsstärke ausspielen, vergrößern wir auch unsere Einflußsphäre:

Stephen: *Vor einigen Jahren wollte ein Manager der unteren Führungsebene eines Unternehmens an einem unserer Seminare teilnehmen. Es war nur für Topmanager bestimmt, aber er wollte unbedingt dabeisein und bestürmte seine Vorgesetzten förmlich. Schließlich hielten sie seinem Druck nicht mehr stand und ließen ihn teilnehmen.*

Dieser Mann war so proaktiv, daß er die Dinge einfach selbst in die Hand nahm. Er konzentrierte sich auf persönliche und berufliche Entwicklung und erweiterte sein Spektrum von Fertigkeiten. Er erhielt eine Beförderung nach der anderen und hatte nach zwei Jahren die drittwichtigste Position in seinem Unternehmen inne.

Dann erwachte sein Interesse für soziale Probleme, an deren Lösung er mitwirken wollte. Er wurde zum Vorstandssekretär einer Hilfsorganisation und sollte sogar Vollzeit für sie arbeiten, aber er wollte sein Unternehmen nicht verlassen.

Ich bin überzeugt, diesen Mann könnte man irgendwo nackt und ohne Pfennig aussetzen, und er würde aufgrund seiner Proaktivität, Sensibilität und Bewußtheit innerhalb kürzester Zeit bis zur Spitze einer Organisation aufsteigen. Ich werde nie das Licht in seinen Augen vergessen, als er die Macht des Handelns in seiner Einflußsphäre spürte.

In diesem Kapitel möchten wir uns drei in unserer Einflußsphäre liegende Bereiche ansehen, mit denen wir selbst zur Mündigkeit finden und unser Umfeld verändern können.

1. Die Voraussetzungen für Mündigkeit

Mündigkeit läßt sich nicht verordnen, sie muß wachsen. Es kommt darauf an, die entsprechenden Voraussetzungen zu schaffen und zu pflegen. Je mehr diese Bedingungen gegeben sind, desto mündiger wird die Kultur.

In verschiedenen Abstufungen liegen all diese Voraussetzungen in unserer Einflußsphäre. Wir wollen uns diese Voraussetzungen näher ansehen, um zu erkennen, wie wir mit unseren Bemühungen einen nachhaltigen Wandel erreichen können.

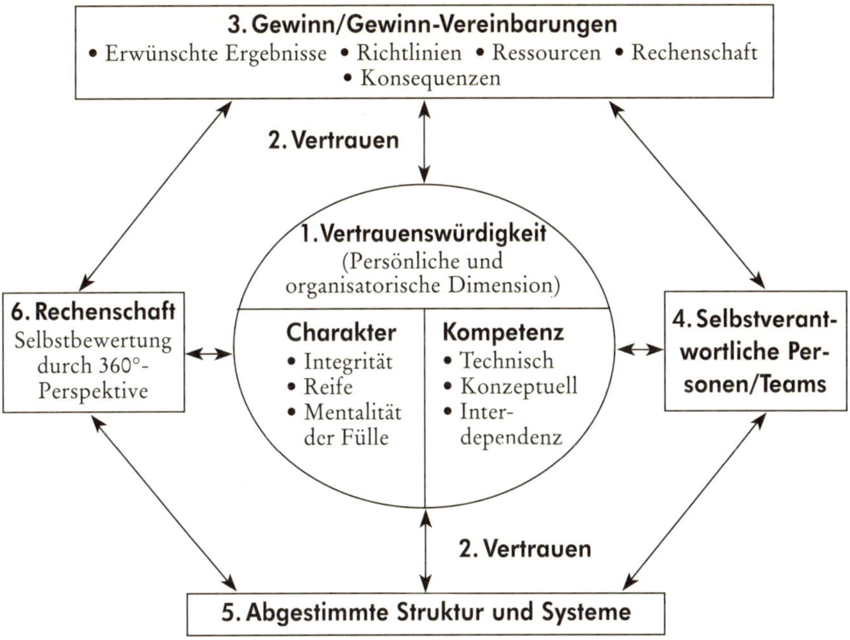

1. Voraussetzung: Vertrauenswürdigkeit

Im Herzen der Mündigkeit liegt Vertrauenswürdigkeit, die aus Charakter und Kompetenz hervorgeht. Charakter ist das, was wir sind; Kompetenz ist das, was wir können. Und beide zusammen bilden Vertrauenswürdigkeit.

Stephen: *Ich habe einen guten Bekannten, der wegen eines Knieproblems leicht hinkt. Er ging zu einem Arzt, der zwar sehr nett, aber inkompetent war – er konnte beim Blick auf einen zweidimensionalen Monitor keinen dreidimensionalen Eingriff vornehmen. Er säuberte ein wenig die Knorpel, aber versäumte es, die Überdehnung des vorderen Kreuzbands zu diagnostizieren. Aus diesem Grund wurde der Mann nie richtig behandelt. Als später sein Sohn und seine Tochter Sportverletzungen hatten, schickte er sie nicht zu diesem Arzt. Er hatte kein Vertrauen zu ihm.*

Aber auch Kompetenz ohne Charakter flößt kein Vertrauen ein. Niemand würde sich an einen Arzt wenden, der kompetent, aber unehrlich ist. Vielleicht brauchen Sie eine Behandlung, doch mit einem chirurgischen Eingriff läßt sich mehr verdienen, also überredet er sie womöglich zu einer völlig überflüssigen Operation.

Sowohl Charakter als auch Kompetenz sind notwendig, um Vertrauen zu wecken. Und beide liegen vollständig in unserer Einflußsphäre. Zum Charakter gehören:

- *Integrität* – die Fähigkeit, unseren Worten Taten folgen zu lassen; eine konsequente Ausrichtung des öffentlichen, privaten und inneren Lebens an ausgewogenen Prinzipien.
- *Reife* – das Gleichgewicht von Mut und Rücksicht, das uns befähigt zu sagen, was gesagt werden muß, ehrlich auf jemanden einzugehen und Streitpunkte direkt, aber voller Respekt für die Gefühle, Gedanken und Meinungen anderer anzupacken.
- *Mentalität der Fülle* – das Paradigma eines stetig wachsenden Lebens und einer unendlichen Zahl dritter Alternativen (im Gegensatz zum Paradigma des Lebens als Nullsummenspiel, von dem ein anderer nur auf meine Kosten profitieren kann).

Zur Kompetenz gehören:

- *Technische Kompetenz* – das Wissen und die Fertigkeit zur Realisierung der vereinbarten Ergebnisse; die Fähigkeit zur analytischen Durchdringung von Problemen und zur Suche nach neuen Alternativen.
- *Konzeptuelle Kompetenz* – die Fähigkeit, das Gesamtbild zu sehen, Prämissen zu überprüfen und die Perspektive zu wechseln.
- *Interdependente Kompetenz* – die Fähigkeit zu effektiver Interaktion mit anderen, also die Fähigkeit, zuzuhören, zu kommunizieren, dritte Alternativen anzusteuern, Gewinn/Gewinn-Vereinbarungen zu treffen und synergetische Lösungen zu erarbeiten; die Fähigkeit, ganze Organisationen und Systeme zu überblicken sowie effektiv und kooperativ darin zu arbeiten.

Charakter und Kompetenz sind entscheidende Schwerpunkte, die alle anderen Voraussetzungen erst ermöglichen.

Wir erleben es immer wieder: Menschen, die vom Konkurrenzdenken geprägt sind, setzen nicht auf Kooperation, sondern erzeugen wettbewerbsbetonte Syteme. Menschen mit einem grundlegenden Dringlichkeitsparadigma schaffen entsprechende Systeme. Auch wenn jemand von außen Gewinn/Gewinn- oder wichtigkeitsbezogene Systeme und Strukturen etablieren will, werden die Leute in schwierigen Zeiten zu ihren alten Denkweisen zurückkehren, falls die grundlegenden Paradigmen unverändert bleiben.

Charakter und Kompetenz bilden den Ausgangspunkt für alles andere in einer Organisation. Deshalb ist die Förderung von Charakter und Kompetenz der wirkungsvollste Ansatz zur Schaffung von Mündigkeit.

Auf persönlicher Ebene können wir Charakter und Kompetenz bei der wöchentlichen Zielfestlegung durch folgende Fragen fördern:

- Welche Kenntnisse oder Fertigkeiten brauche ich, um meine Arbeit besser machen und effektiver mit anderen Menschen interagieren zu können?
- Bin ich mutig darum bemüht, etwas zu bewegen und Probleme anzugehen?
- Bin ich rücksichtsvoll und sensibel gegenüber den Bedürfnissen anderer?
- Suche ich kontinuierlich nach dritten Alternativen?
- Höre ich auf mein Gewissen, und steht mein Handeln im Einklang mit meiner Philosophie und den allgemeingültigen Prinzipien?

Diese Fragen laden unser Gewissen ein, Bereiche zu erkunden, in denen wir unsere Anstrengungen intensivieren können. Und je nach den Antworten können wir uns im Bereich »Die Säge schärfen« oder in anderen Rollen Ziele zur Verbesserung setzen.

Aber Charakter und Kompetenz sind nicht nur Voraussetzungen für die individuelle Vertrauenswürdigkeit, sondern auch für die Mündigkeit einer Organisation oder eines Unternehmens.

Wir haben bereits erwähnt, daß es so etwas wie Unternehmensverhalten nicht gibt; es gibt nur ein Verhalten von Einzelpersonen im Unternehmen. Die Vertrauenswürdigkeit eines Unternehmens steht und fällt mit der Vertrauenswürdigkeit seiner Angehörigen.

2. Voraussetzung: Vertrauen

Vertrauen hält alles zusammen. Vertrauen schafft das Umfeld, in dem alle anderen Elemente – Gewinn/Gewinn-Vereinbarungen, selbstverantwortliche Personen und Teams, abgestimmte Strukturen und Systeme und Rechenschaft – gedeihen können. Wenn all diese Voraussetzungen erfüllt sind, wächst das Vertrauen noch mehr. Es handelt sich um einen rekursiven Prozeß.

Wir möchten noch einmal daran erinnern, daß Vertrauen die natürliche

Folge von Vertrauenswürdigkeit ist. Nichts wirkt sich so nachhaltig auf die Vertrauensbildung aus wie Vertrauenswürdigkeit.

3. Voraussetzung: Gewinn/Gewinn-Verantwortungsvereinbarungen

Auch wenn wir in unserer Gruppe oder Organisation keine offizielle Führungsposition bekleiden, können wir für unseren Zuständigkeitsbereich Verantwortungsvereinbarungen anregen. Wir können sie überall initiieren: in unserer Familie, in unserem Arbeitsteam, in unserer ehrenamtlichen Tätigkeit.

Unabhängig von der Reichweite unserer Einflußsphäre und der Beschaffenheit unserer Kultur können wir auf gemeinsame Erwartungen und Verständigung hinarbeiten. Zur Förderung von Verantwortungsvereinbarungen können wir uns bei der Wochenorganisation Fragen wie die folgenden stellen:

- Habe ich sinnvolle Verantwortungsvereinbarungen in jeder meiner Rollen?
- Muß die eine oder andere Vereinbarung gestärkt, abgeändert oder auf eine höhere Stufe verlagert werden?
- Handle ich mit Integrität, um die getroffenen Vereinbarungen einzuhalten?

Immer wenn wir etwas zu einer gemeinsamen Vision oder Strategie beitragen – mit einem Chef, einem Kollegen, einem Mitarbeiter, einem Ehepartner, einem Kind, einem Freund –, stärken wir unsere eigene Mündigkeit und die anderer.

4. Voraussetzung: Selbstverantwortliche Personen und Teams

Wer ist in einer Kultur mit hohem Vertrauen für die Aufsicht zuständig? Die Vereinbarung.

Uns im Sinne einer Vereinbarung selbst zu leiten liegt in unserer Einflußsphäre. Wir können tun, was wir vereinbart haben – von der Planung über die Umsetzung bis zur Überprüfung –, ohne daß uns jemand anleiten, kontrollieren und überwachen muß. Und wir können dieses Vermögen in anderen fördern, wenn wir auf Überwachung verzichten, für ihre

Ergebnisse Rechenschaft von ihnen fordern und ihnen für die Realisierung dieser Ergebnisse als Hilfe zur Verfügung stehen.

Bei der Quadrant-II-Organisation können wir uns unter anderem diese Fragen stellen:

- Warte ich normalerweise auf Anweisungen, obwohl ich schon weiß, was getan werden muß?
- Gebe ich anderen ungeachtet meiner persönlichen Vorlieben die Freiheit, mit den Methoden zu arbeiten, die für sie am besten funktionieren, solange sie die vereinbarten Ziele einhalten?
- Lasse ich anderen Raum zum Arbeiten, oder schaue ich ihnen ständig über die Schulter, um sie zu überprüfen?

5. Voraussetzung: Abgestimmte Strukturen und Systeme

Wenn die Strukturen und Systeme abgestimmt sind, unterstützen sie die Mündigkeit; wenn es ihnen an Abstimmung fehlt, stehen sie der Entwicklung von Mündigkeit entgegen. Wenn in einem Unternehmen Kooperation gefördert werden soll, aber die Konkurrenz belohnt wird, dann ist das System nicht abgestimmt.

Manche Strukturen liegen in unserer Einflußsphäre, andere nicht. Wenn wir eine offizielle Führungsposition innehaben, sind wir unter Umständen für Systeme wie Vergütung, Information oder Ausbildung zuständig, die einen starken Einfluß auf die Arbeits- und Lebensqualität vieler Menschen ausüben. Ein hohes Engagement in Quadrant II zur Schaffung von Systemen, die sich am Gedanken der Fülle und an Prinzipien orientieren, führt zur Entwicklung einer wirksam abgestimmten Kultur.

Aber selbst wenn wir uns nicht in einer Position befinden, aus der wir Strukturen und Systeme schaffen können, können wir doch passende Gelegenheiten wahrnehmen, um ihre Schaffung oder Stärkung zu beeinflussen. In jeder Interaktionssphäre können wir diese Fragen anschneiden und dadurch einen Beitrag zur Herstellung von prinzipienorientierten Strukturen und Systemen leisten.

Damit sind wir bei einem weiteren wichtigen Unterschied zwischen Führung und Management angelangt. Management wirkt *im* System, Führung wirkt *auf* das System. Im Zuge unserer Wochenorganisation können wir abgestimmte Strukturen und Systeme durch folgende Fragen fördern:

- Stehen bestimmte Systeme oder Strukturen der Realisierung erwünschter Ergebnisse im Wege?
- Sollten bestimmte Systeme oder Strukturen geschaffen werden, um die Umsetzung angestrebter Ziele zu erleichtern?
- Was ist die beste Methode innerhalb meiner Einflußsphäre, die ich zur Schaffung oder Veränderung von Systemen benutzen könnte?
- Wie kann ich synergetisch mit anderen zusammenarbeiten, um eine Veränderung herbeizuführen?
- Welche persönlichen Systeme und Strukturen könnte ich verbessern?

6. Voraussetzung: Rechenschaft

Wie funktioniert in einem Umfeld wachsenden Vertrauens, in dem Gewinn/Gewinn-Vereinbarungen getroffen und Systeme sowie Strukturen abgestimmt werden, die Rechenschaftspflicht? Weitestgehend über Selbstverantwortung gegenüber den Kriterien der Vereinbarung.

Die Rechenschaftspflicht können wir durch geeignete Maßnahmen stärken:

- Einfügung bestimmter Kriterien in die Vereinbarung
- Entwicklung des Urteilsvermögens
- Bitte um Rückmeldungen

Wenn wir bestimmte Kriterien in die Vereinbarung einarbeiten, schaffen wir einen Standard, an dem wir unsere Leistungen messen können.

Wenn wir unser Urteilsvermögen ausbilden, sind wir weniger von äußeren Faktoren – wie Beförderungen, Prämien, offizielle Anerkennung oder sozialer Status – abhängig. Kritik oder Lob von anderen spielt gegenüber der Verbindung zu unserem Gewissen eine untergeordnete Rolle.

Aber wir verfallen deswegen nicht in Selbstüberschätzung, sondern lassen die Rückmeldungen anderer als wesentlichen Teil in unsere Bewertungen, Planungen und Entscheidungen einfließen.

Das Verständnis dieser sechs Voraussetzungen der Mündigkeit erlaubt es uns, unsere Bemühungen auf die wirkungsvollsten Quadrant-II-Bereiche abzustellen. Wenn wir chronische Probleme in Familien, Gruppen und Organisationen nicht erkennen oder keine Lösung für sie wissen, verwenden wir viel zu viel Zeit für die Bewältigung von Krisen in Quadrant I und

III, und selbst unsere Quadrant-II-Arbeit spielt sich nur auf Symptomebene ab.

Aber dank der Kenntnis dieser sechs Voraussetzungen können wir uns auf die tieferen, grundlegenden Themen konzentrieren. Wir wissen, wie wir in unserer Einflußsphäre handeln müssen, um eine maximale Wirkung zu erzielen.

2. Mittagessen für Champions

Die Bildung von Charakter und Kompetenz ist ein Entwicklungsprozeß, und besonders hilfreich dafür ist die »360-Grad-Rückmeldung«. Es erfordert Bescheidenheit, um sie zu bitten und sie zu verarbeiten. Aber wer sie versteht und sie umsichtig in sein Handeln einbezieht, kann damit seine Lebensführung und seine Lebensqualität entscheidend beeinflussen.

Wegen ihres hohen Werts sind Rückmeldung oder Feedback als »Frühstück für Champions« (nach den gleichnamigen Frühstücksflocken) bezeichnet worden. Aber es ist nicht das Frühstück, es ist das Mittagessen. Vision ist das Frühstück. Selbstkorrektur ist das Abendessen. Ohne Vision haben wir keinen Kontext für Rückmeldungen.

Nur mit einer klaren Vision und Lebensphilosophie können wir auf die Rückmeldungen anderer zurückgreifen, um eine größere Integrität zu erreichen. Wir verfügen über die nötige Bescheidenheit, um unsere Schwachstellen einzuräumen und um den Wert anderer Perspektiven zur Verbesserung unserer eigenen zu erkennen. Wir verfügen über die Weisheit, um zu erkennen, daß uns Rückmeldungen über die Menschen, von denen wir sie erhalten, genausoviel sagen wie über uns. Die Reaktionen anderer zeigen nicht nur, wie sie uns wahrnehmen, sondern auch, wie gut wir ihrer Meinung nach die für sie wichtigen Dinge machen. Menschen spielen eine große Rolle in unserem Leben, und ein Teil unserer Führungsstärke beruht auf der Schaffung von wichtigen Gemeinsamkeiten. Aus diesem Grund ist auch diese Dimension der Rückmeldung von wesentlicher Bedeutung. Aber unser Leben sollte nicht von Rückmeldungen beherrscht werden, sondern von Prinzipien und den Zielen unserer Philosophie.

Rückmeldungen können wir in jeder Rolle bekommen, in der eine zusätzliche Betrachtungsweise hilfreich ist.

Rebecca: *Ich erinnere mich noch an das erste Mal, als Roger unsere Kinder um Feedback bat. Ich wäre fast im Erdboden versunken, als mir einfiel, was sie alles ansprechen würden. Ich dachte: »Toll! Jetzt werde ich was zu hören kriegen – Klavierüben, Spinat, Schlafenszeit, Haushaltsarbeiten ...«*

Roger ließ die Kinder drei Wörter auf ein Blatt Papier schreiben: Weitermachen, aufhören und anfangen. Dann sagte er: »Mit welchen Sachen, die ich jetzt mache, soll ich weitermachen? Mit welchen Sachen soll ich aufhören? Und mit welchen soll ich anfangen?« Ich mußte zugeben, daß ich seinen Mut bewunderte.

Aber noch mehr bewunderte ich die Ernsthaftigkeit in den Antworten der Kinder. Sie spürten, daß sie hier nicht oberflächlich reagieren durften. Ihre Antworten waren durchdacht, hilfreich und konstruktiv. Ihre Anregungen zeigten uns Bereiche, die ihnen wichtig waren, und mögliche Veränderungen, mit denen wir eine echte Wirkung erzielen konnten.

Im Laufe der Jahre haben die Rückmeldungen unserer Kinder für uns einen immer tieferen Wert gewonnen, vor allem nachdem einige von ihnen das Haus verlassen haben und ihr Zusammenleben mit uns aus größerem Abstand betrachten können. Es war nicht nur hilfreich für uns persönlich, sondern hat auch den Kindern das Gefühl vermittelt, an der Entwicklung unserer Familie beteiligt zu sein.

Wenn man eine Rückmeldung bekommt, sollte man sich nach sorgfältiger Analyse wieder an die Betreffenden wenden: »Ich weiß deine Rückmeldung sehr zu schätzen. Vielleicht darf ich dir noch einmal sagen, wie ich dich verstanden habe.« Geben Sie ihnen die Informationen zurück, und beteiligen Sie sie dann an der Erarbeitung eines Aktionsplans, der auf ihrer Rückmeldung beruht. Wenn Sie so handeln, werden Sie zu einem Katalysator des Wandels. Sie selbst verändern sich und veranlassen dadurch andere, die das beobachten, sich der Möglichkeit eines Wandels zu öffnen.

Entscheidend dabei ist freilich, daß man nicht den Charakter einer anderen Person beurteilt. Rückmeldungen sollten sich an Leistungs- und Effektivitätskriterien orientieren – aber nie an Charakterkriterien. Wenn sich die erwünschten Ergebnisse auf Leistungskriterien beziehen, werden sich die Leute auch von selbst mit ihrem Charakter auseinandersetzen, falls dies zum Erreichen dieser Ziele notwendig ist.

Ein Unternehmensleiter bat seine Mitarbeiter um Rückmeldungen zu zwei Fragen. Diese Fragen kreisten um die Vorstellung, daß wir unsere Zeit in drei verschiedenen Rollen verbringen:

- *Produzent* (wir tun das Notwendige, um erwünschte Resultate zu produzieren)

- *Manager* (wir führen Systeme ein und arbeiten darin mit anderen zusammen)
- *Führungspersönlichkeit* (wir geben Vision und Orientierung vor und bauen ein auf gegenseitigem Respekt beruhendes Team auf)

Er bat die Mitarbeiter, durch die Größe der Buchstaben P, M und F anzugeben, auf welche Rolle er ihrer Meinung nach am meisten Zeit verwendete. Auf die gleiche Weise sollten sie darstellen, wie er seine Zeit ihrer Meinung nach auf die Rollen verteilen *sollte.*

Die Rückmeldungen zeigten sein aktuelles Profil als P M F und sein erwünschtes Profil als P M F. Seine Mitarbeiter wünschten sich von ihm mehr Führungsarbeit im Unternehmen. Ihres Erachtens sollte er mehr nach vorne blicken, die Trends lesen und dem Unternehmen in einer rasch sich verändernden Branche eine Orientierung geben. Sie vertraten die Auffassung, daß sie die Aufgaben im Bereich Management und Produktion sehr gut selbst erledigen konnten und daß er seine Kräfte mehr auf Führungsaufgaben richten sollte.

Diese Rückmeldungen veranlaßten den Unternehmensleiter zu einer deutlichen Veränderung seiner Tätigkeit. Er konzentrierte sich fortan auf das Geschäftsumfeld und wurde darin von denen unterstützt, die ihm eine Rückmeldung gegeben hatten. Schon bald darauf zeigten sich die Vorteile dieses Wandels. Er konnte entstehende Trends erkennen und in einer Weise darauf reagieren, daß sein Unternehmen einen Riesensprung nach vorne machte und ein deutliches Ansteigen des Marktanteils verzeichnete.

Wir wollen hier nicht behaupten, Führung sei wichtiger als Produktion oder Management; alle drei hatten entscheidenden Anteil am Erfolg dieses Unternehmens. Aber vor dem Wandel wurde die Führung vernachlässigt. Als der Unternehmensleiter um Rückmeldungen bat, erkannte er diesen Mißstand und konnte seinem Unternehmen zu einem deutlichen Fortschritt verhelfen. Die meisten Unternehmensverantwortlichen lassen die Quadrant-II-Führungsarbeit außer acht und konzentrieren sich aufs Management. Aber diese einseitige Ausrichtung am Management zieht meist einen noch *höheren* Bedarf an Management nach sich, um mit den Problemen fertig zu werden, die aus der Vernachlässigung der Führung entstehen.

Viele Unternehmen bekommen keine umfassenden 360-Grad-Rückmeldungen. Sie beschränken sich auf Zahlen, auf das Geschäftsergebnis. Auf kurzfristige, nackte Daten. Aber dieses Informationssystem ist unvollständig, weil es die Menschen nicht erfaßt. Die Endergebnismentalität beherrscht das Unternehmen so stark, daß viele unmeßbare Schlüsselfaktoren auf der Strecke bleiben, wie zum Beispiel Mitarbeiterfortbildung, Qualitätsverbesserungen, Bearbeitung des Systems, langfristige Investitionen, Teamgeist oder Vertrauen in die Kultur.

Je mehr wir mit Unternehmen zusammenarbeiten, desto fester wird unsere Überzeugung, daß diese 360-Grad-Rückmeldung von allen Interessengruppen – Kunden, Lieferanten, Zweigunternehmen, Verkäufern, Investoren, Allgemeinheit, Individuum – eine starke Auswirkung auf die Qualität hat. Deshalb bezeichnen wir diesen 360-Grad-Überprüfungsprozeß oft auch als »Stakeholder Information Systems« (»Informationssysteme der Interessengruppen«) oder SIS.

Stephen: *Einmal machte ich eine Schulung für die Luftwaffenkommandeure eines Landes mit einer konfliktreichen Geschichte. Ich sprach über die Bedeutung der 360-Grad-Rückmeldung und bemerkte, daß die Kommandeure beifällig nickten. Ich wandte mich an den leitenden Kommandeur und fragte: »Heißt das, daß Sie diese Form von Feedback anwenden?«*

Er antwortete: »Wir bilden unsere Leute so aus. Sie sind Spitzenpiloten und keine Manager. Alle bekommen einmal im Jahr einen Ausdruck der Meinungsäußerungen von Leuten, mit denen sie zu tun haben. Sie verwenden ihn als Grundlage ihrer persönlichen und beruflichen Entwicklung, und niemand wird befördert, wenn er nicht von allen, also auch von seinen Untergebenen, gute Noten bekommt.«

Darauf sagte ich: »Sie haben keine Ahnung, wie schwer sich viele Organisationen in den USA mit diesem Konzept tun. Und es besteht ja auch die Gefahr, daß es zu einem Beliebtheitswettbewerb wird.«

»Stephen«, erwiderte er, »das nackte Überleben unseres Landes hängt von diesen Piloten ab, und das ist allgemein bekannt. Manchmal bekommen die unbeliebtesten Leute die besten Noten, weil sie Leistung bringen.«

3. Die dienende Führungspersönlichkeit

Wenn wir eine offizielle Führungsrolle einnehmen und uns nicht mit Mikromanagement, Überwachung, Überprüfung und Krisenbewältigung befassen, womit verbringen wir dann unsere Zeit?

Wir schaffen eine gemeinsame Vision. Wir stärken, ermuntern und leiten an, um die Fähigkeiten von Einzelpersonen und Teams zu entwickeln.

Wir bauen vertrauensvolle Beziehungen auf. Wir planen mit Weitblick, kümmern uns um die Bedürfnisse der Interessengruppen, studieren die Markttrends, verbessern die Systeme, sorgen für Abstimmung. Mit anderen Worten, wir verbringen unsere Zeit mit den wichtigen, nicht dringenden Quadrant-II-Tätigkeiten, die eine große Wirkung erzielen. Wir teilen unsere Zeit nicht so ein, um das vor uns Liegende bewältigen zu können; wir entscheiden uns für das Wesentliche und bewirken etwas. Wir werden zu einer »dienenden Führungspersönlichkeit«.

Die Idee der »dienenden Führung« gibt es schon seit längerer Zeit, aber sie hat sich nie durchgesetzt, weil die Voraussetzungen für Mündigkeit nicht gegeben waren. So wird sie zu einer weiteren netten Phrase und einer anderen Form wohlmeinender autoritärer Kontrolle. Zuletzt fährt sie in den blanken Zynismus.

Aber wenn die Voraussetzungen für Mündigkeit gegeben sind, kann die dienende Führung großartige Ergebnisse erzielen.

Stephen: *Ich erinnere mich an meine ersten Erfahrungen in der Arbeit mit einer Führungspersönlichkeit, die wirklich nach Mündigkeit und Selbstverantwortung ihrer Mitarbeiter strebte. Bis dahin hatte sich meine Erfahrung mit Führung auf eine Art »sanfter Kontrolle« beschränkt. Dann bekam ich einen neuen Vorge-setzten.*

Ich leitete einen großen Bereich mit vielen Managern, die mir berichteten. Meinen ersten Kontakt mit diesem Mann hatte ich durch einen Telefonanruf von ihm. Er sagte: »Stephen, ich begreife meine Rolle als eine Hilfsquelle für Sie, und ich möchte, daß Sie mich auch so sehen und es mir mitteilen, wenn ich Ihnen irgendwie helfen kann.« Ich dachte: »Wirklich nett und rücksichtsvoll gesagt, aber wahrscheinlich will er nur eine gute Beziehung aufbauen, damit er jederzeit feststellen kann, ob alles richtig läuft, und Korrekturen vornehmen kann.« Wir messen andere an uns selbst, und so dachte ich damals.

Er fuhr fort: »Ich meine es ernst, Stephen. Ich würde gern vorbeikommen und mit Ihnen sprechen, aber vielleicht paßt es Ihnen gerade nicht. Sie können entscheiden.«

Und ich dachte: »Ich glaube, er meint es wirklich ernst. Er ist kein kontrollversessener Aufseher, der mich auf den Prüfstand stellen will. Er möchte mir wirklich als Hilfe zur Verfügung stehen.«

Dann sagte er: »Vielleicht kann ich Ihnen ein wenig über mich und meine Erfahrungen erzählen, damit Sie eine Vorstellung bekommen, in welchen Bereichen Sie auf meine Unterstützung zählen können.« Er hatte ungefähr fünfundzwanzig Jahre mehr an Berufserfahrung als ich. Es standen ihm viele Ressourcen zu Gebote, und er war äußerst weise. Aber ich war gerade sehr beschäftigt und sagte deshalb zu ihm: »Vielleicht wäre ein anderes Mal besser.« Also verschoben wir es.

Als ich ihn einige Wochen später zu einem Besuch einlud, zeigte er die gleiche Haltung. Ich traf ihn am Flughafen und fragte ihn, was er sich ansehen wollte. Aber er sagte: »Ich bin hier, um zu helfen. Wir machen, was Sie wollen.« Also nahm ich ihn mit zu einer Besprechung und sagte zu ihm: »Es würde mir helfen, wenn Sie dieses Argument bekräftigen würden, um es verständlicher zu machen.« Das tat er. Dann hatte ich eine andere Bitte, und auch sie wurde erfüllt. Jedesmal wandte er sich an mich mit der Frage: »Haben Sie noch etwas auf dem Herzen?«

Allmählich begann ich mich wirklich als der Verantwortliche zu fühlen, der von ihm Unterstützung bekam. Und ich wurde offen für Anregungen. Nach Besprechungen fragte ich ihn: »Was halten Sie davon, wie ich mit diesen Problemen umgegangen bin? War es im Einklang mit Ihren Erfahrungen?«

Und er antwortete: »Vielleicht könnten Sie in Erwägung ziehen, was in diesem anderen Geschäftsbereich gemacht wird. Oder Sie könnten sich auch diese andere Option überlegen.« Er gab mir keine Anweisungen. Er bestätigte mich in meiner Entscheidungsverantwortung und gab mir Anregungen, die er an Beispielen erläuterte.

Dadurch wurde nicht er, sondern mein Gewissen zur treibenden Kraft. Er hatte andere Zuständigkeiten. Er mußte mich wieder verlassen und sich anderen Dingen zuwenden, aber mein Gewissen würde mich nie verlassen.

Und wie ich mich verantwortlich fühlte! Also fing ich an, sein Wissen und seine Erfahrung zu ergründen. Er wartete mit einer Fülle von Einsichten auf, die aber immer als Anregungen und nie als Anweisungen formuliert waren.

Noch nie in meinem Leben war mein Gewissen so sehr herausgefordert worden.

Bald danach arbeitete ich unter einem anderen Vorgesetzten, der ebenfalls ein feiner Mensch war, aber stark zur Kontrolle neigte. Und letztlich stellte ich fest, wie einfach es war, einfach seinen Anordnungen zu folgen. Aber damit gab es keine Chancen für Kreativität und Lernen mehr. Ich fühlte mich vollkommen entmündigt. Also suchte ich meine Erfüllung außerhalb der Arbeit. Und all seine Mitarbeiter taten das gleiche. Sie paßten sich seinem Stil an.

Solche Erfahrungen zeigen mir den großen Unterschied zwischen Mündigkeit und Kontrolle.

Wir haben eine Reihe von Gewinnern des Malcolm Baldridge National Quality Award interviewt und sie unter anderem gefragt: »Was war die schwierigste Herausforderung für Sie?« »Die Kontrolle aufgeben!« lautete die einmütige Antwort. Es ist schwer. Es läuft unseren Prägungen zuwider. Die meisten Menschen sind nicht von mündigen Mentoren unterwiesen worden, die andere zur Mündigkeit hinführen wollen. Aber der frühere US-Präsident George Bush sagte bei der Feier zur Verleihung des Malcolm-Baldrige-Preises 1990: »Diese erfolgreichen Unternehmen ...

wissen, daß sie nur so stark sind wie die Intelligenz, das Urteilsvermögen und der Charakter ihrer Mitarbeiter.«

Die dienende Führungspersönlichkeit hat die Aufgabe, an der Entwicklung von Intelligenz, Urteilsvermögen und Charakter ihrer Mitarbeiter mitzuwirken. Unter Umständen erfordert dies einen deutlichen Bruch mit der Tradition. Einige Beispiele:

- Sie könnten Ihren Sohn zur nächsten Lehrer-Eltern-Besprechung mitnehmen und ihn das Gespräch führen lassen. Lassen Sie ihn seine Arbeit beschreiben, über seine Wünsche und Hoffnungen reden und, wenn er es will, auf die Rückmeldungen seines Lehrers antworten. So werden Sie und der Lehrer zu dienenden Führungspersönlichkeiten. Im Grunde sagen Sie: »Deine Erziehung ist deine Verantwortung. Wie können wir dir dabei helfen?«
- Wenn Sie das nächste Mal von der Bürokratie zu einer Leistungsbeurteilung gezwungen werden, geben Sie den Beurteilungsbogen schon vor dem fraglichen Zeitraum an den Mitarbeiter weiter. Erörtern Sie die Elemente des Formulars, damit sie zu einem Teil der erwünschten Ergebnisse, der Richtlinien, der Ressourcen, der Rechenschaft und der Konsequenzen der Leistungsvereinbarung werden. Stehen Sie dem Mitarbeiter dann als Hilfe zur Verfügung. Stellen Sie in diesem »Begleitprozeß« folgende Fragen:

  Wie geht es?
  Was lernen Sie?
  Was sind Ihre Ziele?
  Wie kann ich Ihnen helfen?

  Wenn der Zeitpunkt für die Leistungsbeurteilung kommt, lassen Sie sie vom Mitarbeiter ausfüllen, und gehen Sie sie gemeinsam mit ihm durch. Erörtern Sie auch Ihre Leistungen. Haben Sie ihn oder sie angemessen durch Rat und Tat unterstützt?
- Wenn jemand mit einem Problem zu Ihnen kommt, fragen Sie ihn oder sie: »Was schlagen Sie vor?« Lösen Sie nicht voreilig Probleme, die die Mitarbeiter selbst lösen können und sollen. Ermuntern Sie sie zu neuen, besseren Arbeitsformen. Fordern Sie Rechenschaft nicht für Methoden, sondern für Ergebnisse.

Die Durchführung von Aufgaben mit Hilfe von Mitarbeitern stellt ein völlig anderes Paradigma dar als die Weiterbildung von Mitarbeitern durch die Durchführung von Aufgaben. Im einen Fall werden die Dinge erledigt. Im anderen werden sie mit viel größerer Kreativität, Synergie und Effektivität erledigt ... und gleichzeitig wächst die Handlungsfähigkeit im Hinblick auf die Zukunft.

Das klingt alles sehr schön, aber ...

Die meisten Menschen sehen ein, daß prinzipienorientierte Führung eine immense Auswirkung auf die Schaffung eines mündigen Umfelds hat. Aber es ist eine große Herausforderung. Und im Ernstfall stoßen wir manchmal auf Situationen, die uns vor schwierige Bewährungsproben stellen und uns dazu zwingen, unsere Gaben und Fähigkeiten auf neue Weise auszuschöpfen. Als Abschluß dieses Kapitels möchten wir einige der Probleme ansprechen, die bei der Entwicklung der Mündigkeit von innen nach außen besonders häufig auftreten.

Was tun, wenn mein Chef noch nie von Gewinn/Gewinn gehört hat?

Auch wenn Ihr Chef noch nie von Gewinn/Gewinn gehört hat, so hat er doch zumindest von »Gewinn« gehört, und dort können Sie ansetzen. Sie müssen nicht das Wort »Verantwortungsvereinbarung« benutzen. Sagen Sie einfach zu Ihrem Chef: »Ich bin meine Rollen durchgegangen und möchte mich nur vergewissern, daß wir eine klare Vereinbarung über meine Zuständigkeitsbereiche haben. Hier ist die Liste mit den Prioritäten, wie ich sie sehe. Könnten Sie sich das vielleicht ansehen und mir sagen, ob Sie meine Aufgaben anders einschätzen?« Versuchen Sie zu verstehen. Sprechen Sie die Sachen durch. Klären Sie erwünschte Ergebnisse.

Zu einem späteren Zeitpunkt können Sie ihn wieder ansprechen: »Das sind die entscheidenden Grundsätze und Richtlinien, die ich kenne. Gibt es noch etwas anderes, was ich wissen sollte?« Auf diese Weise können Sie alle fünf Elemente des Gewinn/Gewinn-Prozesses durchlaufen.

Das mag Wochen, vielleicht sogar Monate dauern. Aber dann können Sie auf dieser Grundlage arbeiten. Und wenn eine Forderung an Sie gestellt wird, die mit der Vereinbarung nicht in Einklang steht, können Sie darauf zurückkommen und sagen: »Das sind die Prioritäten, wie ich sie verstanden habe. Möchten Sie, daß ich etwas daran ändere?« Möglicherweise stellt die Forderung einen echten Richtungswechsel dar. Aber vielleicht war es auch einfach nur eine lästige Sache, die auf Sie abgewälzt werden sollte (und jetzt einer anderen Person aufgebürdet wird, die sich nur an Dringlichkeiten orientiert). Die Vereinbarung bietet Ihnen – und Ihrem Chef – einen unmißverständlichen Leistungsmaßstab.

Was tun, wenn mein Chef keine mündigen Mitarbeiter will?

Eine Frau hat uns ihre Erfahrungen mitgeteilt:

Ich arbeite in einer Kultur, die man als »Altherrenverein« bezeichnen könnte. In der Unternehmensführung sitzen lauter sechzigjährige Männer, die schon seit Jahrzehnten im Geschäft sind. Das einzige, was ihnen zu mir einfällt, ist: »Machen Sie uns doch mal einen Kaffee, Fräulein.« Es ist wirklich schwer, ernst genommen zu werden und aufzusteigen. Sie arbeiten seit dreißig Jahren auf die gleiche Weise, und sie wollen sich nicht ändern. Und wenn da eine eifrige Sekretärin kommt und sagt: »Ich möchte, daß beide Seiten gewinnen«, dann haben sie keine Zeit für sie.

In manchen Kulturen sind die Arbeitsweisen so tief verwurzelt und so eingefahren, daß wir sie kaum ändern können, vor allem wenn unsere Einflußsphäre nicht sehr weit reicht. Wenn in Ihrer Position kein Gewinn für Sie möglich ist, dann ist die beste Option für Sie vielleicht, sich nach einer anderen umzusehen.

Aber es gibt auch viele Fälle, in denen Leute in solchen Positionen große Veränderungen bewirken konnten.

Roger: *Vor einigen Jahren sollte ich für ein großes Unternehmen als verantwortlicher Leiter ein Trainingsprogramm entwickeln. Bei meiner Ankunft traf ich eine Sekretärin an, die bereits seit einiger Zeit dort arbeitete. Ich sah sie zwar bestimmt nicht als »Kaffeeserviererin vom Dienst«, aber inmitten der auf mich einstürmenden Herausforderungen hakte ich sie einfach als »kompetente Sekretärin« ab und machte mich eilig an »wichtigere« Dinge.*

Sie entsprach allen meinen Erwartungen an eine gute Sekretärin. Aber allmählich übertraf sie sie sogar. Nach einigen Diktaten brachte sie eines Tages die Briefe geöffnet und sortiert herein und sagte: »Wenn bei diesen Briefen welche dabei sind, die Sie auf ähnliche Weise beantworten wollen wie die von gestern, könnte ich sie gerne für Sie aufsetzen, damit Sie Zeit sparen. Sie könnten sie durchsehen und dann entscheiden.« Meine Zeit war knapp, also sagte ich: »Warum nicht?« Ihre Entwürfe waren gut geschrieben und sensibel – besser, als ich es selbst gekonnt hätte. Schon bald formulierte sie 95 Prozent der Briefe und legte sie mir zur Durchsicht vor.

Ich war beeindruckt von ihrer Ausdrucksfähigkeit und fragte sie daher, ob sie an der Abfassung eines Schulungshandbuchs mitwirken wollte. Sie erklärte sich dazu bereit, und ich bat sie, Ideen zu einem bestimmten Abschnitt aufzuschreiben. Wiederum tat sie mehr als das und legte einen exzellenten Entwurf vor.

Schließlich wurde sie zur Ausbilderin und stellvertretenden Abteilungsleiterin. Irgendwann fand ich heraus, daß sie einen Magistergrad in Kommunikationswissenschaften hatte und die Stelle als Sekretärin nur angenommen hatte, weil sich nichts anderes anbot. Sie hatte großen Anteil am Erfolg des Trainingsprogramms.

Diese Frau hat meine Anschauungen über die Effektivität in einer Rolle drastisch beeinflußt. Seit diesem Erlebnis betrachte ich Sekretärinnen und ihr Potential mit ganz neuen Augen und behandle sie auch anders. Einige meiner großartigsten Kollegen und Kolleginnen sind Sekretär/innen, die durch Entwicklung ihrer Fähigkeiten aufgestiegen sind oder in dieser Funktion weitergearbeitet haben, weil sie es so wollten.

In fast jeder Situation können Sie Ihre Fähigkeiten und Fertigkeiten entwikkeln und in Ihrer Einflußsphäre arbeiten und damit allmählich die Anschauungen anderer über Sie und Ihre Arbeit verändern. Wenn Sie keine klare Vision der Ziele in Ihrer Arbeit haben und nicht bereit sind, die Mühen eines Wandels auf sich zu nehmen, kann es sehr leicht sein, daß Sie sich entmündigen und sich in Schuldzuweisungen und Anklagen ergehen. Entscheidend ist, die eigene Mündigkeit zu wahren und zu erkennen, daß Sie sich für den Versuch entscheiden können, das Paradigma oder die Situation zu verändern.

Was tun, wenn die Mitarbeiter nicht mündig sein wollen?

Manche Menschen glauben, daß ihre Arbeit keinen Einfluß auf ihre Lebensqualität hat. Sie suchen ihre Erfüllung außerhalb der Arbeit. Sie haben eine Art Balance erreicht und wollen in Ruhe gelassen werden.

Der Gewinn/Gewinn-Prozeß muß dort ansetzen, wo er die Menschen vorfindet, und nicht dort, wo man sie gerne hätte. Sie können eine Verantwortungsvereinbarung auf der Stufe von Eigeninitiative eingehen, mit der sich Ihre Mitarbeiter wohl fühlen. Aber seien Sie vollkommen offen. Machen Sie deutlich, worauf Sie hinauswollen.

»Ich habe das Gefühl, daß Sie lieber nur den Erwartungen entsprechen möchten. Das erscheint Ihnen als ausreichend. Solange wir uns auf ein bestimmtes Leistungs- und Rechenschaftsniveau einigen können, das für uns beide vorteilhaft ist, ist es für mich in Ordnung, wenn Sie damit zufrieden sind.

Aber Sie sollen auch wissen, daß ich Sie und Ihre Mitarbeit sehr schätze. Wenn sich Möglichkeiten ergeben, werde ich Sie darüber auf dem laufenden halten. Ich bin überzeugt, daß wir beide davon profitieren werden, wenn wir im Lauf der Zeit Bereiche finden, die Sie mehr interessieren und zu mehr Initiative anregen.«

Andere Maßnahmen zur Entwicklung von Mündigkeit wären zum Beispiel:

- Beteiligen Sie die Mitarbeiter an der Ausarbeitung einer Philosophieaussage für die Gruppe oder das Unternehmen.
- Wenn sie mit Problemen kommen, fragen Sie sie: »Was schlagen Sie vor?«
- Zeigen Sie Geduld und lassen Sie das Beispiel anderer mit großer Eigeninitiative in der Gruppe wirken.

Was tun, wenn das System auf Gewinn/Verlust dringt?

Nehmen wir an, Sie sind der Leiter einer kleinen Abteilung und Sie glauben wirklich an den Teamansatz. Sie haben zusammen mit Ihrem Team eine Philosophieaussage erarbeitet, die sich voll bewährt hat.

Aber das Organisationsmodell Ihres Unternehmens zwingt Sie dazu, Ihre vier Mitarbeiter nach Rang einzustufen. Das System ist nicht auf Ihre Bedürfnisse abgestimmt – Sie stellen Gewinner ein und müssen sie dann nach bürokratischen Kriterien sortieren. Was tun Sie?

Erklären Sie ihnen das Problem, suchen Sie zusammen mit ihnen nach einer Lösung. Wenn Sie großes Vertrauen genießen, können Sie gemeinsam echte dritte Alternativen erarbeiten.

Je nachdem, wie weit Ihre Einflußsphäre reicht und welches Vertrauen Ihnen andere entgegenbringen, können Ihre Veränderungsbemühungen Kreise ziehen und das gesamte Unternehmen erfassen. Wenn Sie geduldig und beharrlich sind und im Einklang mit richtigen Prinzipien arbeiten, kann der von Ihnen ausgelöste positive Wandel schließlich allen einen Vorteil bringen.

Was tun, wenn ein realer Mangel besteht?

In einem großen Ölunternehmen fragte einmal jemand: »Was passiert in schlechten Zeiten? Was passiert bei einem radikalen Stellenabbau?«

Ein anderer erhob sich und antwortete: »Ich sage Ihnen, was dann passiert. Wir hatten nicht nur einen Stellenabbau, wir haben eine ganze Fabrik geschlossen.« Er erzählte, daß die Führungskräfte des Unternehmens alle Mitarbeiter über das Problem informierten. Sie versuchten zu verstehen, sie strebten nach Synergie und Gewinn/Gewinn. Zusammen sahen sie sich die wirtschaftlichen und finanziellen Daten, die Branche und die Unternehmenssituation an. Allen Beteiligten wurde klar, daß der Betrieb nicht zu retten war. Also konzentrierten sie sich zusammen auf die Suche nach Ersatzarbeitsplätzen.

Am Tag der Fabrikschließung kamen die Medien und erwarteten Streikposten, Proteste, Zorn und Feindseligkeit. Statt dessen wurden sie Zeugen einer riesigen Abschiedsfeier – Beleg für das hohe Vertrauen in der Kultur, das durch die Offenheit der Unternehmensführung und die Beteiligung der Mitarbeiter an der Lösungssuche entstanden war.

Was tun, wenn sich die Lage ändert?

Was geschieht, wenn Sie einen neuen Chef bekommen, wenn Ihre Abteilung umstrukturiert wird, wenn Sie feststellen, daß die angestrebten Ziele nicht mehr erstrebenswert sind?

Und wie steht es mit Veränderungen außerhalb des Unternehmens? Wie stellt man sich auf einen Wandel im Umfeld ein? Was geschieht, wenn der Lieferant wechselt, wenn der Aktienmarkt zusammenbricht, wenn die Markttrends eine plötzliche Wendung nehmen? Wie lassen sich all diese Faktoren im Rahmen der Vereinbarung ausgleichen?

Eine Verantwortungsvereinbarung wird immer unter der Voraussetzung getroffen, daß sich die Lage ändern *wird*. Es ist keine rechtliche Vereinbarung, die den Leuten angst macht. Sie beruht auf Vertrauen. Sie soll die Menschen nicht fesseln, sondern im Gegenteil befreien. Sie ist eine bessere Form der Kommunikation und Klärung von Erwartungen. Sie ist auf Veränderungen durch veränderte Situationen ausgelegt. Sie kann jederzeit von einer der beteiligten Seiten neu verhandelt werden. Sie ist ein lebendes Dokument.

Was tun, wenn ich Angst vor der eigenen Courage habe?

Ein Manager eines großen Unternehmens, der an einem unserer Seminare teilnahm, berichtete über folgende Erfahrung:

Eines Tages saß ich in einer Konferenz, in der über Grundsatzentscheidungen mit potentiell negativen Konsequenzen für die Umwelt diskutiert wurde. Mit einem Mal wurde mir klar, daß ich in diesen Fragen zwar eine dezidierte Meinung hatte, aber eigentlich fast nichts dazu sagte.

»Warum?« fragte ich mich. »Warum habe ich Angst, den Mund aufzumachen? Als ich vor Jahren in dieses Unternehmen eintrat, hatte ich keine Angst. Ich brachte meine Gefühle und Sorgen offen zum Ausdruck. Ich war zuversichtlich und konnte mit Integrität handeln. Was hat sich seitdem geändert?«

Als ich darüber nachdachte, fiel mir ein, daß ich seit damals Anspruch auf beträchtliche Ruhestandsleistungen erworben hatte. Ich hatte ein neues Haus gekauft. Ich bezahlte ein neues Boot ab. Ich wollte meine wirtschaftliche Sicherheit nicht gefährden. Ich erkannte, daß ich »goldene Handschellen« trug.

Da faßte ich zwei Vorsätze: meine finanziellen Angelegenheiten in Ordnung zu bringen und Reserven zu bilden und meine Marktfähigkeit kontinuierlich weiterzuentwickeln. Ich wollte nie wieder in eine Lage kommen, in der meine Integrität unter der Abhängigkeit von einer Stelle leiden muß.

Zu einem späteren Zeitpunkt marschierte dieser Manager in eine Mitarbeiterkonferenz und reichte jedem der Anwesenden eine Zeitung. Er forderte sie auf, sich die Stellenanzeigen durchzusehen. »Schauen Sie nach, ob Stellen angeboten werden, die besser sind als Ihre derzeitige.« Das taten sie, und viele fanden sehr attraktive Angebote. »Gut«, sagte er. »Finden Sie heraus, ob Sie für diese Stellen qualifiziert sind. Morgen erzählen Sie uns über Ihre Erfahrungen.«

Am folgenden Tag berichteten die meisten von ihnen über die schokkierende Erkenntnis, daß ihnen die nötigen Qualifikationen fehlten. Die Stellen erforderten neue Fertigkeiten, neues Wissen und Informationen, die sie nicht hatten. Der Manager erzählte ihnen von seinen eigenen Erfahrungen und ermunterte sie, nicht ihre Arbeit, sondern ihre Fähigkeiten zum Fundament ihrer Sicherheit zu machen.

Was tun, wenn die Menschen, mit denen ich arbeite, nicht vertrauenswürdig sind?

Was tun Sie, wenn Sie ernsthaft an Ihren Kollegen zweifeln? Wenn Sie nicht an ihre Kompetenz oder ihren Charakter glauben? Wie treffen Sie dann eine auf Vertrauen beruhende Verantwortungsvereinbarung?

Folgende Kernpunkte sollten Sie dabei beachten:

1. *Blicken Sie in Ihr eigenes Herz.* Erfolg entwickelt sich immer von innen nach außen. Fangen Sie bei sich selbst an. Wie sehen Sie den Betreffenden? Könnte Ihr Paradigma Teil des Problems sein? Wollen Sie wirklich, daß diese Person Erfolg hat? Glauben Sie, daß sie die Fähigkeit zu Wachstum und Entwicklung hat?

Oft beruhen negative Charakterurteile auf Mißverständnissen. Ihre tief verwurzelten Meinungen über jemanden prägen das Klima aller Interaktionen mit dieser Person. Charakter und Kompetenz bewegen sich stets in einem Kontinuum. Vergewissern Sie sich über die Prinzipienorientierung Ihrer Paradigmen.

2. *Fördern Sie Selbstverantwortung und Selbstverwaltung.* Eine zentrale Erkenntnis liegt darin, daß wir letzten Endes nie für die Entwicklung einer anderen Person verantwortlich sind. Wir können nie wirklich jemanden ändern; Menschen müssen sich selbst ändern. Aber wir können helfen.

Nutzen Sie die Verantwortungsvereinbarung als Medium der Entwicklung. Sie ist flexibel genug, um ein breites Spektrum von Charakter und Kompetenz abzudecken. Passen Sie die Vereinbarung der Situation an.

Äußern Sie sich realistisch und klar zu den erwünschten Ergebnissen. Sprechen Sie sie durch. Sie tun niemandem einem Gefallen, wenn Sie die Erwartungen künstlich niedrig halten. Beachten Sie die Interessen aller Beteiligten – das Unternehmen, die Familie oder die Arbeitsgruppe genauso wie die Person. In manchen Fällen werden die Mitarbeiter vielleicht sogar aus freien Stücken aus ihrer Position ausscheiden und sich eine andere suchen, die für sie geeigneter ist.

Erörtern Sie die Richtlinien. Sollten genauere Richtlinien festgelegt werden? Sprechen Sie über die Stufe der Eigeninitiative. Vielleicht reicht fürs erste Stufe 2.

Prüfen Sie die Ressourcen. Was könnte besonders hilfreich sein? Geben Sie dem Betreffenden jede nur erdenkliche Erfolgschance.

Sprechen Sie eingehend über Rechenschaft und Konsequenzen. Helfen Sie Ihren Mitarbeitern bei der Entwicklung der Fähigkeit, ihre Leistungen an den vorgegebenen Kriterien zu messen.

Bisweilen ist eine direkte Rückmeldung die beste Lösung. Spielen Sie dabei nicht den Richter, sondern konzentrieren Sie sich auf die Elemente der Verantwortungsvereinbarung. Ermuntern Sie die Mitarbeiter, ihren inneren Kompaß zu finden. Stellen Sie Fragen wie: »Wie sehen Sie Ihre Leistung in bezug auf diese Vereinbarung?« – »Wie sehen Ihre Kollegen nach Ihrer Einschätzung Ihr Engagement?« Wecken Sie das Selbst-Bewußtsein. Helfen Sie ihnen, die logischen Folgen ihres derzeitigen Leistungsniveaus zu erkennen. Klare Worte und Glaubwürdigkeit auf Ihrer Seite vorausgesetzt, werden sich die Mitarbeiter offen und lernbereit zeigen, weil sie ihrem eigenen Gewissen folgen.

Sie können anregen, daß eine Person auch andere um Rückmeldungen ersucht. Vielleicht ist sich diese Person der Auswirkungen ihres Verhaltens auf andere nicht bewußt. Diese Rückmeldung muß jedoch den Adressaten direkt erreichen. Würde sie erst über Sie laufen, wäre das für den Betreffenden sehr verletzend. Wenn eine Person stark von den Meinungen anderer abhängt, dann hat sie aller Wahrscheinlichkeit nach auch ernsthafte »wunde Punkte« – Schwächen, die sie sich nicht eingesteht. Wenn Mitarbeiter zu verletzlich und sensibel sind, können Sie sie an beruflichen Entwicklungsmaßnahmen beteiligen, die sich mit Schwächen befassen, die ihnen bewußt sind. Allmählich gewinnen sie dann an Sicherheit und können sich eher mit Rückmeldungen zu ihren verborgenen Schwächen auseinandersetzen.

Im allgemeinen kann man relativ selbstsichere Menschen durch diese Art von 360-Grad-Rückmeldung zu ihren geheimen Schwächen auf den Boden der Tatsachen holen. Sie stellen ihre egoistischen Tendenzen in Frage und werden bescheidener. Auch wenn sie es nicht offen zugeben, bleibt die Rückmeldung nicht ohne Wirkung.

In solchen Phasen müssen Sie die Betreffenden besonders stark unterstützen, um ihnen Ihre Wertschätzung zu beweisen. Sie müssen wissen, daß Sie sich nicht klammheimlich darüber freuen, andere zu belehren.

Wenn die Person, der Sie nicht vertrauen, Ihr Chef ist, ist offene Kommunikation genauso wertvoll. Geben Sie ihm ehrliche Rückmeldungen im Rahmen der vereinbarten Kriterien. Es kann lange dauern, bis sich ein tragfähiges Vertrauensverhältnis entwickelt. Wenn Sie das Gefühl haben,

Ihre Sorgen und Ängste nicht ansprechen zu können, oder wenn der Betreffende keine Veränderungsbereitschaft zeigt, sollten Sie sich vielleicht nach anderen Positionen oder Arbeitsmöglichkeiten umsehen. Die Arbeit in einem von Mißtrauen geprägten Umfeld belastet nicht nur Sie, sondern auch das gesamte Unternehmen.

Was tun, wenn jemand einen Fehler macht?

In einer Kultur mit hohem Vertrauen werden ehrliche Fehler als das verstanden, was sie sind: eine Lernchance. Wenn Sie beim erstenmal keinen Erfolg haben, *finden Sie die Gründe heraus.* Kommunizieren Sie, gehen Sie in den Dialog. Ziehen Sie die nötigen Schlüsse aus der Erfahrung und blicken Sie nach vorne. Es ist kein Gewinn für das Unternehmen, wenn die Mitarbeiter Angst vor Risiken haben, weil sie mit Sanktionen rechnen müssen. Ohne die Freiheit, Fehler zu machen, ist keine echte Selbstverantwortung möglich.

Wenn der gleiche Fehler immer wiederkehrt, liegt der Schluß nahe, daß die Vereinbarung nicht in Einklang mit der Realität steht. Möglicherweise müssen die Kriterien für Kommunikation und Rechenschaft verbessert werden.

Es gibt so viele mögliche Gründe für Irrtümer, daß Sie nur selten etwas erreichen, wenn Sie bei Fehlern anderer in die Luft gehen. Statt zum Stock sollten Sie lieber zur Vereinbarung greifen. Sehen Sie sie genau durch. Erörtern Sie sie gemeinsam. Zeigen Sie sich offen und ehrlich. Äußern Sie sich in aller Deutlichkeit. Nehmen Sie die nötigen Anpassungen vor, und blicken Sie dann nach vorne.

Das Wunder des chinesischen Bambus

Der chinesische Bambus wird nach der Vorbereitung des Bodens eingepflanzt und wächst in den ersten vier Jahren nur unter der Erde. Oben sieht man lediglich eine kleine Knolle mit einem zarten Trieb.

Dann, im fünften Jahr, wächst der Bambus bis zu dreißig Meter hoch.

Prinzipienorientierte Führungspersönlichkeiten werden die Bambusmetapher unschwer begreifen. Sie kennen den Wert der Arbeit in Quadrant II. Sie wissen, was es heißt, den Boden vorzubereiten, den Samen einzupflanzen, zu düngen, zu gießen und zu jäten, auch wenn sie keine unmittelbaren Ergebnisse erkennen. Sie haben das Vertrauen, daß ihnen der Herbst eine reiche Ernte bescheren wird.

Die Kultur eines Unternehmens ist der einzige Wettbewerbsvorteil, der nicht kopiert werden kann. Technologie kann imitiert werden. Informationen können beschafft werden. Kapital kann gekauft werden. Aber die Fähigkeit des Unternehmens, effektiv zu kooperieren, in Quadrant II zu arbeiten und den Weg zum Wesentlichen einzuschlagen, kann weder gekauft noch übertragen noch von außen eingeführt werden. Eine mündige Kultur mit hohem Vertrauen ist *immer* ein Eigengewächs.

Teil 4
Die Kraft und der Friede eines prinzipienorientierten Lebens

14. Vom Zeitmanagement zur persönlichen Führungsstärke

> Management wirkt im System.
> Führung wirkt auf das System.

Zu Beginn dieses Buches haben wir davon gesprochen, daß die vierte Generation einen völlig neuartigen Ansatz darstellt. Es handelt sich nicht um einen neuen Prozeß im Rahmen eines alten Paradigmas, sondern um einen neuen Prozeß in einem neuen Paradigma. Es geht nicht mehr um Zeitmanagement, sondern um persönliche Führungsstärke.

Im folgenden möchten wir nun betrachten, wie sich persönliche Führungsstärke im Ernstfall des Alltags bewährt. Natürlich können diese Beispiele nicht exakt Ihre Umstände erfassen. Aber halten Sie sich nicht beim Zufälligen, Einzelnen auf, sondern suchen Sie nach der Auswirkung des Prinzips in der Praxis. Achten Sie auf den Unterschied im Denken. Dann können Sie das Prinzip auf Ihre Situation übertragen und überlegen, welchen Einfluß die vierte Generation auf die Lebensqualität ausübt.

Montagmorgen im Büro

Nehmen wir an, es ist ein typischer Montagmorgen. Sie sind ein Kundenbetreuer in der Marketingabteilung Ihres Unternehmens. Sie gehören zu einem Team von Kundenbetreuern, die jeweils für dreißig bis vierzig Kunden zuständig sind. Sie haben Ihr eigenes Büro und teilen sich eine Sekretärin mit zwei Kollegen.

Am Abend zuvor haben Sie Ihre Wochenplanung gemacht und sich gerade hingesetzt, um Ihren Tagesablauf durchzugehen. Sie stellen die folgende Liste auf und schätzen, wie lange Sie für die einzelnen Punkte brauchen werden. Die mit einem Stern gekennzeichneten Punkte stellen die wirksamen Quadrant-II-Tätigkeiten dar, die Sie an diesem Tag erledigen wollen.

- Vorbereiten für das Treffen morgen mit dem Vertreter des Kunden Weber, der Preisgestaltung prüfen und über Großauftrag verhandeln will (3 Stunden).*
- Bis zum Abend Angebot für Schneider GmbH ausarbeiten und faxen (2 Stunden).
- Zehn Leute auf der Kundenakquisitionsliste anrufen (15 Minuten bis 1 Stunde).
- Beim Mittagessen mit Herbert über Kundenstrategien für Holstein reden (1 $^1/_2$ Stunden).*
- Memos und Post durchsehen (1 Stunde).
- Interne E-Mail-Nachrichten abrufen ... 17 Nachrichten (15 Minuten).
- Anrufe auf Band anhören (10 Minuten).
- Datenneuordnung beenden (1 Stunde).

Neben diesen geplanten Punkten haben sich mehrere andere Dinge ergeben, die Ihre Aufmerksamkeit erfordern.

- Zwei Nachrichten sind auf Ihrem Schreibtisch gelandet: »Lieferung beim Hauptkunden Andres nicht eingetroffen« (zum zweitenmal in diesem Monat).
  »Besprechung des Qualitätsausschusses ist von Mittwoch auf heute vorverlegt worden« (2 Stunden).
- Sie erfahren, daß die Sekretärin einem anderen Kundenbetreuer für ein Großprojekt zugeteilt worden ist und ihnen heute nicht zur Verfügung steht.
- Während Sie diese Liste durchsehen, schaut Ihr Chef herein und bittet Sie um eine schnelle Dreimonatskalkulation – nach Produkten – für Ihre wichtigsten Kunden. Er braucht sie für den Bericht beim Bereichsleiter um 14.00 Uhr (1 Stunde).

Wie würden Sie diesen Tag angehen? Um dieses Beispiel möglichst detailliert zu durchleuchten, könnten Sie Stift und Papier zur Hand nehmen und einen Zeitplan aufstellen. Was würden Sie zuerst machen? Was als nächstes? Wie würden Sie die ungeplanten Dinge behandeln? Wie lange würden Sie im Büro bleiben? Wie würde es Ihnen am Ende des Tages gehen?

Sie könnten sich zum Beispiel folgende Fragen stellen:

- Welche dieser Tätigkeiten ist am wichtigsten?
- Was kann ich problemlos aufschieben?
- Was kann ich delegieren?
- Was kann ich vermeiden?
- Was kann ich schneller machen?
- Wie kann ich meinen Zeitplan einteilen, um die wichtigsten Dinge zu schaffen?

Wenn Sie diesem Ansatz folgen, können Sie unter Umständen einige Punkte neu ansetzen – vielleicht Ihr Mittagessen mit Herbert, die Datenneuordnung und die Akquisitionsanrufe. Sie können die Aufgabe, die Andres-Lieferung ausfindig zu machen, delegieren. Sie können sich die Zeit so einteilen, daß Sie die Ihrer Meinung nach wichtigsten Punkte erledigen – vielleicht das Schneider-Angebot, die Weber-Vorbereitung, die Memos, die E-Mail und die Nachrichten auf Band, die Kundenkalkulationen. Vielleicht schaffen Sie sogar die Konferenz des Qualitätsausschusses.

Vielleicht würden Sie den Tag anders einteilen, aber nehmen wir an, Sie wählen diesen Grundansatz. Wie würden Sie Ihren Tag einschätzen? Hätten Sie das Gefühl, in einer schwierigen Situation den Weg zum Wesentlichen gefunden zu haben?

Stellen Sie sich nun folgende Frage: Wie wird Ihr nächster Montag aussehen? Und der Montag darauf? Und alle folgenden Montage Ihres Lebens? Werden Sie – von Unterschieden im Detail abgesehen – immer wieder vor den gleichen Herausforderungen stehen?

Das ist die Folge der dritten Generation. Wenn sich nichts verändert, werden Sie im Grunde den Rest Ihres Lebens damit beschäftigt sein, Dinge zu delegieren, aufzuschieben und zu vermeiden. Ist das wirklich der Weg zum Wesentlichen?

Wie sieht demgegenüber der Ansatz der vierten Generation aus?

Sie betrachten Ihren Tag nicht im Hinblick auf Tätigkeiten und Verabredungen, sondern auf Menschen und Beziehungen. Sie begreifen Prozesse als neue Chancen, etwas zu den umfassenden Unternehmenszielen beizutragen. Es geht nicht nur darum, wann Sie bestimmte Dinge machen, sondern ob Sie sie überhaupt erledigen sollen. Neben der Frage nach dem *Wann* stellt sich auch die Frage nach dem *Wie* und *Warum*. Sie ziehen nicht nur Ihre Uhr zu Rate, sondern auch Ihren Kompaß.

Bevor Sie Ihre Entscheidungen treffen, sollten Sie innehalten und die Verbindung zu Ihrem Gewissen herstellen. Sie sollten:

- gezielt fragen,
- ohne Ausflüchte zuhören und
- beherzt handeln.

Im Hinblick auf den Entscheidungsprozeß sollten Sie über die Voraussetzungen für Mündigkeit nachdenken und überlegen, in welchem Bereich Sie mit Ihrem Handeln auf lange Sicht die größte positive Wirkung erzielen können.

Vielleicht beginnen Sie mit Fragen zum Wesen der einzelnen Tätigkeiten:

- Wie ist diese Tätigkeit enstanden?
- Weshalb mache ich sie jetzt?
- Welche Ursachen liegen der Tätigkeit zugrunde?
- Was sind die letztendlichen Ziele?
- Trägt diese Aktivität etwas zum Zweck des Unternehmens bei?
- Kann ich meine Fähigkeiten und unsere kombinierten Ressourcen auf keine bessere und zwingendere Weise verwenden?

Die Antworten auf solche Fragen zeigen Ihnen, welche Entscheidung Sie treffen sollten. In fast allen Fällen liegt es nahe, die grundlegenden Systeme zu verbessern. Damit würden Sie Aufgaben nicht als zu erledigende Dinge betrachten, sondern als Symptome eines größeren Prozesses, den es zu verbessern gilt.

Werfen wir einen Blick auf einige Punkte auf der Liste, um zu sehen, was sich daraus ergibt.

1. Das Schneider-Angebot

Sehen wir uns diese Tätigkeit einmal genauer an. Warum wird sie erst in letzter Minute erledigt? Seit wann wissen Sie davon? Wie sieht Ihr Vorgehen bei der Erarbeitung von Angeboten aus? Ihr Grundparadigma im Hinblick auf Angebote? Haben andere Kundenbetreuer bessere Methoden?

Angenommen, das Angebot steht heute auf dem Programm, weil Sie es für heute zugesagt haben. Sie hatten großes Interesse an dem Auftrag und wollten dem Kunden Ihre Bereitschaft zu verstärktem Engagement signalisieren.

Aber werden Sie damit wirklich seinen Bedürfnissen gerecht? Haben Sie damit eine unrealistische Erwartung geweckt? Eine überflüssige Erwartung? Wann wird der Kunde das Angebot prüfen? Gibt es ein Format, das er bevorzugt?

Möglicherweise hätte er es wirklich am liebsten heute. In diesem Fall müßten Sie die Sache natürlich erledigen. Aber vielleicht wäre es besser, heute mit ihm die Erwartungen zu klären und das Angebot morgen mit einem genaueren Verständnis seiner eigentlichen Erwartungen auszuarbeiten. Wie auch immer, wie steht es mit zukünftigen Angeboten? Können Sie heute etwas tun, um in Zukunft mehr zu bewirken? Könnten Sie mit anderen in Ihrem Team eine effektive Synergie im Hinblick auf Angebote erzeugen? Könnten Sie nützliche Standardformate schaffen?

Bei diesen Überlegungen wird Ihnen vielleicht zum erstenmal klar, daß die Kundenbetreuer kaum miteinander kommunizieren. Zum Teil ist das auf das Konkurrenzdenken zwischen Ihnen zurückzuführen. Die Bezahlung auf Provisionsbasis führt zu einer starken Wettbewerbstendenz. Jeder behält seine besten Ideen und Methoden für sich. Und dennoch sind die Leute, die von dem Geschäft profitieren können, genau die, mit denen Sie konkurrieren. Weshalb ist das so? Können Sie etwas daran ändern? Liegt die Vergütung in Ihrer Einflußsphäre? Was können Sie tun?

Vielleicht könnten Sie noch heute ein Memo an Ihre Kollegen schicken und sie um eine Besprechung zum Thema Angebote bitten. Sie könnten zum Beispiel die Einführung eines Standardformats für Angebote vorschlagen. Später finden Sie vielleicht eine Möglichkeit zur Teilung von Provisionen bei gemeinsamen Projekten. Eine Sekretärin der Abteilung könnte mit der Ausarbeitung der Angebote betraut werden, und Sie müßten dann nur noch die Informationen ergänzen, die aus dem Rahmen des Üblichen fallen. Dies ließe sich mit einer Verantwortungsvereinbarung erreichen.

Wenn Sie diesen Weg einschlagen, transformieren Sie das System. Statt nur einfach Ihre Arbeit zu erledigen, sparen Sie sich und anderen in Zukunft wertvolle Zeit. Sie bauen vertrauensvolle Beziehungen auf und erfüllen die Bedürfnisse Ihrer Kunden auf effektivere Weise.

2. Das Lieferproblem

Weshalb ist dieses Problem zweimal aufgetreten? Gibt es dafür eine tiefer liegende Ursache? Ist es anderen genauso ergangen? Wer sollte in dieser Sache angesprochen werden?

Angenommen, Sie sprechen heute noch mit den Versandmitarbeitern – nicht im Ton der Anklage, sondern in dem Bemühen, zu verstehen und zu helfen. Wie wurde Ihnen der Auftrag erteilt? Gibt es Möglichkeiten zur Verbesserung des Systems? Wenn das Problem regelmäßig auftritt, könnten Sie vielleicht zusammen mit der Versandabteilung eine Lösung erarbeiten. Gibt es ein Forum zur Erörterung dieses Problems? Könnten Sie es auf die Tagesordnung des Qualitätsausschusses setzen? Vielleicht könnten Sie zusammen mit den Leuten vom Versand eine Präsentation zu nötigen Abhilfemaßnahmen vorbereiten. Beteiligen Sie andere an dem Problem; suchen Sie zusammen nach einer Lösung. In diesem Prozeß können Sie Beziehungen herstellen, die auch Ihre Möglichkeiten für die Lösung zukünftiger Probleme verbessern.

3. Die gemeinsame Sekretärin

Weshalb erfahren Sie nicht schon früher, daß Ihnen die Sekretärin heute nicht zur Verfügung steht? Arbeitet sie selbstverantwortlich und mit Eigeninitiative? Würde sie vielleicht gerne mehr beitragen? Je nachdem, wie sie sich zu dieser Frage stellt, könnten Sie noch in dieser Woche einen Termin für ein Treffen mit Ihren zwei Kollegen ausmachen, um eine Verantwortungsvereinbarung im Hinblick auf gemeinsame Ressourcen anzubahnen. Stellen Sie Fragen. Hören Sie zu. Überlegen Sie sich die erwünschten Ergebnisse. Was würde für alle Beteiligten eine Gewinnsituation darstellen?

Es kann zum Beispiel nützlich sein, wenn die Sekretärin die Post, Memos, E-Mail und Telefonnachrichten für alle drei vorsortiert. Sie könnte Ihnen wichtige Dinge sofort auf den Schreibtisch und den Rest zur späteren Ansicht in ein eigenes Fach legen. Wenn die Sekretärin eingehende Informationen noch nicht selbständig nach Priorität ordnen kann, können Sie sie einarbeiten. Teilen Sie ihr die maßgeblichen Kriterien mit. Unterstützen Sie sie in der Entwicklung ihrer Fähigkeiten. Fördern Sie Selbstverantwortung und Eigeninitiative.

4. Die Einnahmenkalkulation

Wahrscheinlich werden Sie sich dafür entscheiden, die Einnahmenkalkulation für den Chef heute zu erstellen, aber vielleicht können Sie sich einige Fragen stellen:

- Weshalb braucht mein Chef diese Daten heute?
- Welche Informationen, die ich ihm nicht regelmäßig gebe, führen jetzt zu diesem dringenden Bedarf?
- Könnte ich ein System einrichten, um diese Informationen leicht verfügbar zu machen?
- Besteht die Möglichkeit, daß andere Kundenbetreuer die gleichen Informationen übermitteln müssen?
- Können wir zusammen ein System einrichten und die Informationen austauschen, wenn wir sie brauchen?

Sie könnten dieses Thema noch heute auf die Tagesordnung der nächsten Besprechung der Kundenbetreuer setzen. Sie könnten einen Vorschlag ausarbeiten, um das System zu einer für alle hilfreichen Ressource zu machen.

5. Der Qualitätsausschuß

Weshalb ist die Besprechung des Qualitätsausschusses vorverlegt worden? Es ist ohnehin eine seltsame Zusammenkunft. Man weiß nie, was auf der Tagesordnung steht. Die Teilnehmer sind nie gut vorbereitet. Auch Sie nicht. Und das geht schon seit geraumer Zeit so. Die Glaubwürdigkeit ist gering. Was können Sie tun, um etwas daran zu ändern?

Vielleicht sollten Sie den Vorsitzenden des Ausschusses anrufen. Erklären Sie ihm, daß Sie heute ein wichtiges Angebot und einen wichtigen Bericht erstellen müssen und daß Sie den neu angesetzten Termin deshalb nicht wahrnehmen können, daß Sie aber einen Beitrag für die Tagesordnung der nächsten Sitzung hätten. Sie möchten eine zehnminütige Präsentation zur Anwendung von Qualitätsprinzipien auf die Besprechungen des Ausschusses halten. Sie können auch andeuten, daß Sie zusammen mit dem Versand Möglichkeiten zur Qualitätsverbesserung anstreben und ihn in einigen Tagen noch einmal anrufen werden, um dieses Thema auf die Tagesordnung zu setzen.

Natürlich werden Sie an diesem Tag trotzdem alle Hände voll zu tun haben. Und es wäre unrealistisch zu glauben, daß sich alles in einem Tag ändern wird. Aber Sie ergreifen einige Maßnahmen, um Ihren Spielraum zu erweitern. Sie machen Themen aus Quadrant I und III zu Chancen in Quadrant II. Sie arbeiten an den Ursachen. Sie sorgen dafür, daß der nächste Montag nicht ein Spiegelbild des vorhergehenden sein wird. Sie bereiten den Boden für wesentliche Verbesserungen in der Zukunft.

Sonntagvormittag mit der Familie

Wenn wir die Welt nicht mehr aus einem Management-, sondern aus einem Führungsparadigma betrachten, erkennen wir Chancen an Orten, wo wir sie nie vermutet hätten.

Dies läßt sich sehr schön am Beispiel eines unserer Partner zeigen. Früher setzten sich er und seine Frau einmal pro Woche einige Minuten mit ihren Kindern zusammen, um die Fahrten, Schulstunden und vielen anderen Aktivitäten eines normalen Familienlebens zu koordinieren. Das taten sie eine Zeit lang regelmäßig, aber dann erkannten sie darin auch die Chancen für Führungsstärke.

Statt direkt mit der Zeitplanung zu beginnen, überprüfen sie jetzt zunächst ihre Familienphilosophie. Sie sprechen über die Bedeutung des Familienlebens und erörtern, wie sie etwas zum Erfolg der Familie beitragen können. Sie sehen nach, welche Fortschritte sie machen. Sie überprüfen ihre Prinzipien und Werte. Dann reden sie über ihre einzelnen Rollen in der Familie – Sohn, Tochter, Schwester, Bruder, Schüler, Freund. Sie nehmen sich Zeit, um den Kindern bei der Festlegung eines prinzipienorientierten Ziels zu helfen, in dem sie sich verbessern können, damit sie zum Beispiel Hausarbeiten gemeinsam erledigen oder einander fragen, wie der Tag verlaufen ist. Diese Ziele sind einfach und den Fähigkeiten der Kinder angepaßt – die älteren leisten etwas mehr, die jüngeren etwas weniger. Sie alle lernen durch das Vorbild der anderen und sprechen darüber.

Jede Woche hängt der Kalender am Kühlschrank, wo ihn alle sehen können. Dort sind Zeiten für die Arbeit an Zielen und gemeinsame Aktivitäten, für das Zusammensein als Familie, für Theateraufführungen an der Schule und für Unternehmungen der Eltern festgehalten. Die großen Steine kommen zuerst hinein. Es hat einige Zeit gedauert, aber die Familienmitglieder lernen allmählich, wie sie im Miteinander etwas bewirken können. Unser Partner erzählt: »Unsere siebenjährige Tochter sagte uns neulich, daß sie es sinnvoll findet, ihrer Schwester bei Haushaltsarbeiten zu helfen, weil diese dann wiederum ihr hilft. Sie sagte, daß sie ihre Haushaltsarbeiten nicht mehr haßt.«

Natürlich bestehen von Familie zu Familie Unterschiede, aber wenn alle Familienmitglieder wissen, was sie gemeinsam erreichen wollen und wie sie zu diesem Zweck zusammenarbeiten müssen, dann fördert das die Mündigkeit der Familie. Planungen sind keine lästige Pflichtübung mehr, sondern eine Gelegenheit zum positiven Austausch.

Manchmal versäumen wir es, unsere Rolle in der Familie als eine Führungsrolle zu begreifen, obwohl wir gerade dort so viel bewegen können. Eines der großartigsten Vermächtnisse, das wir unseren Kindern hinterlassen können, ist ein Gefühl der Orientierung und Verantwortung gegenüber richtigen Prinzipien.

Irgendein Morgen mit Ihrer Arbeitsgruppe

Wie steht es mit einem Arbeitsteam? Einem ganzen Unternehmen? Wie können wir unsere täglichen Aufgaben und Herausforderungen anders betrachten, um einen positiven Wandel in unserer Planung auszulösen?

Die meisten Teams planen und organisieren ihre Arbeit. Sie sehen sich Budgeterfordernisse oder Umsatzzahlen an und einigen sich über die nötigen Maßnahmen, um die Produktionsvorgaben einzuhalten. Sie sehen sich Ziele an. Sie sprechen über die Zwänge, denen sie unterliegen. Dann gehen sie die Liste durch, teilen die Arbeiten zu, legen Termine fest, entwickeln Überwachungssysteme und fangen an.

Gesetzt den Fall, Sie gehören einem solchen Team an. Wie könnten Sie den Planungsprozeß in eine Führungsaktivität verwandeln?

Wie wäre es, wenn Sie die Planungsbesprechung mit einer Überprüfung Ihrer Gruppenvision beginnen würden? Wie wäre es, wenn Sie die Leistungen des letzten Zyklus an der Gruppenphilosophie messen würden? Sie könnten folgende Fragen stellen:

- Was hat uns zu unserer Philosophie geführt?
- Was hat uns davon weggeführt?

- Welche Prozesse haben der Einhaltung unserer Philosophie im Weg gestanden?
- Haben wir uns an richtige Prinzipien gehalten?
- Wie können wir eine bessere Abstimmung schaffen?

Wie wäre es, wenn Sie verschiedene Rollen und Funktionen an der Philosophie messen und dabei folgende Fragen stellen würden:

- Arbeiten wir rationell?
- Könnten einige Prozesse verbessert werden?
- Wer sind die Beteiligten?
- Wer würde gerne beteiligt werden?
- Wer muß beteiligt werden?
- Welche Prinzipien gelten?
- Was können wir tun, um die Fähigkeiten einzelner freizusetzen?
- Können wir effektive Synergie zwischen Aufgaben/Rollen erzeugen?
- Gibt es Dinge, mit denen das Team anfangen sollte?
- Gibt es Dinge, mit denen das Team aufhören sollte?
- Wie sehr fördern die Verantwortungsvereinbarungen die Mündigkeit?
- Haben wir gemeinsame Erwartungen?

Es gibt zahllose Fragen dieser Art, die Sie stellen könnten. Dabei fällt es nicht ins Gewicht, ob Sie im Team oder im Unternehmen auch eine offizielle Führungsrolle innehaben. Arbeiten Sie innerhalb Ihrer Einflußsphäre. Stellen Sie Fragen. Hören Sie zu. Verhelfen Sie der Arbeitsgruppe zu einer Denkpause. Wie können wir mit unserer Effektivität ein neues Niveau erreichen? Wie können wir einen deutlichen Sprung nach vorne machen? Das sind keine Managementfragen, sondern Führungsfragen. Es sind Quadrant-II-Fragen. Sie repräsentieren den Unterschied der vierten Generation gegenüber den anderen.

Ein Tag kann viel bewirken

Durch Selbst-Bewußtsein und Überprüfung entdecken wir unsere tief verwurzelten Paradigmen. Die Veränderung fällt nicht leicht. Oft blicken wir auf die Listen mit vor uns liegenden Aufgaben und fallen in alte Unabhängigkeitsmuster zurück.

Ich fühle mich wie ein Zeitkrieger. Ich frage mich ständig, was ich tun muß, um zu überleben, um schneller zu werden, um nicht den Anschluß zu verlieren. Ich muß Dinge reparieren, ich muß Dinge ersetzen. Im Laufe des Tages wird der Druck durch das Ticken der Uhr immer schlimmer. Ich muß dies bis dann, jenes gleich danach und das Dritte noch davor geschafft haben. Und was passiert, wenn ...? Ich muß die Sache besser in den Griff bekommen. Mehr Kontrolle, die Dinge hundertprozentig festmachen. Ich muß verhindern, daß mir ständig unerwartete Dinge dazwischenkommen und mir meinen Tag vermasseln.

Diese Paradigmen sind eine schwere Belastung. Sie verhindern Entwicklung. Je schwerer wir arbeiten, desto mehr stecken wir fest.

An einem Quadrant-II-Tag ändert sich zuerst unsere Sichtweise. Aufgaben bieten eine Chance zur Entwicklung, zur Verbesserung. Wir können an unserer Kompetenz arbeiten – lernen, dic Fertigkeiten vermehren, die Leistungsfähigkeit verstärken. Wir können an unserem Charakter arbeiten – ehrlicher und verständnisvoller sein, den anderen Standpunkt begreifen, innehalten und auf unser Gewissen hören. Wir können uns dafür engagieren, die Systeme zu ändern und effektiver zu machen. Aus dem häufigen Kontakt mit dem Gewissen fließt eine erstaunliche Kreativität.

Ich nehme Abstand. Ich blicke auf das Gesamtbild. Ich sehe die Herausforderungen und Probleme, aber ich begreife sie als Chancen zum Aufbau von Beziehungen und Synergie. Was für ein Unterschied! Ich frage mich, wie das Neue zum Vorhandenen paßt. Ich erlebe die Stärke, die daraus entsteht, daß die Teile meines Lebens zusammenpassen. Je mehr ich mich im Einklang mit Prinzipien fühle, desto mehr Chancen sehe ich. Ich erreiche etwas, ich spüre Entwicklung. Langsam, aber sicher werden meine Vision und meine Philosophie Wirklichkeit. Meine Vertrauenswürdigkeit wächst. Ich gewinne Charakterstärke und Kompetenz. Mein Vertrauen zu anderen wächst. Es ist aufregend!

Manchmal ist es schwer. Wir machen Fehler. Wir fallen zurück in alte Gewohnheiten der Dringlichkeitssucht, in alte Paradigmen des Mehr in weniger Zeit – selbst wenn das, was wir tun, in Quadrant II liegt.

Aber je entschiedener wir unsere persönliche Führungsstärke ausspielen und in Quadrant II heimisch werden, desto mehr spüren wir Wachstum und Leben.

15. Der Frieden der Ergebnisse

> Frieden und Lebensqualität entstehen nur, wenn wir die fundamentalen Gesetze des Lebens entdecken und uns mit ihnen in Einklang bringen.

Roger: *Wenn ich den Canyon hinauf nach Sundance fahre, wo wir viele unserer Seminare veranstalten, wird mir oft ein deutlicher Wandel bewußt. Die Hektik und der Trubel des Büros fallen von mir ab, und ich fühle mich als Teil der Erhabenheit der Berge, der Bewegung des Flusses und des Ineinander von Farben und Formen.*

Die Stille um mich herum bewegt mich dazu, genauer zuzuhören. Und ich werde friedlicher, wenn ich meine innere Stimme sprechen lasse.

Diese Zeiten sind sehr kostbar für mich, weil ich etwas berühre, das oft beiseite geschoben wird, obwohl es viel fruchtbarer ist als viele der Dinge, mit denen ich im Alltag zu tun habe. Ich finde Gelegenheit zum Sichten, zum Überdenken und zur Sammlung.

Viele Menschen fühlen eine innere Ruhe, wenn sie in der Natur sind. Die Natur lehrt uns viel über den Frieden. Sie erinnert uns daran, daß es Gesetze gibt, die alles beherrschen. Das gibt uns das beruhigende Gefühl eines geordneten Universums. Wer die Konsequenzen von Verstößen gegen Naturgesetze im menschlichen Bereich nicht wahrhaben will, der kann genausogut versuchen, die Jahreszeiten zu verändern oder die Schwerkraft aufzuheben. Wenn wir uns selbst zum Gesetz erheben, müssen wir auch die Konsequenzen tragen. Frieden und Lebensqualität entstehen nur, wenn wir die fundamentalen Gesetze des Lebens entdecken und uns mit ihnen in Einklang bringen.

Was ist Frieden?

Der Frieden, von dem wir hier sprechen, ist offensichtlich mehr als die Abwesenheit von Krieg. Er ist kein Rückzug in die Wildnis, um die Schwierigkeiten und Rätsel des modernen Lebens zu vermeiden. Der Frieden, von dem wir sprechen, geht aus unserem Inneren hervor. Er ist gleichbedeutend mit Lebensfreude. Wir finden ihn nicht im Rückzug vom Leben, sondern mitten darin.

Das Unabhängigkeitsdenken geht in den meisten Fällen davon aus, daß Frieden und Glück durch Dinge wie die folgenden entstehen:

- Geld auf der Bank
- Kontrolle
- Anerkennung und Ruhm
- ein neues Haus, ein tolles Auto oder anderer materieller Besitz
- hoher sozialer Status

Das Unabhängigkeitsparadigma zielt im wesentlichen darauf, immer mehr von diesen Dingen schneller und geschickter zu erreichen. Aber mit welchem Ergebnis? Ist das Frieden? Beruht dieser Frieden auf dauerhaften Dingen?

Nehmen Sie sich einen Augenblick Zeit und denken Sie über Ihr Leben nach. Was heißt Frieden für Sie? Woher kommt er? Sind Sie zufrieden mit dem Ausmaß und der Qualität des Friedens in Ihrem Leben?

Die in diesem Buch beschriebenen Zusammenhänge führen zu anderen Paradigmen, die auf wahren Prinzipien, Zielen und Perspektiven beruhen und zu Glück und Frieden führen. In der Auseinandersetzung mit den Paradigmen und Prinzipien der vierten Generation erkennen wir, daß alle echten Stärken der ersten drei Generationen des Zeitmanagements gewahrt und gesteigert worden sind – und ihre Schwächen beseitigt. Dies wird in der Tabelle auf S. 256–259 zusammengefaßt und erläutert.

Frieden ist die logische Konsequenz des Wegs zum Wesentlichen. Und die Grundlagen des Wesentlichen bilden die vier Bedürfnisse und Fähigkeiten – leben, lieben, lernen und ein Vermächtnis hinterlassen. Der Weg zum Wesentlichen beruht auf der Verwendung unserer vier Gaben – Selbst-Bewußtsein, Gewissen, freier Wille und Vorstellungskraft –, um unseren Bedürfnissen und Fähigkeiten auf prinzipienorientierte Weise gerecht zu werden.

Wenn wir Paradigmen und Prozesse der vierten Generation in unser Leben integrieren, finden wir eine andere Art von Frieden:

- Frieden in unserer Fähigkeit, ausgeglichen und voller Freude zu leben, zu lieben, zu lernen und ein Vermächtnis zu hinterlassen
- Frieden in der Entwicklung unserer vier menschlichen Gaben, die uns im Augenblick der Wahl mit Charakter und Kompetenz ausstatten
- Frieden in kooperierenden statt konkurrierenden Rollen, die Teil eines synergetischen lebenden Ganzen werden
- den transzendenten Frieden eines Lebens, das dem Gewissen folgt

Es gibt Prinzipien. Wir haben ein Gewissen. Und diese beiden Dinge verändern alles. Sie beeinflussen unser Denken und unsere Weltanschauung. Wir erkennen, wie lebenswichtig es ist, im Raum zwischen Reiz und Reaktion innezuhalten, um auf die Stimme unseres Gewissens zu hören und so zur bestmöglichen Entscheidung zu gelangen.

	Zusammenfassung	***Instrument***
Erste Generation	Gedächtnishilfen	Einfache Notizen, Checklisten
Zweite Generation	Planung und Vorbereitung	Kalender, Terminkalender
Dritte Generation	Planung, Prioritätensetzung, Kontrolle	Planer, die Werte mit Zielen und Tageseinteilung verknüpfen

Vierte Generation	***Bewahrte Stärken***	***Beseitigte Schwächen***
Die vier Bedürfnisse und Fähigkeiten: leben, lieben, lernen und ein Vermächtnis hinterlassen	• Manche Bedürfnisse durch Ziele und Prioritätensetzung erfüllt (3. Generation)	• »Wesentliche Dinge« sind das, was gerade vor einem liegt (1. Generation) • Mehr Erfüllung von Wünschen als von echten Bedürfnissen (2. und 3. Generation)

Vierte Generation	**Bewahrte Stärken**	**Beseitigte Schwächen**
»Nordpol-Prinzipien« *Vier Gaben: Selbst-Bewußtsein, Gewissen, Vorstellungskraft, freier Wille*	• Übernimmt Verantwortung für Ergebnisse (3. Generation)	• Fertigkeiten allein ergeben keine Effektivität und Führungsstärke – Vernachlässigung des Charakters (2. und 3. Generation) • Verführt zu dem Glauben, daß man nicht von Prinzipien kontrolliert wird, sondern von sich selbst – »Unabhängigkeitsstolz« (3. Generation) • Werteklärung steht nicht unbedingt im Einklang mit herrschenden Prinzipien (3. Generation) • »Wesentliche Dinge« werden von Dringlichkeit und Werten bestimmt (3. Generation)
Die Passion der Vision	• Effektivere Besprechungen und Präsentationen durch Vorbereitung (2. Generation) • Stellt Verbindung zu Werten her (3. Generation)	• Kraft der Vision bleibt unerschlossen (1., 2. und 3. Generation)
Das Gleichgewicht der Rollen	• Weniger Streß (1. Generation)	• Verpflichtungen werden ignoriert oder vergessen; Beziehungen leiden (1. Generation) • Kann zu Schuldgefühlen, Überprogrammierung und Ungleichgewicht zwischen Rollen führen (3. Generation)

Vierte Generation	**Bewahrte Stärken**	**Beseitigte Schwächen**
Die Kraft der Ziele	• Durch Ziele und Planung wird viel mehr erledigt (2. Generation) • Erschließt die Kraft lang-, mittel- und kurzfristiger Ziele (3. Generation) • Setzt Werte in Ziele und Handlungen um (3. Generation)	• Manches wird übersehen (1. Generation) • Relativ wenig wird erledigt (1. Generation)
Die Perspektive der Woche	• Nicht völlig durchgeplant und überstrukturiert (1. Generation) • Zu Erledigendes wird aufgezeichnet (1. Generation) • Zeichnet Verpflichtungen und Verabredungen auf (2. Generation) • Erhöht persönliche Produktivität durch Tagesplanung und Prioritätensetzung (3. Generation) • Steigert Effizienz (3. Generation) • Gibt dem Leben Struktur/Ordnung (3. Generation) • Stärkt die Fähigkeit zum Management der Zeit und der eigenen Person (3. Generation)	• Keine echte Struktur (1. Generation) • Bewegung von Krise zu Krise, da Zeitpläne und Strukturen ignoriert werden (1. Generation) • Tagesplanung geht nur selten über eine Prioritätenfindung für dringende Angelegenheiten und Krisenmanagement hinaus (3. Generation)
Integrität im Moment der Wahl	• Flexibilität, wenn sich etwas Wichtigeres ergibt; Anpassung an »Fluß der Dinge« (1. Generation)	• »Wesentliche Dinge« sind das, was im Terminkalender steht (2. Generation) • Terminkalender wird wichtiger als Menschen (2. und 3. Generation) • Geringere Flexibilität/Spontaneität

Vierte Generation	**Bewahrte Stärken**	**Beseitigte Schwächen**
Die Synergie der Interdependenz	• Stärkeres Eingehen auf Menschen (1. Generation)	• Unabhängiges Denken und Handeln – Menschen werden als Mittel oder Hindernisse betrachtet • Kann Terminkalender für wichtiger halten als Menschen und diese als Dinge betrachten (3. Generation)

Der Weg zum Wesentlichen nährt den Frieden

Die in diesem Buch beschriebenen Prinzipien und Prozesse verändern unsere Erwartungen im Hinblick auf Lebensqualität und optimale Nutzung der Zeit. Dadurch nähren sie den Frieden, weil Frustration eigentlich immer auf unerfüllte Erwartungen zurückzuführen ist. Wir stellen uns vor, daß eine Sache so sein wird oder eine bestimmte Folge nach sich zieht, und sind enttäuscht, wenn es anders kommt.

Viele unserer Erwartungen haben ihren Ursprung in Prägungen, in der Imageethik oder im sozialen Spiegel. Es sind beschränkte Paradigmen, die nicht auf den fundamentalen Gesetzen des Lebens beruhen.

Viele von uns *erwarten* – bewußt oder unbewußt –, daß sie an einem Tag genau das tun und erledigen können, was sie geplant haben. Und wenn sich dann ein unerwartetes Problem ergibt, sind wir frustriert. Wenn jemand ein unvorhergesehenes Bedürfnis hat, sind wir verärgert. Wir erkennen in anderen nur noch Störfaktoren. Veränderungen erscheinen uns als feindselige Eingriffe. Unser Frieden und unser Glück hängen davon ab, ob wir alles auf unserer Tagesliste abhaken können.

Aber was geschieht, wenn sich die Erwartung verändert – wenn wir jeden Tag als aufregendes neues Abenteuer betrachten, als eine Reise, für die wir eine Landkarte haben, aber auch einen Kompaß, um uns auf unerschlossenem Terrain zurechtzufinden ... wenn wir Probleme als Chancen begreifen, anderen zu helfen ... wenn wir uns auf Situationen freuen, die unsere Prioritäten in Frage stellen, in dem Vertrauen, daß wir mit Hilfe unseres Kompasses das »Beste« finden werden?

Eine weitere Erwartung sollten wir nicht vergessen. Bewußt oder unbewußt *erwarten* viele von uns ein Leben ohne Herausforderungen. Natürlich muß dann jedes Problem zu Frustration führen. Es paßt einfach nicht zur Erwartung.

Aber diese Erwartung ist realitätsfern. Widerstand ist ein natürlicher Bestandteil des Lebens. So wie wir unsere physischen Muskeln durch Überwindung von Widerstand – zum Beispiel das Heben von Gewichten – entwickeln, so entwickeln wir unsere Charaktermuskeln durch die Überwindung von Herausforderungen und widrigen Umständen.

Wenn Sie Herausforderungen erwarten, können diese keine Frustration erzeugen.

Viele von uns *erwarten* auch, daß andere uns zustimmen und nach unseren Vorstellungen handeln. Wenn andere nicht mit uns übereinstimmen, wenn sie Fragen oder Probleme haben, wenn sie unsere Entscheidungen nicht begeistert unterstützen oder gar auf alternative Ideen kommen, fühlen wir uns enttäuscht.

Was ändert sich, wenn wir erwarten, daß Menschen Dinge verschieden sehen, wenn wir diese Unterschiede achten und wenn wir den synergetischen Gebrauch der menschlichen Gaben vorhersehen und uns auf kreative dritte Alternativen freuen?

Unerfüllte Erwartungen führen zu Frustration, aber unsere Erwartungen liegen in unserer Kontrolle. Es geht nicht um eine Reduzierung von Erwartungen, sondern darum, sie auf die Realität von Prinzipien zu gründen. Die reichhaltigsten Möglichkeiten zur Beseitigung von Frustration ergeben sich aus einer Überprüfung unserer Erwartungen. Immer wenn wir eine Enttäuschung erleben, können wir der Sache auf den Grund gehen.

- Welche Erwartung ist nicht erfüllt worden?
- Beruhte diese Erwartung auf Prinzipien?
- Was muß ich tun, um diese Erwartung zu verändern?
- Welche Lehre kann ich aus dieser Erfahrung im Hinblick auf meine zukünftigen Erwartungen ziehen?

Wenn unsere Erwartungen nicht auf Nordpol-Prinzipien beruhen, müssen wir uns auf Enttäuschungen und Unfrieden gefaßt machen.

Die zwei Grundsteine: Der Beitrag zum Allgemeinwohl und das Gewissen

Von allen hier vorgestellten Prinzipien und Prozessen spielen der *Beitrag zum Allgemeinwohl* (ein Vermächtnis hinterlassen) und das *Gewissen* eine Schlüsselrolle für den Frieden. Alle vier Bedürfnisse sind lebenswichtig, aber der Beitrag zum Allgemeinwohl verleiht den anderen Sinn und Kraft. Alle vier Gaben sind lebenswichtig, aber das Gewissen verleiht den anderen Sinn und Kraft. Zusammen helfen uns der Beitrag zum Allgemeinwohl und das Gewissen, unserem Leben eine Richtung zu geben und diese einzuhalten.

Der Beitrag zum Allgemeinwohl

Vor kurzem hat das Covey Leadership Center in England ein Video gedreht. Die Hauptfigur in dieser bemerkenswerten Geschichte ist ein Engländer, der seine Kindheit als Gassenkind hinter sich läßt und zu einem erfolgreichen Autor mit einem schönen Haus und einer liebenden Familie aufsteigt. Zum Zeitpunkt der Handlung leidet er jedoch unter einer Schreibblockade. Seit einiger Zeit fühlt er keine Inspiration zum Schreiben. Es scheint, als sei seine Kreativität erloschen. Seine Schulden steigen, sein Verleger setzt ihn unter Druck. Er wird immer deprimierter, und in ihm wächst die Furcht, daß seine Kinder genauso auf der Straße enden werden wie er in seiner Jugend und wie die vielen Kinder, die er um sich herum wahrnimmt.

Er ist mutlos und kann nicht schlafen. Schließlich wandert er nachts durch die Straßen von London. Er sieht die Armut, die unmenschlichen Bedingungen, unter denen Kinder nachts in Fabriken arbeiten müssen, den schrecklichen Kampf der Eltern um einen Lebensunterhalt für ihre Familie. Allmählich wird ihm die volle Realität dessen, was er sieht, bewußt – die Auswirkungen des Egoismus und der Gier von Ausbeutern. Eine Idee berührt sein Herz und nimmt in seinem Geist Gestalt an. Er kann etwas tun, um etwas zu verändern!

Mit einer nie zuvor erlebten Energie und Begeisterung macht er sich ans Schreiben. Die glühende Vision eines Beitrags für das Allgemeinwohl treibt ihn an. Keine Spur von Zweifel oder Mutlosigkeit mehr. Seine finanziellen Probleme kümmern ihn nicht. Er will seine Geschichte herausbringen, so preiswert wie möglich, er will sie so vielen Menschen wie möglich zugänglich machen. Sein ganzes Leben hat sich verändert.

Und er hat mit seiner Erzählung die ganze Welt verändert. Charles Dickens' Meisterwerk »Eine Weihnachtsgeschichte« hat Licht in das Leben von Millionen von Menschen in aller Welt gebracht. Seine Vision hat uns ein wunderbares Vermächtnis der Hoffnung, Wärme und Nächstenliebe hinterlassen, das auch nach hundertfünfzig Jahren nichts von seiner Wirkung verloren hat.

Die meisten Ziele des Unabhängigkeitsparadigmas sind ihrer Natur nach leer. Ohne einen Sinnzusammenhang bleiben sie Illusion und führen nur zu einer schalen Form der Befriedigung.

Erst wenn wir uns mehr am Allgemeinwohl als am persönlichen Wohl orientieren, schaffen wir den Kontext, der einen Frieden in allen Aspekten des Lebens ermöglicht. Nur durch das Hinterlassen eines Vermächtnisses finden wir einen Sinn im Leben, Lieben und Lernen.

Das Gewissen

Ein Großteil der dritten Generation enthält eine Kombination aus Selbst-Bewußtsein, freiem Willen und Vorstellungskraft. Aber ohne Gewissen kann es keinen Frieden geben.

Stephen: *Bei meiner Arbeit an einer Universität hatte ich einmal die Ehre, einen prominenten Psychologen und ehemaligen Präsidenten eines nationalen Psychologieverbandes als Gast zu begrüßen. Er galt als Begründer der »Integritätstherapie«, die auf der Vorstellung beruht, daß innerer Frieden, Glück und Gleichgewicht von der Integrität zwischen Leben und Gewissen abhängen. Er war davon überzeugt, daß das Gewissen den Zugang zu einem für alle beständigen Kulturen, Religionen und Gesellschaften der Menschheitsgeschichte gültigen Sinn für Richtig und Falsch öffnet.*

An einem Nachmittag zwischen den Vorlesungen fuhr ich ihn in die Berge, um die atemberaubende Aussicht zu genießen. Ich nutzte die Gelegenheit, um ihn nach dem Ursprung seines Glaubens an die Integritätstherapie zu fragen.

»Es war eine sehr persönliche Sache«, antwortete er. »Ich war manisch-depressiv, und mein ganzes Leben war ein einziges Auf und Ab. Wenn ich die Leute behandelte, fühlte ich mich nach einiger Zeit gestreßt und verletzlich. Und ich glitt allmählich in eine Depression – fast bis zu einem Punkt, an dem ich mir das Leben nehmen wollte. Aufgrund meiner Ausbildung und meiner Tätigkeit als Therapeut merkte ich natürlich, was mit mir geschah und daß ich in Gefahr

schwebte. Wenn ich an diesem Punkt angelangt war, ging ich in eine Klinik, um zu verhindern, daß ich mir das Leben nahm. Nach ein, zwei Monaten konnte ich dann wieder an meine Arbeit gehen. Nach einem Jahr oder so glitt ich wieder ab und ging in die Klinik, um danach meine Arbeit und meine Forschungen wiederaufzunehmen.

Als ich Verbandspräsident war, wurde ich dann so krank, so depressiv, daß ich nicht mehr zu den Konferenzen gehen und die Arbeit im Büro nicht mehr ertragen konnte. Da stellte ich mir die Frage: ›Kann es sein, daß ich in meinem Leben und Beruf von falschen Anschauungen ausgehe?‹ Im Innersten wußte ich, daß ich schon seit Jahren einer Lebenslüge nachlief. Es gab einen dunklen Teil in meinem Leben, zu dem ich mich nicht bekannte.«

Sein Freimut hatte mich auf einmal sehr ernst gestimmt, und ich hatte fast ein wenig Angst vor dem, was er sagen würde. »Ich entschloß mich zu einem großen Schnitt«, fuhr er fort. »Ich gab meine Geliebte auf und machte reinen Tisch mit meiner Frau. Und zum erstenmal seit vielen Jahren fühlte ich Frieden – einen ganz anderen Frieden als nach meinen depressiven Phasen, wenn ich zu meiner Arbeit zurückkehren konnte. Es war ein innerer Friede, ein Gefühl von Ehrlichkeit und Einheit mit mir selbst, von Integrität.

Da begann ich dem Gedanken nachzugehen, viele der von mir behandelten Probleme könnten darauf zurückzuführen sein, daß das natürliche Gewissen ignoriert, geleugnet und verletzt wird und daß daraus ein Verlust an persönlicher Integrität entsteht. Ich fing an, mit dieser Idee zu arbeiten, erforschte sie und bezog andere Experten mit ein, die in der Betreuung von Patienten zum gleichen Paradigma übergingen. Die Daten überzeugten mich, daß meine Theorie stimmte. Und so bin ich zur Integritätstherapie gekommen.«

Die Ergebnisse jahrzehntelanger Erfahrungen mit Psychotherapie, positivem Denken und Kreativitätsentwicklung bestätigen die Nutzlosigkeit des Versuchs, Frieden und langfristige Lebensqualität ohne das zentrale Element des Gewissens zu suchen. Das Gewissen ist unsere Verbindung zu den Prinzipien, die Frieden und Lebensqualität ermöglichen.

Die zwei Stolpersteine: *Mutlosigkeit und Stolz*

Zwei der unheilvollsten Hindernisse auf dem Weg zum Frieden sind Mutlosigkeit und Stolz.

Mutlosigkeit

Mutlosigkeit ist die Antithese zu allem, was wir in diesem Buch besprochen haben. Sie entsteht, wenn wir unser Leben statt auf Prinzipien auf Illusionen gründen und als Konsequenz vor einem Scherbenhaufen stehen. Sie entsteht, wenn wir müde oder nicht in Form sind, wenn wir Schulden haben, wenn wir Beziehungen zerbrochen haben, wenn wir uns nicht entwickeln, wenn das Leben für uns keinen Sinn und Zweck hat. Sie entsteht, wenn uns die Vision fehlt, wenn unser Leben im Ungleichgewicht ist, wenn wir unsere Ziele nicht erreichen. Sie entsteht, wenn wir uns in der beschränkten Dringlichkeitsperspektive des Tages verlieren, wenn wir im Augenblick der Wahl nicht mit Integrität handeln. Sie entsteht, wenn sich unser Denken am Mangel orientiert, wenn Gewinn/Verlust-Interaktionen unser Leben und unsere Umgebung mit Diffamierungen, Intrigen und Konkurrenz erfüllen.

Mutlosigkeit heißt, ohne genaue Landkarte und Kompaß in einem Wald die Orientierung verloren zu haben und festzustellen, daß viele der Hinweisschilder uns noch weiter vom richtigen Weg abbringen.

Mut hingegen ensteht aus dem Wissen um Prinzipien, aus der ausgeglichenen Erfüllung unserer Bedürfnisse und Fähigkeiten, aus einer klaren Vision, aus dem Gleichgewicht der Rollen, aus der Fähigkeit, sinnvolle Ziele festzulegen und zu erreichen, aus der Überwindung der momentanen Dringlichkeit, aus dem Charakter und der Kompetenz, im Augenblick der Wahl mit Integrität zu handeln, aus der Mentalität der Fülle, die ein effektives und synergetisches Wirken in der interdependenten Realität erlaubt. Mut kommt aus dem Herzen, und der Kontakt zum Herzen erzeugt Hoffnung.

Der beste Weg zum Mut liegt immer darin, sich ein Ziel zu setzen und es zu erreichen, ein Versprechen zu geben und es zu halten. Das Ziel oder Versprechen kann noch so klein sein: Aus dieser einen Handlung wächst die Zuversicht, daß wir im Augenblick der Wahl mit Integrität handeln können. Es kann genügen, nur am Morgen frühzeitig aufzustehen oder nur einen Tag lang den Geschmack dem Nährwert unterzuordnen. Aber wenn wir damit anfangen, uns und anderen Versprechen zu geben und sie zu halten, machen wir die ersten Schritte auf einem Weg, der zu Zuversicht, Entwicklung und Frieden führt.

Stolz

Die größte Bedrohung für unser Bemühen um Prinzipienorientierung liegt im Stolz. Wir benutzen dieses Wort oft, um unserer Freude oder Zufriedenheit über etwas oder jemand Ausdruck zu verleihen – wir sind *stolz* auf eine hervorragende Arbeit oder unser Kind, wenn es eine Sache gut gemacht hat. Aber der Begriff Stolz umschreibt auch eines der zerstörerischsten Paradigmen im Leben.

Verdeutlichen wir uns die Auswirkungen von Stolz auf die Erfüllung unserer fundamentalen Bedürfnisse und Fähigkeiten.

- Stolz aufs *Leben* heißt, daß sich die Menschen weniger darum kümmern, ob sie genügend Geld für ihren Unterhalt verdienen, als um die Frage, ob ihr Einkommen höher ist als das anderer. Sie vergleichen ständig ihr Aussehen – das Haar, die Kleidung, den Körperbau – mit dem anderer.
- Stolz aufs *Lieben* bedeutet, daß die Menschen ihren Wert an der Zahl und dem Prestige ihrer vermeintlichen Freunde oder dem Lob, das sie von anderen ernten, messen.
- Stolz aufs *Lernen* bezieht sich weniger auf das echte Wissen der Menschen als auf die akademischen Titel und den sozialen Status.
- Stolz aufs *Hinterlassen eines Vermächtnisses* heißt nicht, daß die Menschen im Geben einen Sinn finden, sondern darin, mehr zu geben als andere und dafür Anerkennung zu ernten.

Stolz ist ein gefährlicher emotionaler Parasit. Er erlaubt keine Freude, keine Zufriedenheit und keinen Frieden, weil immer die Möglichkeit besteht, daß ein anderer besser aussieht, daß er mehr Geld, mehr Freunde, ein größeres Haus oder ein neueres Auto hat.

Stolz vergiftet den Sinn und Zweck des Lebens. Er stumpft das Gewissen ab, ignoriert und entmachtet es. C. S. Lewis hat den Stolz als »Krebsgeschwür des Geistes« bezeichnet, »das jede Möglichkeit zur Liebe, zur Zufriedenheit und sogar zur Vernunft aufzehrt«. Letzten Endes führt Stolz zu Haß, Neid und Krieg.

Und es gibt nicht nur den Stolz, der von oben herabschaut, sondern auch den, der von unten nach oben blickt. Der frühere US-Landwirtschaftsminister und Religionsführer Ezra Taft Benson hat dies eindringlich formuliert:

Die meisten Menschen halten Stolz für eine Sünde der Reichen und Gebildeten, die von oben auf die anderen herabsehen. Aber es gibt ein noch viel verbreiteteres

Leiden unter uns: den Stolz derer, die von unten nach oben schauen. Dies offenbart sich auf vielfältige Weise, so zum Beispiel im Nörgeln, im Klatschen, im Verleumden, im Murren, im Neid, in der Begierde; oder auch darin, daß wir über unsere Verhältnisse leben, daß wir anderen Dankbarkeit und Lob vorenthalten, daß wir nachtragend und eifersüchtig sind.

Stolz ist der Wesenskern der Mangelmentalität. Er wirkt sich verheerend auf den Frieden aus. Er schafft eine falsche Integrität im Einklang mit äußerlichen Dingen. Und um welchen Preis? Wieviel Zeit und Kraft verschwenden wir mit völlig überflüssigen Sorgen darüber, wer am meisten hat und macht, wer am besten aussieht, wer im besten Stadtteil lebt, wer das größte Büro hat, wer mehr Geld verdient, wer mehr arbeitet oder wer am meisten wert ist? Wenn das Geschrei des Wettbewerbs lauter ist als das Flüstern des Gewissens, wie wirkt sich das auf die Suche nach dem Weg zum Wesentlichen aus?

Das Heilmittel gegen das Gift des Stolzes ist die Bescheidenheit – die Bescheidenheit der Erkenntnis, daß wir keine Insel sind, daß die Qualität unseres Lebens untrennbar mit der Lebensqualität anderer Menschen verbunden ist, daß der Sinn nicht im Konsum und in der Konkurrenz liegt, sondern im Engagement für das Allgemeinwohl. Wir können uns nicht selbst zum Gesetz erheben, und je mehr Achtung wir Prinzipien und Menschen entgegenbringen, desto größer wird unser Frieden sein.

Merkmale prinzipienorientierter Menschen

Prinzipienorientiert werden ist genau das: ein *Werden*. Es ist kein Ankommen, es ist ein Streben auf Lebenszeit. Aber je mehr die Menschen ihr Leben an den Nordpol-Prinzipien ausrichten, desto mehr bilden sie auch bestimmte gemeinsame Merkmale heraus.

Sie sind flexibler und spontaner. Sie sind nicht an Pläne und Terminkalender gefesselt. Sie gleichen mutigen Forschern, die zu einer Expedition in unerschlossenes Land aufbrechen – sie wissen nicht, was geschehen wird, aber sie vertrauen darauf, daß sie Aufregendes erleben und sich weiterentwickeln werden, daß sie Neuland entdecken und ihren Teil beitragen werden. Ihre Sicherheit beruht nicht auf ihrem Komfort, sondern auf ihrem Kompaß – ihren einzigartigen menschlichen Gaben, mit denen sie sich voller Zuversicht durch unerforschtes Terrain bewegen können.

Sie haben reichere und erfülltere Beziehungen zu anderen Menschen. Sie setzen Menschen über Zeitpläne. Sie klären Erwartungen. Sie beschäftigen sich nicht mit nutzlosen Vergleichen, mit Konkurrenz oder Krittelei. Sie sind ehrlich und direkt. Andere spüren, daß sie von ihnen nicht manipuliert werden und daß sie sich auf ihr Wort verlassen können. Prinzipienorientierte Menschen reagieren nicht überzogen auf negatives Verhalten, Kritik oder menschliche Schwächen. Sie sind nicht nachtragend. Sie begegnen anderen nicht mit Stereotypen, Kategorien oder Vorurteilen. Sie freuen sich ehrlich über die Erfolge anderer und tun ihr möglichstes, um sie herbeizuführen. Sie glauben an das schlummernde Potential aller Menschen. Sie schaffen ein gutes Klima für Chancen und Entwicklung.

Sie sind synergetischer. Statt anderen »ihre Sache« aufzuzwingen, arbeiten sie lieber mit anderen zusammen, um eine gemeinsame Vision zu erfüllen. Sie achten den Unterschied. Sie glauben an die Synergie dritter Alternativen. In Teamvorhaben arbeiten sie an der Weiterentwicklung ihrer Stärken und an der Ergänzung ihrer Schwächen durch die Stärken anderer. Wenn sie in scheinbar verfahrenen Situationen mit anderen kommunizieren oder verhandeln, können sie zwischen Menschen und Problemen trennen. Sie können sich auf die Interessen und Sorgen des Gegenübers konzentrieren, statt über Positionen zu streiten.

Sie lernen kontinuierlich. Weil sie von der Existenz allgemeingültiger Prinzipien wissen, sind sie immer bestrebt, diese zu entdecken, zu verstehen und ihr Leben nach ihnen auszurichten. Sie sind bescheidener und lernwilliger. Sie lesen viel, erfreuen sich an der Weisheit der Menschheitsgeschichte und hören anderen zu. Sie lernen kontinuierlich aus ihren Erfahrungen.

Sie denken mehr an das Allgemeinwohl. Sie richten ihre Zeit und Kraft mehr auf den Dienst für die Allgemeinheit als auf den Konsum, mehr auf Geben als auf Bekommen. Sie versuchen, nicht nur die eigene, sondern auch die Lebensqualität anderer zu verbessern.

Sie bringen außerordentliche Ergebnisse hervor. Weil sie ein Gleichgewicht zwischen »Produktion« und »Produktionskapazität« finden, entwickeln sie die Fähigkeit, langfristig deutlich mehr zu leisten. Sie teilen sich ihre Kräfte vernünftig ein. Sie erwerben ständig neue Fertigkeiten. Sie entwickeln sich in ihrer Fähigkeit zur Zusammenarbeit mit anderen und ermöglichen hochwertige interdependente Leistungen. In allem, was sie tun, wenden sie Prinzipien an, die zu ausgezeichneten Ergebnissen führen.

Sie entwickeln ein gesundes psychologisches Immunsystem. Sie können mit Problemen umgehen. Sie können durch Krankheiten, finanzielle Probleme oder Enttäuschungen zurückgeworfen werden, aber sie verfügen über die notwendigen inneren Reserven, um sich wieder zurechtzufinden. Sie fördern gesunde Immunsysteme in ihrer Ehe und Familie, aber auch im Arbeitsteam, in der Gruppe und im Unternehmen.

Sie ziehen eigene Grenzen. Sie sind weniger von äußerlichen Faktoren abhängig, um zu erkennen, wann sie aufhören müssen. Durch Anwendung von Prinzipien und eigener Weisheit ziehen sie eigene Grenzen, um ihre Effektivität zu steigern. Sie nützen Phasen hoher Energie und Kreativität für wichtige Arbeiten. Sie nehmen sich Zeit für Erholung. Sie sind umsichtig bei ihren Ausgaben und sorgen durch Ersparnisse und Investitionen für die Zukunft vor.

Sie führen ein ausgeglicheneres Leben. Sie werden nicht zu Workaholics, religiösen Eiferern, politischen Fanatikern, Blitzdiätopfern, Freßwütigen, Vergnügungssüchtigen oder fastenden Märtyrern. Sie sind physisch, sozial, mental und spirituell aktiv. Sie führen ein reicheres, synergetisches Leben.

Sie werden zuversichtlicher und sicherer. Sie entwickeln sich in dem Vertrauen, daß ein Leben in Harmonie mit den Prinzipien zu Lebensqualität führt, und sie werden geduldiger und friedlicher in diesem Prozeß. Ihre Sicherheit beruht nicht auf Arbeit, Verbindungen, Anerkennung, Besitz, Status oder anderen äußerlichen Faktoren. Sie kommt von innen – aus dem Einklang mit dem eigenen Gewissen.

Sie können ihren Worten leichter Taten folgen lassen. Sie kennen keine bewußte Doppelbödigkeit oder Heuchelei. Sie steigern ihre Fähigkeit, sich und anderen Versprechen zu geben und zu halten. Sie sorgen für einen hohen Stand auf ihrem persönlichen Integritätskonto.

Sie konzentrieren sich auf ihre Einflußsphäre. Sie verschwenden keine Zeit und Energie in der Interessensphäre. Sie konzentrieren sich auf die Bereiche, in denen sie etwas bewegen können, und setzen sich in fast jeder Situation für Verbesserungen ein.

Sie nähren ein reiches Innenleben. Sie beziehen ihre Stärke aus regelmäßiger spiritueller Erneuerung. Sie lesen Weisheitsliteratur, denken nach, meditieren oder fördern auf andere Weise Kontext, Sinn und Zweck in ihrem Leben.

Sie strahlen positive Energie aus. Sie werden fröhlicher, freundlicher, optimistischer, beschwingter. Sie sehen Möglichkeiten. Sie neutralisieren oder vermeiden starke negative Energien und wirken positiv auf schwächere Kräfte in ihrer Umgebung ein.

Sie können das Leben mehr genießen. Sie verurteilen sich nicht für jeden dummen Fehler oder sozialen Fauxpas. Sie verzeihen sich und anderen. Sie grübeln nicht über das Gestern nach und verlieren sich auch nicht in Tagträumen über das Morgen. Sie leben vernünftig und freudig in der Gegenwart, planen aber sorgfältig für die Zukunft. Sie passen sich flexibel veränderten Gegebenheiten an. Sie entwickeln einen ausgeprägten Sinn für Humor, lachen oft über sich selbst, aber nie auf Kosten anderer.

Loslassen

Jeder Durchbruch ist ein Bruch mit der Vergangenheit, ein Loslassen. Wenn wir uns auf den Weg zum Wesentlichen machen, müssen wir vielleicht die einen oder anderen Dinge loslassen, die uns behindern und uns davon abhalten, unser volles Potential zu entfalten.

Beliebte und angenehme Paradigmen, die jedoch auf Illusionen beruhen – loslassen. Kurzfristig kann der Gedanke verführerisch wirken, daß wir alles schaffen, was wir uns vornehmen, und dadurch eine hohe Lebensqualität erreichen können. Aber Tatsache ist nun einmal, daß die Lebensqualität von allgemeingültigen Prinzipien bestimmt wird. Wenn wir Werten nachjagen, die nicht in Einklang mit Prinzipien stehen, enden wir letztlich bei dem Bemühen, die Konsequenzen unseres Handelns und andere Menschen zu kontrollieren. Nur wenn wir trügerische Paradigmen loslassen, können wir frei und in Harmonie mit den Gesetzen handeln, die Frieden und Lebensqualität erzeugen.

Dinge, die keine »wesentlichen Dinge« sind – loslassen. Bei einer unserer Konferenzen in Singapur trafen Manager aus Europa, Asien und Amerika aufeinander. Als wir die Konzepte »Einflußsphäre« und »Interessensphäre« vorstellten, meinten die westlichen Manager, die Einflußsphäre helfe ihnen, sich auf das Notwendige zu konzentrieren. Die asiatischen Manager erwiderten: »Das ist interessant, als wir uns diese Kreise angesehen haben, dachten wir sofort: ›Das ist toll. Mit der Interessensphäre wissen wir jetzt, was wir loslassen können!‹« Nur wenn wir andere Dinge loslassen, finden wir die Freiheit, uns mit wesentlichen Dingen zu befassen.

Erklärungen und Rechtfertigungen – loslassen. Solange wir uns mit Selbstrechtfertigungen und Erklärungen belasten, können wir nicht unvoreingenommen auf die Stimme unseres Gewissens hören. Eine der befreiendsten Erfahrungen im Leben ist das Versprechen, einfach nur dem eigenen Gewissen zu folgen. Selbst diejenigen, die es nur eine Woche versucht haben, sind erstaunt über die Freisetzung von Kräften und Zeit, die sie vorher für Rechtfertigungen gebraucht haben.

Überflüssige Schuldgefühle – loslassen. Aus Schuldgefühlen, die vom Gewissen herrühren, können wir sehr viel lernen. Wir erfahren, wann wir nicht mehr im Einklang mit den Nordpol-Prinzipien sind. Aber ein Großteil der Schuldgefühle, die wir mit uns herumschleppen, rührt vom sozialen Gewissen her. Wir können nichts daraus lernen und werden in unserer Entwicklung behindert. Wenn wir unsere Schuldgefühle betrachten, befreien wir uns. Stammen sie aus dem sozialen Spiegel, können wir sie loslassen. Stammen sie aus dem Gewissen, können wir uns ihnen stellen, unser Leben wieder in Einklang bringen, die notwendige Wiedergutmachung leisten und dann nach vorne blicken. Was diese Wiedergutmachung auch erfordern mag, sie kann nie so schwierig und lähmend sein wie ein Leben mit den Schuldgefühlen. Leben heißt Lernen – aus Fehlern und Erfolgen. »Der einzige echte Fehler im Leben«, hat einmal jemand gesagt, »ist ein Fehler, aus dem man nichts lernt.«

Äußerlichkeiten – loslassen. Solange wir unsere Sicherheit aus immerwährender Geschäftigkeit, aus unserem Beruf, aus Anerkennung für unser Talent, aus Beziehungen oder anderen Dingen beziehen, die nicht zu unserer grundlegenden Integrität gegenüber dem Gewissen und den Prinzipien gehören, sind wir noch nicht auf dem Weg zum Wesentlichen. Diese Dinge sind uns wichtiger als diejenigen, die wir in unserem Innersten als die für unser Leben wesentlichen erkannt haben. Nur wenn wir diese Dinge loslassen und unsere Sicherheit aus unserem Innersten beziehen, können wir tun, was wirklich am meisten zählt.

Wendepunkte

Einige unserer Entscheidungen werden zu Wendepunkten von ungeahnter Wirkung für unser späteres Leben. Manchmal fallen uns diese Entscheidungen sehr schwer. Wir müssen vielleicht eine Position beziehen, die anderen mißfällt, die ihnen unlogisch erscheint. Aber wenn wir wirklich auf die Stimme unseres Gewissens hören und das »Gute« dem »Besten« unterordnen, dann ergeben sich daraus im Laufe der Zeit Konsequenzen für unsere Lebensqualität, die wir nie für möglich gehalten hätten.

Zum Abschluß dieses Buches möchten wir, die Autoren, alle eine Begebenheit erzählen, die einen echten Wendepunkt in unserem Leben gebildet hat und uns um so fester von der Kraft des Weges zum Wesentlichen überzeugt hat.

Rebecca: *Vor einigen Jahren kam eine Zeit, da meine Kinder zur Schule gingen und ich selbst auch wieder die Schulbank drücken wollte. Ich hatte bereits früher ein Studium angefangen, hatte es aber abgebrochen und dieser »guten« Alternative die »beste« vorgezogen, nämlich zu heiraten und Kinder großzuziehen. Und ich habe diese Entscheidung nie bedauert – sie hat zu mehr Glück, Freude, Herausforderungen und Lernerfahrungen geführt, als ich mir je vorgestellt hatte. Aber ich hatte eben mein Studium nicht abgeschlossen und dachte, der richtige Zeitpunkt dafür sei jetzt gekommen.*

Ich hatte nicht erwartet, daß mich die Rückkehr auf den Campus so sehr überwältigen würde. Es war aufregend, und ich liebte das Gefühl von Abenteuer, die Wißbegierde, sogar den Geruch der Bücher! Ich fühlte mich in meinem Element. Eine Woge der Begeisterung hatte mich erfaßt, als ich zum Verwaltungsgebäude ging, um meine alten Zeugnisse durchzusehen. Ich erkannte, daß ich mein Ziel verwirklichen konnte. Als ich das Gebäude verließ, dachte ich bereits ernsthaft darüber nach, jemanden zur Erledigung aller meiner Haushalts- und Familienverpflichtungen einzustellen und mich voll ins akademische Geschehen zu stürzen.

Ich schwebte auf einer Wolke. Ich war begeistert über die Möglichkeiten. Im Laufe der Jahre hatte ich einige Kurse besucht und auch privat eifrig studiert. Aber der Gedanke an die ausschließliche Beschäftigung mit einer Sache, die mir früher so viel Freude und Sicherheit gegeben hatte, war schier überwältigend.

Ich sage »schier«, weil dieser Gedanke fast eine kleine Stimme in mir übertönt hätte, die sagte: »Rebecca, deine Familie braucht dich.«

Ich wollte nichts davon hören. Mir fielen Dutzende von guten Gründen dafür ein, daß ich wieder zur Schule mußte. Aber diese innere Stimme löste ein schwaches Unbehagen in mir aus, das von all meinem Enthusiasmus und meinen Rechtfertigungen nicht ausgelöscht werden konnte. Als ich endlich aufgab und wirklich zuhörte, gelangte ich zu der tiefen Erkenntnis, daß zu diesem Zeitpunkt viel wichtigere Dinge auf mich warteten als die Rückkehr an die Universität.

Es war eine der schwersten Entscheidungen meines Lebens. Ich konnte es fast körperlich spüren – und dann war es mit einemmal vorüber. Aber in meinem Innersten wußte ich, daß ich die richtige Entscheidung getroffen hatte. Ich wußte, daß ich neue Kräfte sammeln mußte, um meinen Kindern in diesem Lebensabschnitt zur Seite zu stehen. Auch sie würden in ihren Augenblicken der Wahl stark unter Druck stehen, und ich konnte durch die Beziehung zu ihnen einen starken positiven Einfluß auf sie ausüben, damit sie zu den für sie besten Entscheidungen gelangten.

Ich verdoppelte meine Anstrengungen, um meiner Familie Geborgenheit und Entwicklungsmöglichkeiten zu bieten. Ich konnte pro Semester einen Abendkurs besuchen und lernte dabei viele Dinge über Physiologie, Mikrobiologie und Geisteswissenschaften. Es machte mir großen Spaß, und ich fühlte mich bereichert. Aber es war kein Vergleich zu den wunderbaren Erfahrungen mit meinen Kindern und den zwei Kindern, die in den nächsten Jahren den Kreis unserer Familie erweiterten. Heute blicke ich auf sie und frage mich: »Was wäre, wenn ich mich anders entschieden hätte?«

Meine innere Stimme hat mich zu Entscheidungen bewogen, die jeder scheinbaren Vernunft und jedem sozialen Druck widersprechen. Sie hat mich dazu bewogen, allen Verlockungen zum Trotz das Wesentliche in meiner Familie zu erkennen. Später hat sie mich dazu bewogen, das überraschende Angebot zur Mitarbeit an Stephens Buch Die sieben Wege zur Effektivität *anzunehmen. Sie war die Quelle jeder wirklich guten Entscheidung in meinem Leben. Ich kann nicht umhin anzuerkennen, daß es eine höhere Weisheit gibt und daß das Leben im Einklang mit ihr den Schlüssel zu Glück und Erfüllung enthält.*

Roger: *Vor einigen Jahren, als unser Unternehmen eine intensive und schmerzvolle Wachstumsphase erlebte, trafen Rebecca und ich die Entscheidung, ein oder zwei Jahre lang ein bewußtes Ungleichgewicht auf uns zu nehmen. Wir kamen überein, daß ich in dieser Zeit der Herausforderungen mehr Zeit auf Reisen verbringen würde. Wir wußten, daß ich nach unseren Maßstäben ungewöhnlich viel Zeit nicht mit der Familie würde verbringen können, aber wir betrachteten es als wichtigen Beitrag zum Unternehmen und zur Verwirklichung unserer langfristigen Ziele.*

Dieses Ungleichgewicht führte zu den erwünschten Ergebnissen, aber als die Phase vorbei war, fiel mir der Rückzug unglaublich schwer. Es gab viele Bereiche, in denen ich andere und das Unternehmen unterstützen konnte, und der Druck, es zu tun, war enorm. Die Wochen wurden zu Monaten, und es schien, als wäre das Ungleichgewicht zu einer festen Lebensgewohnheit geworden.

Der Wendepunkt kam, als ich lange innehielt und mich fragte: »Lasse ich es zu, daß gute Dinge an die Stelle der besten treten?« Es war ein Augenblick der Wahrheit, und als ich die Situation überdachte und auf die Stimme meines Herzens hörte, kam ich zu der Gewißheit, daß ich die Zahl der auswärts verbrachten Nächte begrenzen mußte.

Diese Entscheidung wurde in den nächsten Wochen immer wieder auf die Probe gestellt. Aber allmählich sahen meine Kollegen und Mitarbeiter ein, daß ich aus in-

nerer Überzeugung handelte, und viele unterstützten mich auf konstruktive Weise bei der Suche nach dritten Alternativen, damit ich mein Versprechen halten und zugleich meinen Beitrag zu unserer gemeinsamen Vision maximieren konnte.

Ich bin fest davon überzeugt, daß sich mein Engagement für diese Vision erhöht hat, seit diese Grenzen gesetzt und sinnvolle Alternativen gefunden worden sind. Es war sogar eine der ausschlaggebenden Entscheidungen für unsere Mitarbeit an diesem Buch.

Aus meiner persönlichen Erfahrung und der genauen Beobachtung anderer, die den Weg zum Wesentlichen zu beschreiten suchen, besteht für mich nicht der geringste Zweifel daran, daß es in unserem Leben entscheidende Wendepunkte gibt, an denen man eine tiefe persönliche Verpflichtung eingehen muß, um eine erwünschte Veränderung herbeizuführen. Aus der Entscheidung für das, was man als das Beste erkannt hat, folgt ein Frieden, auch wenn die Entscheidung nicht leichtfällt und auf Widerstand stößt. Aber wenn wir uns nicht zu dieser Entscheidung durchringen, stumpfen wir ab und gewöhnen uns an den Verzicht auf Gleichgewicht und Harmonie in unserem Leben.

Stephen: *Vor einigen Jahren entschloß ich mich, die Universität zu verlassen und eine Organisation zu gründen. Ich war seit zwanzig Jahren an der Universität und hatte eine sehr komfortable Position. Ich fungierte in verschiedenen Bereichen und hatte unter anderem auch hohe Verwaltungsaufgaben. Ich wirkte an der Schaffung eines neuen Fachbereichs für Unternehmensverhalten mit und hatte einen sehr angenehmen Lebensstil mit sehr viel Flexibilität und Freiheiten und ausgezeichneten Bezügen – zumal auch Einnahmen für Beratung und Vorträge hinzukamen.*

Darüber hinaus liebte ich meine Arbeit! Ich hielt einige kleine Graduiertenkurse und einige große Veranstaltungen für über fünfhundert Studenten. Und ich hatte das Gefühl, auf einen großen Teil der Studentenschaft in ihrem vier- oder fünfjährigen Studium einen positiven Einfluß auszuüben.

Aber es drängte mich, neue Ansätze zur Ausbildung von Managern zu entwikkeln, die ein Vollzeitengagement erforderten. Ich mußte lange mit der Frage des Guten und des Besten ringen. Schließlich entschied ich mich dafür, die sieben Wege zur Effektivität und die prinzipienorientierte Führung so vielen Gesellschaftsschichten wie möglich nahezubringen. Ich war zuversichtlich, daß ich auch finanziell weiterhin angemessen für meine Familie würde sorgen können, aber es gab noch viele offene Fragen und auch Entzugserscheinungen.

Nach ein oder zwei Jahren erzielten wir bereits eine so starke Breitenwirkung, und die Zufriedenheit und Begeisterung über die vielen Herausforderungen war so groß, daß ich nur bedauerte, den Schritt nicht vorher gewagt zu haben. Wieder einmal wurde mir klar: Laß dich nicht vom Guten verführen, sondern strebe nach dem Besten. Strebe nach dem, was deinen besonderen Beitrag zum Allgemeinwohl darstellt.

In jeder neuen Wachstumsphase der Organisation stellte sich die gleiche Frage – beim Guten und Bekannten bleiben oder nach dem Besten und Unbekannten streben? Und jede Phase brachte große Schmerzen mit sich. Ich erinnere mich an eine Fahrt im Taxi, als mir der kalte Schweiß ausbrach bei der Erkenntnis, daß ich sehr viel Geld verloren hatte und durch neue Kredite mein gesamtes Hab und Gut, das ich im Laufe der Jahre erworben hatte, einschließlich meines Hauses und meiner finanziellen Absicherung, aufs Spiel gesetzt hatte. Damit waren auch diejenigen gefährdet, für die ich verantwortlich war, denn es bestand die Möglichkeit, daß wir alles einschließlich der Organisation verlieren würden.

Dann dachte ich daran, daß all diese Verluste eigentlich Investitionen in die Entwicklung von Märkten, Menschen und Produkten darstellten und daß die dummen Verluste Investitionen in Lernerfahrungen waren, von denen wir in Zukunft profitieren würden. Das waren intellektuelle Gedanken, aber emotional fühlte ich mich anfällig und gefährdet. Meine Familie war gefährdet. Meine Zukunft stand auf dem Spiel. Es war das erstemal in meinem Leben, daß ich mich in jeder Hinsicht ausgesetzt fühlte.

Bei jedem durchgreifenden Wandel in der Struktur und Strategie der Organisation erlebten wir die gleichen Ängste und Sorgen, weil wir unsere bewährten Verfahrensweisen aufgeben und Neuland erschließen mußten. Wir mußten immer noch mehr auf die Prinzipien synergetischer Interdependenz und den Charakter und die Kompetenz der an diesem synergetischen Austausch beteiligten Menschen vertrauen.

Und jedesmal mußte ich eine Komfortzone verlassen und mich rückwärts ins Leere fallen lassen. Aber in allen Fällen erwiesen sich die Ängste als unbegründet, und die Risiken zahlten sich hundertfach aus. Die allgemeine Begeisterung, die Spontaneität, die neuen Eindrücke und Erfahrungen, das überwältigende Gefühl, etwas Bedeutendes und Wertvolles zum Leben anderer, zu ganzen Unternehmen, Kulturen und Gesellschaften beizutragen, führten mich in eine völlig andere Welt.

Die entscheidende Phase kam mit dem Entschluß, unsere Anschauungen in die öffentlichen Lebensbereiche zu tragen – in die Erziehung, in Krankenhäuser, Kirchen, Stiftungen, gemeinnützige Organisationen, in alle Berufsstände, in Kleinunternehmen, mittlere Unternehmen, Großunternehmen, Fortune-500-Unternehmen, Fortune-100-Unternehmen, in die Bundesverwaltung, in die Staatsverwaltungen, die lokalen Verwaltungen, in die Gemeinden, in die Gesundheitsversorgungssysteme, in Organisationen für alternative Heilmethoden – und dann international zu expandieren, um die ganze Welt mit prinzipienorientierter Führung bekannt zu machen.

All das hat sich innerhalb weniger Jahre abgespielt. Und jetzt verfügen wir über ein Team mündiger Partner und Kollegen mit komplementären Fertigkeiten, die sich unserer gemeinsamen Vision und Organisationsphilosophie verpflichtet fühlen:

Wir wollen der Weltgemeinschaft dienen, indem wir Menschen und Organisationen zu einer deutlichen Steigerung ihrer Leistungsfähigkeit hinführen, damit sie durch prinzipienorientierte Führungsstärke lohnende Ziele erreichen.

In der Umsetzung dieser Vision streben wir stets danach, zu praktizieren, was wir lehren.

Dieser ausdrückliche Hinweis auf die Praxis fußt auf der Erkenntnis, daß man nie mit unehrenhaften Mitteln ein ehrenhaftes Ziel erreichen kann und daß die dauerhafte Kraft eines Beitrags zum Allgemeinwohl aus der eigenen Integrität, Mündigkeit und Harmonie mit den Prinzipien hervorgeht.

Die – für mich zumindest – wichtigste Herausforderung liegt darin, meine Familie über alles andere zu stellen: Beruf, Arbeit, Organisation, Freunde, Besitz. Wenn wir allen unseren Verpflichtungen pünktlich nachkommen und dabei aber die Familie vernachlässigen, könnten wir es uns genausogut auf einem Liegestuhl an Deck der Titanic gemütlich machen. Die Familie ist die Grundinstitution, die die emotionale, intellektuelle, spirituelle, moralische, soziale und wirtschaftliche Zukunft der einzelnen und der gesamten Gesellschaft prägt.

Bei alledem sehe ich die Notwendigkeit, viele Menschen um Rat zu ersuchen und unabhängige Beratungsgremien mit beruflicher Kompetenz und großer Charakterstärke einzurichten. Ich habe die Bedeutung von ausgleichenden – nicht gegnerischen, sondern synergetischen – Systemen in Unternehmen und Organisationen erkannt. Ich habe erkannt, wie wichtig es ist, mich immer mit meiner Frau zu beraten und wirklich offen für ihre Intuition zu bleiben, auch wenn sie meinen Plänen und Wünschen widerspricht. Dies hat mich immer wieder zu der Einsicht geführt, daß Bescheidenheit die Mutter aller Tugenden ist und daß alle guten Dinge im Leben für uns erreichbar sind, wenn wir uns nicht selbst zum Gesetz erheben, sondern ein Medium sind, durch das die Prinzipien wirken.

Ich habe gelernt, die Führung unserer Organisation anderen kompetenten Menschen anzuvertrauen und in den strategischen Fragen synergetisch mit ihnen zusammenzuarbeiten. Ich habe eingesehen, daß ich meine Stärke nicht aus Position, Macht, Autorität oder Besitz beziehen darf – auch wenn ich vielleicht gelegentlich noch dieser Versuchung erliege.

Aber ich weiß, was richtig ist. Ich weiß, was Prinzipien sind. Und ich weiß, daß ich mich ihnen beugen und ihnen folgen muß. Wenn ich mich so verhalte, gehen die Dinge meist gut für mich aus. Und wenn sie nicht gut ausgehen, fühle ich dennoch Frieden in mir.

Gemeinsam erklären wir, daß die Entscheidungen, die Menschen im Raum zwischen Reiz und Reaktion treffen, lebenswichtig sind. Und wir sind absolut davon überzeugt, daß der beste Weg zur Erzeugung von Lebensqualität darin liegt, auf das Gewissen zu hören. Wir haben uns alle drei in manchen Fällen anders entschieden und mußten mit den Konsequenzen leben. Und wir können nur mit allem Nachdruck wiederholen, daß nichts einen größeren Einfluß auf die Gestaltung unserer Zeit und auf die Qualität jedes Augenblicks in unserem Leben hat als ein Leben im Einklang mit unserem Gewissen.

Wir alle verfügen über Zeit und Entscheidungsfreiheit – wir haben die Macht, den Gebrauch unserer Zeit zu bestimmen. Der Schlüssel liegt nicht darin, Zeit zu »verbringen«, sondern sie zu »investieren« – in Menschen, in die Entwicklung von Mündigkeit und Selbstverantwortung, in sinnvolle Projekte und Anliegen. Wenn wir Zeit verausgaben, dann ist sie verschwunden wie Ressourcen oder Kapital – wir schmälern unser Erbe. Wenn wir sie jedoch investieren, vergrößern wir unser Erbe zum Segen nachfolgender Generationen.

Um die Welt zu verändern, müssen wir uns selbst verändern

Wir wissen, daß unsere Botschaft nicht leicht und angenehm ist. In einer konsumorientierten, nur an schnellen und kurzfristigen Lösungen interessierten Welt wird sie wohl kaum auf großen Anklang stoßen. Aber unsere Meinung über Sie, den Leser, hat uns dazu bewogen, sie dennoch weiterzugeben.

Sie haben dieses Buch gelesen, und deshalb glauben wir, daß Sie viele Gemeinsamkeiten mit all den Menschen haben, mit denen wir in unserer Organisation und in Seminaren auf der ganzen Welt zusammenarbeiten. Sie haben unglaublich viel zu tun. Sie haben den Wunsch, verantwortungsvoll und produktiv zu sein und Gutes zu tun. Aber weil sie so beschäftigt sind, können Sie vielleicht nicht den Beitrag leisten, den Sie eigentlich erstreben.

Unsere Erfahrung hat uns nachhaltig in unserem Glauben an Menschen wie Sie bestärkt, in die Fähigkeit, viele unserer Probleme gemeinsam zu lösen. Wenn wir lernen, auf unser Gewissen zu hören und auf effektive Weise den Weg zum Wesentlichen zu beschreiten, können wir alle viele einzelne und gemeinsame Beiträge zum Allgemeinwohl leisten, die derzeit unterbleiben.

Wir möchten Sie bitten, noch einmal die Verbindung zu Ihrem Gewissen herzustellen und sich diese letzte Frage vorzulegen:

Liegt es in meinem Vermögen, wirklich etwas zu verändern?

Denken Sie darüber nach. Vielleicht müssen Sie loslassen – trügerische Paradigmen, Rechtfertigungen, Wünsche, Dringlichkeitssucht ... vielleicht sogar Ihre Komfortzone. Aber sehen Sie tief in Ihrem Herzen eine Handlung, einen Beitrag, ein Vermächtnis, die in Ihrer Familie, Ihrer Arbeitsgruppe, Ihrem Unternehmen, Ihrer Gemeinde, Ihrer Gesellschaft eine positive Veränderung bewirken würden?

Wenn ja, möchten wir Sie dazu ermuntern, diesem Weg zu folgen. Gandhi soll einmal gesagt haben: »Um die Welt zu verändern, müssen wir uns selbst verändern.« Wo immer Sie auf dem Weg zum Wesentlichen stehen, wir ermuntern Sie, der Stimme Ihres Gewissens zu folgen. Geben Sie ein Versprechen und halten Sie es. Setzen Sie sich ein Ziel und erreichen Sie es. Nur so ensteht wahrer Frieden, wie Emerson in seinem Aufsatz »Selbständigkeit« bemerkt:

Nichts kann dir Frieden geben, wenn nicht du selbst. Nichts kann dir Frieden geben, wenn nicht der Sieg der Prinzipien.

Anhang
Workshop zur Lebensphilosophie

Besonders effektiv für die Formulierung der eigenen Lebensphilosophie wirkt es sich aus, wenn Sie einen Zeitabschnitt planen, in dem Sie vollkommen allein sein können – ohne Telefon, Freunde, Nachbarn und Familie. Nicht unbedingt nötig, aber ideal als Rahmen ist die Natur, in der Sie der künstlichen, mechanischen und segmentierten Welt des normalen Alltags entzogen sind und zu größerer Harmonie und Ausgeglichenheit finden. Sie kann die Bedingungen schaffen, durch die Sie klare Gedanken fassen und sich Ihren innersten Gefühlen öffnen können.

Wir möchten Ihnen vorschlagen, eine oder mehrere der folgenden perspektivenerweiternden Übungen zu machen. Diese sieben Übungen haben sich nach unseren Erfahrungen als außerordentlich wirksam für die Vorbereitung zur Niederschrift einer Philosophieaussage erwiesen.

Wichtig ist, daß Sie wirklich die Verbindung zu Ihrem Innersten herstellen. Suchen Sie den Kontakt zu den für Sie wesentlichen Dingen.

Übung 1: Probieren Sie die Visualisierungsübung in Kapitel 5, in der Sie sich mental in die Situation Ihres achtzigsten Geburtstags oder Ihres fünfzigsten Hochzeitstags versetzen (siehe S. 96).

Übung 2: Nutzen Sie Ihre einzigartigen menschlichen Gaben, um die Bedürfnisse und Fähigkeiten in Ihrem Leben zu ergründen. Vielleicht möchten Sie sich dafür einer Tabelle wie der auf der nächsten Seite bedienen.

Übung 3: Gehen Sie in Klausur und nehmen Sie sich Zeit für Fragen wie diese:

	Leben	Lieben	Lernen	Ein Vermächtnis hinterlassen
Selbst-Bewußtsein Wie sieht meine aktuelle Situation aus? Welches Paradigma habe ich zur Lebensqualität?				
Gewissen Was in mir drängt auf Erfüllung? Welches sind die Prinzipien, die zu Lebensqualität führen?				
Freier Wille Welche Entscheidungen muß ich treffen, um meine Bedürfnisse und Fähigkeiten zu erfüllen? Von welchen Prägungen muß ich mich lösen?				
Vorstellungskraft Welche Ergebnisse wünsche ich für meine Lebensqualität? Was kann ich tun, um sie herbeizuführen?				

Was sind nach meiner Ansicht meine größten Stärken?

Welche Stärken haben andere, die mich gut kennen, an mir beobachtet?

An welchen Tätigkeiten habe ich große Freude?

Welche Charaktereigenschaften bewundere ich an anderen am meisten?

Welcher Mensch hat den größten positiven Einfluß auf mein Leben ausgeübt?

Weshalb war dieser Mensch fähig, solch einen Einfluß auszuüben?

Was waren die glücklichsten Augenblicke in meinem Leben?

Warum war ich in diesen Augenblicken glücklich?

Wenn ich unbegrenzte Zeit und Mittel hätte, was würde ich dann tun?

Was sehe ich, wenn ich Tagträume habe?

Was sind die drei oder vier wichtigsten Dinge für mich?

Welche Aktivitäten halte ich beim Blick auf mein Berufsleben für die wertvollsten?

Welche Aktivitäten halte ich beim Blick auf mein Privatleben für die wertvollsten?

Welche meiner Stärken würden anderen besonders zugute kommen?

Welche Talente habe ich, von denen niemand außer mir etwas weiß?

Obwohl ich den Gedanken daran vielleicht schon oft aus den verschiedensten Gründen verworfen habe: Gibt es Dinge, die ich dem Gefühl nach unbedingt machen sollte? Welche?

Wie sehen meine physischen Bedürfnisse und Fähigkeiten aus?

Wie zufrieden bin ich mit meinem derzeitigen Grad von Erfüllung im physischen Bereich?

Welche die Lebensqualität betreffenden Ergebnisse wünsche ich mir in diesem Bereich, die von den jetzigen abweichen?

Welche Prinzipien werden zu diesen Ergebnissen führen?

Wie sehen meine sozialen Bedürfnisse und Fähigkeiten aus?

Wie zufrieden bin ich mit meinem derzeitigen Grad von Erfüllung im sozialen Bereich?

Welche die Lebensqualität betreffenden Ergebnisse wünsche ich mir in diesem Bereich, die von den jetzigen abweichen?

Welche Prinzipien werden zu diesen Ergebnissen führen?

Wie sehen meine mentalen Bedürfnisse und Fähigkeiten aus?

Wie zufrieden bin ich mit meinem derzeitigen Grad von Erfüllung im mentalen Bereich?

Welche die Lebensqualität betreffenden Ergebnisse wünsche ich mir in diesem Bereich, die von den jetzigen abweichen?

Welche Prinzipien werden zu diesen Ergebnissen führen?

Wie sehen meine spirituellen Bedürfnisse und Fähigkeiten aus?

Wie zufrieden bin ich mit meinem derzeitigen Grad von Erfüllung im spirituellen Bereich?

Welche die Lebensqualität betreffenden Ergebnisse wünsche ich mir in diesem Bereich, die von den jetzigen abweichen?

Welche Prinzipien werden zu diesen Ergebnissen führen?

Wo sehe ich Überschneidungen zwischen meinen physischen, sozialen, mentalen und spirituellen Bedürfnissen und Fähigkeiten?

Was sind die wichtigen Rollen in meinem Leben?

Was sind die wichtigsten Lebensziele, die ich in diesen Rollen erreichen will?

Welche aktuellen Ergebnisse in meinem Leben sagen mir zu?

Welche Paradigmen führen zu diesen Ergebnissen?

Welche aktuellen Ergebnisse in meinem Leben sagen mir nicht zu?

Welche Paradigmen führen zu diesen Ergebnissen?

Welche Paradigmen würden zu besseren Ergebnissen führen?

Was würde ich in meinem Leben wirklich gerne sein und tun?

Auf welchen wichtigen Prinzipien beruhen mein Tun und Sein?

Die Antworten auf diese Fragen sollten Ihnen entscheidende Anregungen für Ihre Philosophieaussage geben.

Übung 4: Für diese Übung benötigen Sie Ihre Uhr.

a) Nehmen Sie sich eine Minute Zeit zur Beantwortung der folgenden Frage:
Wenn ich unbegrenzte Zeit und Mittel hätte, was würde ich dann tun?
Haben Sie keine Angst zu träumen. Erschließen Sie Möglichkeiten. Schreiben Sie alles auf, was Ihnen durch den Sinn geht.

b) Nehmen Sie sich eine Minute Zeit, um Ihre Werte aufzuschreiben. Unten finden Sie eine Teilliste zur Anregung Ihres Denkprozesses.
   - innerer Frieden
   - Sicherheit
   - Reichtum
   - Gesundheit
   - enge Beziehung zu ...
   - Anerkennung oder Ruhm
   - Freizeit
   - Glück
   - spirituelle Erfüllung

- Freundschaften
- Familie
- langes Leben
- Zeit, Wissen, Geld beitragen zu ...
- Reisen
- Gefühl, etwas erreicht zu haben
- Achtung vor anderen

c) Nehmen Sie sich eine Minute Zeit, um Ihre Liste mit Werten durchzugehen und die wichtigsten fünf herauszufinden.

d) Nehmen Sie sich einige Minuten Zeit, um diese fünf Werte mit Ihren Träumen zu vergleichen. Vielleicht leben Sie mit unterbewußten Träumen, die nicht in Einklang stehen mit Ihren Werten. Vielleicht träumen Sie von einem Leben wie Indiana Jones, halten aber eigentlich wenig davon, durch Spinnweben zu kriechen und neben Skorpionen zu schlafen. Wenn Sie Ihre Träume nicht hervorholen und sie bei Tageslicht betrachten, leben Sie vielleicht jahrelang mit Illusionen und dem unterbewußten Gefühl, daß Sie sich mit dem Zweitbesten begnügen. Arbeiten Sie mit den beiden Listen, bis Sie das Gefühl haben, daß Ihre Träume Ihre Werte widerspiegeln.

e) Nehmen Sie sich jetzt eine Minute Zeit, um sich die Beziehung Ihrer Werte zu den vier fundamentalen Bereichen menschlicher Erfüllung zu überlegen. Bringen sie Ihre physischen, sozialen, mentalen und spirituellen Bedürfnisse und Fähigkeiten zum Ausdruck? Arbeiten Sie an Ihrer Liste, bis dies der Fall ist.

f) Nehmen Sie sich zuletzt noch einmal eine Minute Zeit, um folgende Frage zu beantworten:
Welche Prinzipien werden zu Ergebnissen führen, die die Werte auf meiner endgültigen Liste widerspiegeln?

Übung 5: Wenn Sie ein Tagebuch führen, lesen Sie sich durch, was Sie im Laufe der Jahre geschrieben haben. Suchen Sie nach Schlüsseleinsichten, die Sie vielleicht hatten. Suchen Sie nach sich wiederholenden Mustern, die Ihnen im Alltag nicht aufgefallen sind. Versuchen Sie Werte und Anregungen zu finden.

Übung 6: Verwenden Sie das Kräftefeldmodell von Lewin, um sich darüber zu orientieren, wo Sie hinwollen, wo Sie im Augenblick sind, und um die Faktoren zu ergründen, die Ihr Bemühen um Veränderung fördern oder behindern.

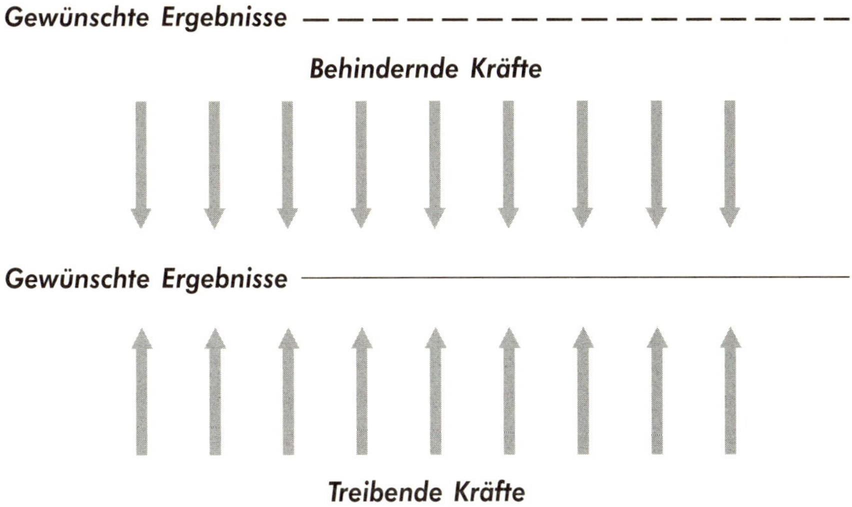

Überlegen Sie sich folgende Fragen:

- Was ist die ideale Situation? Wie würde ich meine Zeit verbringen? Mit welchen Ergebnissen?
- Was ist meine aktuelle Situation? Wie verbringe ich meine Zeit jetzt?
- Welche besonderen Faktoren halten mich von meinem Ideal ab? Was kann ich tun, um sie zu schwächen oder zu beseitigen?
- Welche besonderen Faktoren bringen mich meinem Ideal näher? Was kann ich tun, um sie zu stärken oder zu ergänzen?

Übung 7: Benutzen Sie die folgende Tabelle, um in Zeitspannen auf Ihr Leben zu blicken. In einer Zeit steigender Lebenserwartung kann ein Leben mehrere Phasen umfassen. Der Ruhestand läßt heute eine realistische Lebenserwartung von zwanzig Jahren oder mehr zu und ermöglicht so eine zweite Karriere, die dem Leben neuen Sinn geben kann. Oft entspricht die zweite Karriere eher der eigenen Wahl als die erste. Erfahrung, Mittel und Chancen öffnen Türen, die früher verschlossen waren.

Wenn Sie verheiratet sind, können Sie diese Übung sehr gut zusammen mit Ihrem Ehepartner machen. Vielleicht möchten Sie in Ihrer zweiten Karriere als Kunstmäzen in einer Großstadt wohnen, während Ihr Partner einen Reitstall auf dem Land erwerben will.

Wenn Sie Ziele vor Augen haben, kann das nicht nur Ihre zukünftige, sondern auch Ihre momentane Lebensqualität verbessern. Die Vision spä-

Zukünftige Tätigkeiten und Leistungen	**Wann** (ungefähres Alter) 20	30	40	50	60	70	80	90	100

terer Jahre kann den Enthusiasmus für Ihre jetzigen Ziele wiederbeleben, weil Sie erkennen, daß Sie später auch noch andere Ziele anstreben können. Listen Sie in der ersten Spalte der folgenden Tabelle die Dinge auf, die Sie zu einem späteren Zeitpunkt in Ihrem Leben erreichen wollen. Schraffieren Sie dann die Kästchen, um anzuzeigen, wann Sie diese Leistungen erzielt haben wollen. Fünf- bis Zehnjahressprünge sind für die Zwecke dieser Übung hinreichend genau. Zur besseren Orientierung können Sie über dem jeweiligen Lebensalter auch noch eintragen, in welchem Jahr Sie es erreichen.

Wir hoffen, daß diese Übungen Ihr Denken erweitern und Sie auf die Ausarbeitung Ihrer Philosophieaussage vorbereiten. Denken Sie daran, daß Sie diese Erklärung nicht für andere, sondern nur für sich selbst verfassen. Schreiben Sie sie in Ihrer eigenen Sprache. Für einige sind die richtigen Worte fließend und zusammenhängend. Für andere sind sie unverblümt und direkt. Gehaltvolle Philosophieaussagen reichen von wenigen Worten bis zu mehreren Seiten; sie sind in Gedichtform geschrieben oder als Prosa, als Musikstück oder als Kunstwerk. Schreiben Sie auf eine Weise, die Ihr inneres Feuer am besten erfaßt. Gehen Sie davor noch einmal die Merkmale wirkungsvoller Aussagen in Kapitel 5 durch (siehe S. 101–102).

Manche Menschen lesen gerne die Philosophieaussagen anderer. Einige fühlen sich dadurch in ihrer Ausdrucksfähigkeit behindert. Wir führen hier einige wenige Beispiele auf und überlassen es Ihnen, ob Sie sie lesen möchten oder nicht. Die Aussagen hier stammen nicht von berühmten Menschen, sondern von außergewöhnlichen gewöhnlichen Menschen unserer Zeit, die aus aller Welt und allen Lebensbereichen stammen. Nicht alle werden gleichermaßen den Kriterien für Mündigkeit in Kapitel 5 gerecht, aber jede dieser Aussagen kommt aus der Seele. Versuchen Sie beim Lesen etwas von ihrem Urheber zu erkennen. Stellen Sie sich den Einfluß eines Menschen vor, der lebt, was Sie lesen.

Philosophieaussagen

Den Berg erklimmen:

Ich werde jeden Tag mit Mut und dem Glauben an mich und andere leben. Ich werde nach den Werten der Integrität, der Entscheidungsfreiheit und der Liebe für alle Völker Gottes leben. Ich werde danach streben, meine Versprechen an andere und an mich zu halten. Ich werde daran denken, daß ich, um wirklich zu leben, den Berg heute erklimmen muß, weil es morgen schon zu spät sein kann. Ich weiß, daß mein Berg anderen vielleicht nur wie ein Hügel erscheint, und ich akzeptiere es. Ich werde mich durch meine persönlichen Siege und Triumphe erneuern, auch wenn sie noch so klein sind. Ich werde auch weiterhin meine eigenen Entscheidungen treffen und mit ihnen leben, so wie ich es immer getan habe. Ich werde keine Ausflüchte suchen oder anderen die Schuld geben. Ich werde, solange es geht, meinen Geist und meinen Körper gesund und stark erhalten, um die Entscheidung zum Erklimmen des Berges treffen zu können. Ich werde anderen nach Kräften helfen und jenen danken, die mir auf meinem Weg helfen.

Für mich selbst möchte ich entwickeln, daß ich mich erkenne, liebe und toleriere. Ich möchte meine Heilkräfte nutzen, um die Hoffnung am Leben zu halten und meiner Vision in Wort und Tat beherzt Ausdruck zu verleihen.

In meiner Familie möchte ich gesunde, liebevolle Beziehungen aufbauen, in denen wir unser bestes Ich werden können.

In der Arbeit möchte ich ein fehlerfreies, sich selbst erneuerndes, lernendes Umfeld schaffen.

In der Welt möchte ich im Einklang mit den Gesetzen der Natur die Entwicklung aller Lebensformen fördern.

Auf eine Weise handeln, die das Beste in mir und den für mich wichtigen Menschen hervorbringt – besonders wenn es gerechtfertigt scheint, anders zu handeln.

In allem, was ich tue, werde ich positive Haltung und Humor bewahren. Ich möchte von meiner Familie als liebender, warmherziger Gatte und Vater erkannt werden; von meinen Arbeitskollegen als fairer und ehrlicher Mensch; und von meinen Freunden als jemand, auf den sie sich verlassen können. Den Menschen, die für mich und mit mir arbeiten, verspreche ich meinen Respekt, und ich werde jeden Tag danach streben, mir ihren Respekt zu verdienen. Maßgeblich für alle meine Handlungen ist ein starkes Gefühl von Integrität, das ich für den wichtigsten Charakterzug halte.

Problem/Chancen-Index

Dieser Index soll den Zugang zu verschiedenen Abschnitten in diesem Buch erleichtern, die sich auf bestimmte Probleme und Chancen in den Bereichen Zeitgestaltung und Lebensqualität beziehen. Wir haben den Index in zwei Teile gegliedert, die sich mit der persönlichen beziehungsweise mit der zwischenmenschlichen Dimension beschäftigen. In manchen Fällen haben wir neben Einzelpunkten ganze Kapitel oder Abschnitte aufgeführt. Kursivdruck verweist auf Geschichten.

I. Die persönliche Dimension

Wenn Sie zuviel zu tun und zu wenig Zeit haben

Wenn Sie sehr beschäftigt sind, aber nicht das tun, was Sie eigentlich für richtig halten

Wenn Ihnen der Zeitplan im Wege steht

Wenn Sie in einem Lebensbereich Erfolg haben, aber in anderen scheitern

Wenn Sie meinen, Ihr Leben nicht unter Kontrolle zu haben

Wenn Sie von Krisen aufgefressen werden

Wenn Ihnen die Ergebnisse in Ihrem Leben mißfallen

Wenn Sie Ihr Leben nicht aufregend finden

Wenn Sie sich nicht weiterentwickeln

Wenn Sie sich nicht friedlich fühlen

Wenn Sie in Ihrem Leben keinen Sinn sehen

Das Wichtigste herausfinden

Das Wichtigste tun

Pläne und Ziele mit Integrität ändern

Wenn Sie keine Zeit für körperliche Betätigung finden

Wenn Sie ein Ungleichgewicht in Ihrem Leben spüren

Die Fähigkeit zu effektiven Entscheidungen verbessern

Effektiver werden

Wie erkennen Sie, ob Sie effektiv sind?

Sinnvolle Ziele festlegen und erreichen

Wenn Sie Schwierigkeiten mit Ihren Zielen haben

Einen positiven Wandel in Ihrem Leben auslösen

Die eigene Lebensphilosophie formulieren

Nach den Werten Ihrer Philosophie leben

Zeitmanagement ist zu strukturiert und starr

Warum traditionelles Zeitmanagement nicht funktioniert

Ein effektives Planinstrument auswählen

II. Die zwischenmenschliche Dimension

Wie wirkt sich die interdependente Realität auf Ihre Zeitgestaltung aus?

Beziehungen zu anderen pflegen

Die Ehebeziehung pflegen

Die Beziehung zu Kindern pflegen

Effektiv mit anderen zusammenarbeiten

Was ist, wenn »andere« das Problem sind?

Wenn Sie in einem fordernden Umfeld arbeiten oder leben

Das Wichtige für die Familie, die Gruppe oder das Unternehmen klären

Die Effektivität der Familie, der Gruppe oder des Unternehmens steigern

Campus Wirtschaftspraxis

Stephen R. Covey

Die sieben Wege zur Effektivität

Ein Konzept zur Meisterung Ihres beruflichen und privaten Lebens

7. Auflage 1996. 277 Seiten
ISBN 3-593-34601-X

Die sieben Wege zur Effektivität präsentieren einen integrierten Ansatz, persönliche und berufliche Probleme zu lösen. Stephen Covey geht dabei nicht von angelernten Erfolgstechniken aus, sondern von Prinzipien wie Qualität, Fairneß, Integrität, Ehrlichkeit und Menschenwürde.
Mit vielen Anekdoten und Beispielen aus Berufs- und Privatleben beschreibt Stephen Covey, wie unsere Handlungen mit unserem Charakter zusammenhängen. Er zeigt, wie wir selbstzerstörerisches Verhalten zu Hause und bei der Arbeit überwinden können durch die sieben Wege der Effektivität.

»Dieses bemerkenswerte Buch ist für das persönliche und berufliche Leben so nützlich, daß ich es allen Freunden und Bekannten schenken werde.«

Warren Bennis, Autor von »Führungskräfte« und »Führen lernen«

»Kein anderer Lehrer oder Mentor für die Verbesserung der persönlichen Effektivität hat so überwältigend positive Reaktion hervorgerufen – auch bei mir. Dieses Buch liefert einen wunderbaren Einblick in Coveys Philosophie der Prinzipien.«

John Pepper, Präsident Procter & Gamble

»Mit diesem Buch schenkt uns Stephen Covey keine einfache Gebrauchsanweisung, sondern eine Chance, uns selbst und unsere Wirkung auf andere mit Hilfe seiner Einsichten zu erforschen. Ein wunderbares Buch, das ihr Leben verändern könnte.«

Tom Peters

Campus · Frankfurt/New York